회계제도 변화의 이해

회계제도 변화의 이해

초판1쇄 발행 | 2015년 6월 29일
초판2쇄 발행 | 2016년 4월 26일

지은이 | 김정민

펴낸이 | 신일희

펴낸곳 | 계명대학교출판부

등 록 | 1970년 9월 1일 (신고번호 제347-1998-1호)

주 소 | 42601 대구 달서구 달구벌대로 1095
전 화 | 053-580-6233 **팩 스** | 053-580-6235

ISBN 978-89-7585-711-9 93320

값 16,000원

이 도서의 국립중앙도서관 출판예정도서목록(CIP)은 서지정보유통지원시스템 홈페이지(http://seoji.nl.go.kr)와 국가자료공동목록시스템(http://www.nl.go.kr/kolisnet)에서 이용하실 수 있습니다.(CIP제어번호: CIP2015017137)

회계제도 변화의 이해

김 정 민

계명대학교 출판부

들어가며

회계시스템은 시간에 걸쳐 변화한다. 그러나 회계기준이나 시스템의 변화에 관한 연구들은 변화의 과정이나 동력(forces)[1]보다는 새로운 변화가 가져 올 정보의 기능적인 측면이나 결과에 초점을 맞춘 기술적 관점(technical perspective)을 취하고 있는 연구들이 대부분이다. 이러한 기술적 관점의 회계학 연구들은 회계시스템의 변화의 본질을 조직 개선의 측면에서만 보고, 변화의 역할은 조직의 성과를 향상시키는 데에 있다고 강조한다(Hopwood 1987). 예를 들어, 새로운 시스템에서 산출된 회계정보는 정보이용자들의 의사결정과정에서 더 유용하였는가,[2] 혹은 주가와의 관련성을 얼마나 더 높였는가 등이 회계학 연구, 특히 재무회계 분야에서 회계시스템의 변화를 연구하는 데 줄곧 강조되어 왔다. 그러나 회계시스템이 특정 문화, 국가 및 조직들의 기반 위에서 구조화되고 사용되어 온 점을 고려한다면(Horovitz 1980), 회계는 사회로부터 고립된 기술(an isolated craft)이라기보다는 보다 복잡한 사회시스템의 하나로서 인식하는 것이 타당하다. 게다가 특정

1_ 여기에서 사용된 동력(forces)의 개념은 회계시스템을 특정한 방향으로 이동하도록 하는 영향력을 의미한다. 자세한 내용은 Hopwood(1987)을 참고하라.

2_ 예를 들어서 미국회계기준위원회(FASB)는 재무회계정보의 유용성을 강조하고 있다. 재무회계개념보고서(SFAC No. 1; The Statement of Financial Accounting Concepts No. 1, 1978)에서는 '재무보고는 현재 및 잠재적 투자자, 채권자 및 기타 이용자들이 미래의 현금유입액의 금액, 시기 및 불확실성을 평가하는 데에 유용한 정보를 제공해야 한다 (p. viii).'라고 언급하여, 재무회계정보의 유용성이 재무보고의 목적이라고 규정하고 있다.

회계 기법이나 시스템이 존재하는 근거를 증명하는 데에 실패한 실증적 연구들의 한계로부터 회계를 조직과 사회적 문맥에서 고려하고자 하는 대안적인 연구들도 등장하게 되었다(Cooper 1980, Tinker 1980, Tinker et al 1982, Hopwood 1980; 1984; 1987, Richardson 1987, Hujii 2002a; 2002b; 2006, Sawabe 2003 등).

그 대안적 접근법 중 하나가 회계를 사회 내의 제도(an institution)[3]로서 연구하는 것이다. 여기에서 제도란, 사회에 속한 개인의 상호작용에서 당연하게 여겨지는 규칙 혹은 공유된 믿음으로서 정의된다(North 1990, Aoki 1991; 2001, Scott 2001). 회계는 사회적 실체와 과정에 화폐수치를 가지고 그 가시성을 부여하여 사회적 기대에 부응하는 데 사용되어 왔다(Hopwood 1984, Meyer 1986). Cooper(1980)는 '회계는 현재의 사회적, 경제적 및 제도적 배합(arrangement)을 유지하고 정통화하는 수단으로 볼 수 있다'고 언급하며, 회계를 이데올로기[4]의 한 형태로서 특징지었다. 회계는 행동과 가치를 연결하는 신념[5]과 기법들의 집합체로서 정의되어, 행동을 정통화시키는 것으로서 정의되어 왔다(Richardson 1987, Hujii 2006). 즉, 재무회계시스템에 의해서 산출된 회계정보는 질적으로 자격을 갖춘 공인회계사들의 회계감사를 받아야 하고, 이후 자본시장에 보고되어, 시장으로부터 신뢰성과 정통성을 인정받게 된다. 따라서 재무회계시스템은 사회의 구축과 행위자들 간의 의사소통에 공헌하는 사회 내에 공유되고 있는 제도인 것이다.

이에 따라 본 연구서에서는 회계를 사회 내에 공유된 회계실무와 관습의 제도로서 간주하여, 사회적 문맥 내에 위치시키고, 제도이론을

3_ 여기에서의 제도는 일반적으로 일컬어지는 공권력에 의해서 정해지는 법제도 등이 아니라 한 사회에 속한 사 람들에게 당연한 것으로 받아들여 지고 있는 규칙으로서, 경제학적 의미로 사용된다.

4_ Cooper(1980)는 이데올로기의 개념을 근거없는 인식(false consciousness)으로 사용하였다.

5_ 여기에서 사용된 신념의 개념은 진실이나 사실에 근거하여 반증을 실증적으로 증명할 수 없도록 하는 것을 의미한다. 자세한 내용은 Hujii(2006)을 참고하라.

기초로 그 변화과정과 기저에서 작용하는 동력들을 검토하고자 한다. 특히 1997년 금융위기 이후, 급변하고 있는 우리나라의 회계기준의 변화를 사례로, 제도적 관점을 제안한다. 전통적인 회계이론은 회계를 회계환경으로부터 가치중립적인 것으로 가정하면서, 회계기준을 통해 보다 나은 회계의 설명책임이나, 보다 개선된 효율성 혹은 보다 나은 경영을 위한 합리적인 경제적 의사결정을 위한 선택으로 간주한다. 반면, 최근의 회계학 관련 연구에서는 회계를 둘러싼 사회 환경적인 요인의 압력과 회계정보의 상징적이고, 정치적이고, 정통성 있는 역할에 초점을 맞춘 이론, 예를 들면 제도이론과 같은 이론들이 신흥이론으로 등장하여 사용되고 있다. 회계제도의 변화를 둘러싼 정치적, 경제적, 사회적 요인을 확인하고자 하는 것이 본 연구의 목적으로, 따라서 국내 회계학 연구에 그다지 익숙하지 않은 이론이기는 하나 제도이론을 연구의 기본 이론으로 선택하여 본 연구서를 전개하고자 한다.

본 연구는 머리말 및 맺음말을 제외하고, 총 10장으로 구성된다.

1장에서는 본 연구의 기초이론으로 사용되는 제도이론에 대해서 알아본다. 특히 회계학 연구에 있어서 일반적으로 사용되어 온 세 가지의 제도이론, 즉 신제도파경제학, 구제도파경제학, 신제도파사회학을 비교·검토한 후에 제도이론의 최근 동향에 대해서 검토하기로 한다[6]. 검토를 통해, 제도이론 내 제도의 정의, 형성, 변화의 동기, 행위주체에 대한 가정 등을 확인하게 될 것이다. 특히 최근의 회계학 연구에서 사용되어 온 이 세 가지의 제도이론이 제도 변화의 동기나 행위주체에 대한 가정을 서로 인정하고, 제도의 다양성을 받아들이는 등 다원적인 측면을 보이고 있다는 것을 확인할 수 있을 것이다.

2장에서는 회계기준을 사회 내의 하나의 제도로 간주하여 그 변화

6_ 제도이론은 단일이론이 아닌, 몇 개의 계보로 구성된다. 그 중에서도 회계학 연구에서 자주 사용되는 제도이론에는 대략적인 분류이기는 하나, 구제도파경제학(Old Institutional Economics: OIE), 신제도파경제학(New Institutional Economics; NIE), 및 신제도사회학(New Institutional Sociology; NIS) 등이 있다(Burns 2001).

의 과정을 1997년 이후 우리나라의 회계제도 개혁의 사례를 들어 구체적으로 분석한다. 1997년 금융위기 이후 우리나라은 회계제도의 개혁을 실시하였다. 1997년 금융위기를 계기로 국제적 회계기준의 실무관행을 만족시킬 수 있도록 기존의 회계기준을 보강하라는 IMF의 자금지원조건을 받아들여, 1998년 12월에 기업회계기준을 전면 개정하였다. 이를 시작으로 한국회계기준원과 국제회계기준도입준비단은 2007년 3월 15일 국제회계기준 도입 로드맵 발표회에서 국제회계기준을 전면 도입할 것을 선언하였다. 로드맵에 따라, 모든 상장기업은 원칙적으로 2011년부터 국제회계기준을 적용받게 된다. 여기에서 우리는 회계기준을 사회 내 환경적 요인과의 합의에 의해서 성립된 제도로 파악하여 제도이론의 관점에서 우리나라 회계제도 변화의 사례를 중심으로 이의 변화과정과 그 기저에 있는 동력에 대해서 검토한다.

이후, 3장에서 7장까지는 우리나라의 결합재무제표 도입을 둘러싼 회계제도의 변화를 체계적으로 검토한다. 우리나라의 회계시스템은 1997년 경제위기 이후 금융시장 개혁의 일환으로 개별회계 중심에서 그룹회계 중심으로 변화하였다[7]. 예를 들어서 개별재무제표에 지분법 적용, 주 재무제표로서의 연결재무제표 도입에 관한 검토, 그리고 기업집단 결합재무제표의 도입 등이 있다. 특히 한국의 기업집단에 도입된 결합재무제표는 기업집단 특유의 기업지배구조를 반영하여 시장에 보다 완전하게 공시하기 위한 것으로 그 작성범위를 주식소유비율과는 관계없이 한 집단의 통제 하에 있는 모든 계열기업을 포함한다.

우리나라의 기업집단, 소위 '재벌'은[8] 주식소유가 아닌 채무지급보

7_ 여기에서 사용되고 있는 개별회계 중심이라는 용어는, 회계시스템 내에 두 종류의 재무제표, 즉 개별재무제표와 연결재무제표가 동시에 운영되고 있지만, 개별재무제표가 연결재무제표보다 우선시하는 상황을 의미한다. 한편, 그룹중심의 회계시스템이란 개별기업을 하나의 회계실체로 보기보다는 그룹 전체의 공시를 우선시하고, 기업집단의 지배를 강조하는 회계시스템의 상황을 의미한다.

8_ 우리나라의 기업집단, 소위 재벌의 정의는 독점금지 및 공정거래법에 의해 규정된 대로 사용된다. 우리나라는 기업집단 지정제도를 독점금지 및 공정거래법 법령을 통해 1987년부터 실행하고 있다. 제도에 따라 기업집단은 총자산 2조원 이상의 기업집단으로 정의된다. 이 제도 하에서 공정거래위원회는 매년 30대 기업집단을 지정한다.

증에 의해서 소속된 계열기업들을 연결하는 독특한 기업지배구조를 구축하여 왔다. 채무지급보증에 의하여 구축된 기업지배구조는 기업 확장에 따르는 자금조달 문제를 해결하고, 외부로부터 경영권을 방어하면서, 집단 전체를 운명공동체로 형성하는 것을 가능하도록 하였다. 그러나 1997년의 회계제도의 개혁이전까지 우리나라 회계시스템에서는 개별재무제표가 주요 재무제표로, 연결재무제표는 보조적인 재무제표로 그 역할이 그쳤다. 그러나 경제위기 전후로 기업집단들의 연쇄도산사태를[9] 겪은 후에, 시장은 개별기업들이 속한 기업집단이라는 경제적 실체에 대하여 관심을 가지기 시작하였다. 이러한 회계실체에 대한 인식의 변화는 회계개혁에도 영향을 미쳤고, 기업집단 결합재무제표의 채택 등과 같은 그룹회계 실무에 변화를 가져오게 되었다.

우선, 3장에서는 우리나라의 기업집단, 이른바 재벌의 성장과정과 기업지배구조의 형성 및 특징에 대해서 검토한다. 4장에서는 기업집단에 도입된 결합재무제표회계준칙의 특징을 확인한다. 연결회계의 이론을 검토하면서, 이를 기초로 연결재무제표와 결합재무제표의 특징과 차이점 등을 분석한다. 결합재무제표의 새로운 도입으로 개별재무제표 중심에서 그룹 중심으로 회계시스템이 변화한 결과, 우리나라의 그룹회계의 실무에는 연결재무제표와 결합재무제표가 공존하며 작성되게 되었다. 이러한 현상에 대해서 우리는 왜 두 가지의 그룹 중심의 재무제표가 우리나라 기업집단에 의해서 작성되어야 하는 지, 또한 이러한 제도 변화의 과정에는 어떠한 동력이 작용하였는지를 분석해야 할 필요가 있다.

9_ 우리나라의 기업집단들은 자금조달 욕구를 해소하기 위해서 '상호채무보증' 전략을 선호하여 이용하였다. 집단의 계열회사가 다른 계열회사의 재무적 요구를 충족시키기 위해서 외부 은행으로부터의 대출에 대해서 자신의 지분을 채무보증에 사용하는 전략이다. 이는 계열회사 간에 강한 연대를 만들어 낼 수는 있었지만, 동시에 집단 내의 도미노 효과를 일으킬 가능성을 높인다. 즉, 만약 한 계열회사가 채무불이행을 한다면, 이의 채무를 보증한 회사가 법적으로 책임을 져야 한다. 한 계열회사의 부도로 인하여 야기된 도미노 효과를 통해서 전체 기업집단의 붕괴를 가져올 수도 있는 것이다. 우리나라에서는 실제로, 1997년의 경제 위기시기를 전후하여 6개의 재벌 기업집단이 이러한 연쇄부도를 경험하였다.

이러한 맥락에서 5장에서는 결합재무제표가 기업집단에 도입되었는지에 관한 제도 변화의 동력을 파악한다. 기업지배구조와 결합재무제표의 도입의 의미에 관한 것으로, 특히 제도적인 관점에서 경제위기 과정 동안 일어난 한국의 그룹회계의 개혁과정을 연구한다. 이 연구의 결과를 통해서 우리는 연결재무제표와 결합재무제표 간의 관계를 분명히 하고, 회계시스템 내에서 두 재무제표의 공존의 의미를 명확하게 알 수 있을 것이다.

신제도경제학에 따르면, 제도는 관련 영역 내에서 경제주체들의 전략적인 행동을 통해서 형성된 규칙으로 정의된다. 하나의 사회는 각자의 제도를 보유한 다양한 영역들로 구성된다. 사회의 영역들은 서로 연결되고, 영역 내의 제도들 또한 시간에 걸쳐서 연결된다. 만약에 우리가 회계시스템을 제도로 간주한다면, 이는 회계제도의 변화를 통시적으로(diachronically)만이 아니라, 관련 영역간의 연결구조 내에서 동시적으로(synchronically)으로도 검토할 수 있다는 것을 의미하고, 이를 통해 회계제도의 변화를 보다 종합적으로 이해할 수 있을 것이다. 그러므로 6장에서는 우리나라의 그룹회계의 제도변화의 사례를 이용하여 관련 영역의 연결 내에서 한 회계제도가 어떻게 새로운 제도로 변화하는 지에 대해서 비교제도분석[10] 및 진화게임이론을 이용하여 분석한다. 이러한 접근법을 통해 우리는 회계의 제도 변화의 과정을 보다 체계적으로 이해할 수 있을 것으로 기대한다.

7장에서는 비교제도분석을 이론적 기초로 하여, 회계제도의 변화를 그것이 속해있는 사회의 다른 제도와의 관련에서 검토하는 것을 연구의 목적으로 한다. 비교제도분석은, 경제시스템을 제(諸)제도[11]의 총

10_ 회계학 연구에서 자주 사용되는 제도이론인 구제도파경제학(Old Institutional Economics: OIE), 신제도파경제학(New Institutional Economics; NIE), 및 신제도사회학(New Institutional Sociology; NIS) 등이 최근에 들어서는 서로 수렴(convergence)하는 경향에 있는 것으로 보인다. 특히 회계의 제도변화에 관해서는 다원적인 연구동향을 보이고 있는데(Sawabe and Yamaji 1999; Burns 2001), 비교제도분석은 제도이론 내에서는 신제도파경제학의 계보에 분류되지만, 외부 환경변수의 강조 등의 신제도사회학의 가정을 사용하고 있다.

체로서 간주하고, 그 내부에 놓여 있는 제제도의 배합의 상이(相異)에 따라서 각국의 경제시스템의 상이(相異)를 분석하는 것이다(Aoki and Okuno 1996; Aoki 2001). 한 사회의 제도들은 서로 정합성을 가진 보완적 관계에 있기 때문에, 제도들의 배합에 따라서 경제시스템은 다양하게 존재할 수 있고, 다른 나라와 다른 독자적인 합리성을 가지게 된다. 제도의 변화에 관해서도 보완적인 관계에 있는 사회 내의 여러 제도들의 존재와 그 관계로부터 영향을 받아 독자적인 합리성에 의해서 다양한 결과에 도달한 가능성이 높다고 할 수 있을 것이다. 그러므로 본 장에서는 회계의 제도변화의 동력을 보다 분석적으로 연구하기 위하여 회계제도가 다른 제도들과의 보완적 관계에 의해서 제도적 동형화[12]가 진행될 가능성이 있다는 가정에서부터 그 제도변화를 분석한다.

8장에서는 회계기준의 제·개정과 같은 회계제도의 변화과정을 관찰하여, 이에 영향을 미치는 사회의 광범위한 요인들과 회계제도의 사회적 역할에 대해서 검토하고자 한다. 회계처리방법을 결정하는 회계정책은 행위 주체의 수준에 따라서 미시적 회계정책과 거시적 회계정책으로 나뉘는데, 미시적 회계정책은 회계기준이 인정하는 범위 내에서 기업이 어떠한 회계처리방법을 선택할 것인가와 관련한다. 반면, 거시적 회계정책은 각국의 공공 부문에서 행해지는 것으로, 회계기준의 설정, 개정 혹은 폐지와 같은 회계규제를 의미한다(Sawabe 2005). 본 장에서는 1997년 전후의 우리나라의 외화환산회계기준을 둘러싼 거시적 회계정책에 주목하여, 이의 전개과정을 검토하고자 한다. 체계적인 검토를 위해서 회계기준 선택에 관한 제도적 관점, 특히 제도적 연결구조(Aoki, 2001)를 이론적인 기초로 검토하고자 하는데, 이는 거

11_ 여기에서 말하는 제도는, 특정 영역(도메인)에서 개인들의 전략적 행동을 거쳐서 형성된 것으로 개인들 간의 당연하게 받아들여져 공유되고 있는 규칙으로서 정의된다(Aoki 2001).

12_ 제도이론은, 제도환경의 변화에 의해서 새롭게 생겨난 더욱 더 정통성, 자원, 생존능력이 보상되도록 조직(행동주체인 개인도 포함)은 스스로의 제도를 외부환경에 순응 혹은 적응시킨다고 논한다. 그 과정을 '제도적 동형화'라고 한다.

시적 회계정책의 전개과정에 영향을 미치는 사회 내 광범위한 요인을 분석하고자 하기 때문이다. 본 장을 통해서 우리는 우리 사회에서 회계기준이 가진 역할과 그 목적에 대해서 파악할 수 있을 것이다.

9장에서는 회계기준 변화에 관한 연구를 보다 종합적인 연구로 발전시키기 위하여 다음의 두 가지 측면을 검토한다. 하나는 회계규칙을 경제주체의 상호작용을 통해서 형성된 사회의 제도로서 파악하는 것으로 하나의 과정으로서 회계기준의 변화를 파악할 수 있다. 두 번째의 측면은 제도로서의 회계기준이 변화하는 지를 종합적이고 체계적으로 파악하기 위해서 회계책임개념에 의거하는 것이다. 경영자는 이해관계자와의 수탁관계에 기초하여 위탁된 자금을 운영하여 관리하는 책임, 즉 수탁책임을 진다. 그리고 그 결과를 설명할 책임, 즉 회계책임의 해제를 위해서는 회계의 규칙인 회계기준을 따라 외부보고를 하지 않으면 안된다. 본 장은, 이러한 두 가지의 측면에서부터 회계의 제도변화를 고찰하는 데, 그 중에서도 회계목적을 둘러싼 이해관계자들 간에서 행해지는 코디네이션 과정에 주목한다. 그 과정을 관찰하는 것에 의해서 회계기준의 설정에 대하여 이해관계자들이 가지는 제도변화의 모멘텀을 확인하고, 이것이 회계기준의 어떻게 반영되는 지를 통해 회계제도의 변화과정을 파악하고자 한다.

10장에서는 새로운 회계시스템의 구축과정을 통해 회계의 제도변화를 이해하고자 하였다. 국제회계기준위원회(IASB)와 미국 재무회계기준심의위원회(FASB)는 양자의 회계기준 통합을 목적으로 여러 분야에 걸쳐 공동 프로젝트를 진행 중이다. 특히 양위원회는 이익 보고와 관련된 공동 프로젝트를 진행하면서 각기 다른 접근법에 근거한 이익개념인 당기순이익과 포괄이익 모두를 포괄손익계산서에 포함하는 이익의 이원화 구조를 채택하였다. 본 장에서는 이러한 보고 이익의 이원화에 주목하여 이의 논리적 경로를 찾아, 앞으로의 국제회계기준의 전개를 예측하고자 하였다. 이를 위하여 구체적으로 IASB/FASB 공동

프로젝트 "재무보고를 위한 개념체계 Phase A: 재무보고의 목적"과 "IAS 1: 재무제표 표시(포괄손익계산서)"의 개정과정을 관련 토의자료, 공개초안, 최종안 및 각계의 의견서를 이용하여 검토하여, 새로운 회계시스템의 구축과정의 기저에 있는 논리의 맥락을 파악하고자 한다.

본 연구는 제도이론을 이론적 기초로 우리나라의 회계기준 및 국제회계기준의 제·개정과정의 여러 사례를 통해, 회계제도 변화의 과정 및 그 기저에 작용하는 동력에 관하여 연구하고자 하는 것이다. 이러한 시도를 통해서 본 연구는 특히 사회적이고 조직적인 맥락에서 회계를 정의하여 회계제도의 변화에 관하여 심도 있고, 분석적인 이해를 제공할 것으로 기대한다.

목차

회계학 연구에 있어서의 제도이론

제1장

제1장

회계학 연구에 있어서의 제도이론

〈개요〉

본 연구의 기초이론으로 사용되는 제도이론에 대해서 검토한다. 특히 회계학 연구에 있어서 일반적으로 사용되어 온 세 가지의 제도이론, 즉 신제도파경제학, 구제도파경제학, 신제도파사회학을 비교·검토한 후에, 제도이론의 최근 동향에 대해서 검토하기로 한다. 본 장의 검토를 통해, 제도이론 내의 제도의 정의, 행위주체에 대한 가정, 제도 변화의 동기 및 과정 등을 확인한다. 각 접근법을 채용한 최근의 회계학 연구가 가진 특징에 대해서 이론적으로 분석한다. 그 결과, 최근에 들어서는 엄밀하게 분류되었던 제도이론의 각 계보가 제도형성과 변화의 동기, 행위주체에 관한 가정, 제도의 다양성의 인정 등 다원적인 접근법을 취하는 경향이 있다는 것을 확인할 수 있을 것이다.

1. 문제의 소재 및 접근방법

1980년대 이후, 회계학 연구는 전통적인 연구에 더하여 사회학이나 경제학 등의 인접 학문으로부터 다양한 연구방법이나 이론을 도입하며 그 연구 범위를 확대시키고 있다(Miller et al. 1991)[13]. 회계에 대한 정의도 회계사나 회계실무가들에 의한 경영 기술에서부터 서로 다른 문제나 사건과 관련하여 형성된 하나의 복합체로 확장되었다. 이러한 회계 정의의 확장은 회계를 둘러싼 환경, 즉 관련 이해관계자들의 존재를 확인하며 그에 따른 연구과제도 확대시켰는데, 어떻게 해서 그러한 이해가 생겨나게 되었는지, 회계의 어떠한 특성이 혹은 어떠한 산출 정보가 그 이해에 영향을 미치는지, 또는 어떻게 해서 특정 회계실무가 사회 내에 형성되게 되었는지 등의 연구과제가 그 예들이다. 이와 같은 움직임은 회계를 '언어', '이데올로기'[14], 때로는 '제도' 로서 간주하며 회계학 연구의 방법론을 다양화시켰다. 사회에 존재하는 여러 제도들을 연구대상으로 그의 성립과 변화에 대해 연구하고 있는 제도이론은 회계제도의 변화에 관한 연구에 대해서도 분명한 시사점을 줄 수 있을 것이다. 본 장에서는 우선, 회계학 연구에서 자주 사용되어 온 제도이론을 소개하고, 이의 최근의 동향에 대해서 살펴보고자 한다.

구체적으로 본 장에서는 우선, Burns(2001)의 분류법에 기초하여 회계학 연구에서 일반적으로 사용되어 온 제도이론을 비교 검토한다. 이후 제도이론의 각 계보 및 제도이론에 의거한 회계학 연구에서의 수렴에 대해서 이론 분석적으로 기술한다. 본 장은 제도이론에 대한 이

13_ Miller et al (1991)는 1980년대 이후 회계학 연구의 다양한 연구방법의 도입으로 인하여 회계관이 확대되었다고 진술하고 있다. 전통적인 회계관, 즉 회계는 전문지식을 가진 회계사에 의해서 행해지는 경영의 한 기술로서 가치중립성을 유지해야 한다는 것으로부터 여러 이해관계자들의 이해조정을 목적으로 하는 복합체로서 그 관점을 확대한 것이다. 회계를 하나의 제도로서 간주하고, 그것의 형성과 변화를 설명하는 것을 목적으로 한 제도이론의 도입 역시, 이러한 일련의 연구동향의 하나로 볼 수 있다.

14_ Cooper(1980)는 회계를 단순히 경제적 효율성을 기반으로 존재하는 것이 아닌, 현시점의 사회, 경제, 정치와의 배합을 통해서 그 배합을 유지, 정통화하는 수단인 '이데올로기'로서 간주하였다.

해를 심도있게 하는 데 도움을 줄 것이다.

2. 제도이론의 세 가지 접근법

제도이론을 분석도구로서 사용하는 회계학 연구의 목적은 조직 내부에 존재하는 관리회계시스템이나 일반적으로 인정된 회계기준을 제도(institution)로 간주하고, 그 변화의 과정을 이론분석적으로 기술하는 것이다. 그러나 제도이론은 단일 이론이 아니다. Hujii(2007)에 따르면, 제도이론은 제도를 한 사회의 구성원들 간에 당연하게 받아들여지는 규칙이라고 생각하는 기본적인 사고에는 공통하지만, 제도의 정의, 가정, 그리고 분석도구에 대해서는 엄밀하게 다른 몇 가지의 계보에 의해서 구성되어 있다. 그 중에서도 특히 회계학 연구에서 자주 사용되는 제도이론에는 신제도파경제학, 구제도파경제학, 그리고 신제도파사회학이 있다(Burns 2001).

1) 신제도파경제학(New Institutional Economics; NIE)

신제도파경제학에 속하는 하위이론에는 거래비용경제학, 조직행동이론, 진화경제이론, 대리인이론, 게임이론 등이 있다. 이들 이론 간에도 분석 방법이나 정책적 시사점 등은 서로 다르다. 그러나 제도가 개인의 합리적 행동의 '최적해'라는 기본가정에는 이견이 없다[15]. 거래비용경제학에 기초한 M & H 이론(Markets and Hierarchies Theory)에 따르면, 회사라는 제도의 존재는 경제활동을 조직화하는

15_ 진화게임이론에서는 개인의 한정합리성(Bounded Rationality)을 가정하고 있다. 완전합리성이란, 개인이 모든 정보를 가지고, 사회구성원과 공유하고 있다는 것이지만, 진화게임이론에서는 이를 비현실적이라고 보고, 반드시 완전하게 합리적이지만은 않은 개인을 가정한다. 한정합리성은 구체적으로, 관성(Inertia), 근시안(Myopia), 시행착오 혹은 실험(Trial and Errors or Experiments)이라는 세 가지의 요소로부터 성립한다(Okuno 등 1996).

것으로부터 거래비용을 절약할 수 있기 때문에 가능하다고 설명한다(Coase 1937; Williamson 1975; 1979; 1985; 1996). 즉, 회사라는 조직은 최저비용의 선택이고, 따라서 최적선택의 결과라는 것이다. 이렇게 M & H 이론은 시장에서 거래비용과 조직내부화의 비용을 비교하고, 서로 고려하면서 발전해 왔다. 거래비용의 결정요인에는 자산특성(Asset Specificity)[16], 거래 빈도와 금액 크기, 환경의 불확실성과 복잡성의 정도가 있다. 회계정보는 환경의 불확실성을 해석하는 데에 정보시스템으로서의 역할을 주로 담당한다. 만약 기업을 둘러싼 환경이 변화해버리면, 시장에서는 거래비용과 조직내부화의 비용도 변화되게 된다. 그러면 조직 내부구조의 대부분이 전혀 새로운 최적해를 요구하며 대안구조로 변화하게 된다. 물론 그 내부구조의 하나인 회계제도 또한 당연히 변화하게 된다. 여기에서도 대안적인 내부구조의 선택은 최적해이며, 최저비용의 회계실무, 회계제도의 선택을 의미한다.

요약하자면, 신제도파경제학에 따르면, 제도는 최저비용의 최적의 균형상태이며, 제도의 변화는 하나의 최적의 균형상태[17]에서 다른 최적의 균형 상태로의 이행을 의미하는 것이다.

2) 구제도파경제학 (Old Institutional Economics; OIE)

구제도파경제학은 경제주체의 합리성이나 시장의 균형 상태라는 전통적인 경제학의 가정을 상정하고 있지 않고, Veblen(1899; 1919)으로 대표되는 경제이론, 즉 행동심리학을 원용하여, 이변과 누적적 변화에 의한 사회 진화를 논하는 경제학의 한 분야에 의거한 제도이론에 의해서 구성된다(Hujii 2007). 구제도파경제학에 있어서 제도는, 사람들에게 공통적으로 안정된 사고나 습관이며(Veblen 1919), 사람들의

16_ 여기에서의 자산특성이라는 것은 특정 계약을 위해서 투하된 물리적 자본과 인적 자본을 말한다.
17_ 관련하는 내부구조와 최적배합의 의미를 가진다.

습관들에 조합되어 보급 및 내구화된 사고방식이다(Hamilton 1932).

회계실무를 포함한 기업실무는 습관적으로 반복되어, 그 루틴이 시간을 통해서 회사의 방식(know-how)을 지지하고 있다(Nelson & Winter 1982). 이 루틴화는 생물에 있어서의 생물학적 유전자와 같은 역할을 하여, 제도를 지지하고, 기업내의 의사결정과 행동에 안정성을 부여한다. 이와 같이 구제도파경제학에서는 제도를 사고와 행동의 습관적인 양식으로 간주하고 있다. 구제도파이론에서는 본질적으로 제도변화를 상정하지 않지만, 그 안정화된 양식이 어떻게 해서 시간의 경과와 함께 진화했는가와 같은 문제에는 관심을 가지고 있다. 각 주체의 선호와 선택은 경제주체의 합리성과 최적해를 부정하는 것으로부터 시작되며, 선호와 선택이 형성되어 온 역사적 배경을 중시 여긴다.

신제도파경제학과 구제도파경제학에 있어서 경제주체에 관한 가정 및 제도의 정의는 각각 다르다. 그러나 양자는 제도를, 외부 및 내부 환경의 변화로 인한 불확실성의 증가로부터 발생하는 우발 사상(事象)을 감소시키는 수단으로서 파악하고 있는 것에 공통점이 있다.

3) 신제도파사회학 (New Institutional Sociology; NIS)

구제도파경제학과 마찬가지로, 신제도파사회학 또한 최적해 이론에 대해서는 부정적이다. 신제도파사회학에 있어서 조직은, 다른 환경조건이 동일하다면, 내부구조의 선택에 대해서도 가장 일반적인 것을 선택하도록 요청된다고 가정한다. 제도의 선택이 조직의 외부요인으로부터 결정되는 것으로부터 제도는 외부로부터 합리화된 규칙으로서 정의된다. 조직이 선택한 제도가 외부로부터 최적이라고 인정되는 것, 즉 정통성(legitimacy)이 부여된다는 것은, 외부압력에 순응하는 능력이 증명되는 것이고, 이는 조직이 환경에서 생존할 수 있다는 것이다. 이러한 과정을 동형화(isomorphism)라고 한다. 신제도파사회학에서의 제도는 다만 외부로부터 부여된 형식화된 이미지이지만, 그 구조나 실무가 반드시 이미지대로일 필요는 없다. 실무와 외부로부터 본 이미지에 차이가 있는 경우, 이를 분리(decoupling)라고 한다. 동형화에는 2가지 종류가 있는데, 즉 경쟁적 동형화(Competitive Isomorphism)와 제도적 동형화(Institutional Isomorphism)이다[18]. 전자는 기업에 최저비용의 효율적인 구조와 실무를 채택하도록 독촉하는 경쟁적 요인에 의한 것으로, 신제도파경제학과 공통하는 점이라고도 할 수 있다. 후자는 압도적인 영향력에 의해서 문화와 정치적 환경으로부터 조직에 침투하는 것으로, 구제도파경제학과 비슷한 점이 있다고 할 수 있다. 신제도파사회학에서 생각해 온 제도의 변화에는 외부의 규칙이나 기대, 규범이 필요하고, 이것들은 사회적 수준의 요인이라는 점에서 구제도파경제학과 공통하고 있다고도 생각할 수 있다. 또한 신제도파사회학에 있어서도 제도의 변화를 결과로서 취급한다는 점에서 신제도파경제학과 어느 정도의 공통점을 가지고 있다고 할 수 있다.

〈표 1-1〉은 이제까지 진술해 온 제도이론의 각 계보에 따른 특징을 정리한 것이다.

18_ DiMaggio and Powell(1983)은 제도적 동형화(Institutional Isomorphism)를 강제적 동형화(Coercive Isomorphism), 모방적 동형화(Mimetic Isomorphism), 규범적 동형화(Normative Isomorphism)의 세가지로 분류하였다. 강제적 동형화는 정치적 권위에 의해서 행해진 것이고, 모방적 동형화는 조직목표가 애매할 경우에 환경의 불확실성에 대처하기 위해서 정통성을 가지고 있다고 인식되는 다른 유사 조직의 모방을 말한다. 규범적 동형화는 직업교육에 의한 균일화를 의미한다.

표 1-1. 제도이론의 세 가지 접근법의 특징

	신제도파경제학	구제도파경제학	신제도파사회학
주체의 가정	경제합리성	경제합리성의 부정	경제합리성의 부정 혹은 없음.
제도의 정의	개인의 합리적 행동의 최적 결과	사람들에게 공통된 습관 · 관습	외부로부터 합리화된 규칙 · 규범
분석대상	기업, 사회 수준의 형식적인 제도	개인, 집단, 기업, 사회 수준의 규칙, 형식적인 제도, 비형식적인 제도	사회 수준의 형식적인 제도와 비형식적인 제도
제도성립의 구조	대안 구조 간에서 최적 · 최소비용 선택	실무의 반복 중, 그 루틴이 습관으로서 정착	외부 압력에 순응하기 위해 정통성 있는 규칙으로의 의존
제도변화의 요인	환경변화에 의하여 더 이상 최적상태가 아닌 기존의 제도에서 새로운 최적상태로 변화	시간의 경과에 따른 내부 · 외부환경의 변화에 적응한 루틴의 변화	정통성 있는 규칙의 획득, 외부에 대한 형식적인 이미지 획득
제도변화	최적균형상태에서 다른 최적균형상태로의 이행	진화	동형화 · 분리

3. 제도이론에 있어서의 수렴(convergence)

이상에서 제도이론이 각 계보에 따라 여러 가지 다른 가정과 접근방법을 채용해 왔다는 것을 확인하였다. 본 절에서는 각 계보간에 수렴화의 과정을 검토한다. 최근의 연구에 따르면, 계보의 틀을 벗어나 다른 접근법들이 전개해 온 가정이나 분석방법을 채용해 가며 보다 광범위한 경제현상을 설명하고 있다.

경제합리성을 전제로, 제도를 효율적인 것으로 간주해 온 신제도파경제학 내에서는 경제적 선택에 사회적 및 문화적 요인의 영향을 고려한 연구도 있다(North 1990, Walker 1998). 예를 들면, North(1990)는 신제도파경제학을 기본으로 하면서도 경제주체인 개인도 또한 인간이기 때문에 여러 가지 상황과 환경을 해석하는 데에 자신의 인지능력의 영향을 받지 않을 수 없다고 말하고 있다. 그러므로 그런 까닭에 개인의 경제합리성이라는 것은 어느 정도 사회적으로 구축된 것이라고 지적하였다. 그것은 종래 제도파사회학이나 구제도파경제학에서 주로 논의되어 온 요인이기도 하다. 또한 그는 구제도파경제학이 전개해 온 경로의존성(historical path dependence)도 언급하며, 경제주체의 합리적 선택은 사회적인 선택이기도 하다고 주장하고 있다. Walker(1998)도 마찬가지로, 신제도파경제학을 기본으로 하지만, 문화적 요인과 학습과정의 영향을 지적하고 있다.

한편, 조직이 환경에 순응적이라는 것을 전제로 한 제도파사회학에 있어서는 종래 조직의 구성원 또한 수동적인 존재로 가정해 왔다. 그러나 최근에는 그 '순응'에는 순응의 결과로부터 발생할 것으로 기대되는 보상이 수반되기 때문이라는 가정이 자주 등장하고 있다. 예를 들면, 제도적 순응의 덕분에 조직은 평판, 안정성, 정통성, 사회로부터의 지지나 자원으로의 접근을 얻을 수 있다는 것이다(Dimaggio 1983, Dimaggio and Powell 1983, Meyer and Rowan 1977; 1983, Meyer and Scott 1983). Scott(1983)와 Oliver(1991; 1997)는 조직은 제도적 압력에 순응하지만, 그것은 순응에 의해서 증가하게 되는 정통성, 자원, 그리고 생존능력을 얻을 수 있기 때문이라고 지적하고 있다. 이것은 제도의 선택을 조직이나 개인의 이해(利害)가 작용한 결과로 보는 제도파경제학의 논리와 비슷한 것이다. Oliver(1991)에 의하면, 조직은 단순히 외부환경에 순응해서 동형화하는 수동적인 조직이 아니라 추정할 수 있는 기대에 반응하는 자기이해를 가진 적극적인 주체이며, 때로는 변화를 재촉하는 외부환경에 대해서 적극적인 저항을 보이는 경우도 있다. 이러한 연구는 이제까지의 제도파사회학의 견해, 즉 조직이 생존하기 위해서 사회의 규범에 따르고, 그 행위가 조직이 속하는 더 큰 사회로부터의 용인이 중요하다(Covaleski and Dirsmith 1988)는 견해와 다르다. Carpenter and Feroz(1992; 2001)는 Oliver(1997)의 연구를 기초로, 미국의 주정부가 회계기준으로서 GAAP를 도입한 사례를 들어서 회계기준선택의 과정과 요인에 관한 분석을 행한 결과, GAAP선택에 있어서 외부환경으로의 순응에 따른 정통성의 획득 이외에도 자원의 획득이라는 경제적 이해도 중요한 요인으로서 작용했다고 보고하고 있다.

4. 제도이론에 의거한 회계학 연구의 수렴(Convergence)

이상에서 제도이론의 각 계보에 있어서 여러 가지 다른 가정과 접근법의 확인 및 수렴화의 과정을 분석하였다. 여기에서는 제도이론에 의거한 회계학 연구의 동향 및 접근방법에 대해서 이론분석적으로 기술하고자 한다[19].

1) 제도로서의 회계

신제도파사회학을 개인이 사회적으로 구축된 제도들로 구성된 세계에 살고 있다고 가정한다. 신제도파사회학을 원용(援用)한 회계학 연구에서는 회계는, 자원을 제공하는 자, 예를 들면 투자자들에게 기업을 보다 좋게 보이려는 합리적인 절차의 구체화로서 파악된다. 경제합리성과 효율성이라는 외견을 만들어 주는 회계라는 제도를 통해서 조직을 정통

19_ 제도이론을 사용한 회계학 연구는 1990년대 이후, *Accounting, Organizations and Society, Management Accounting Research, Critical Perspectives on Accounting Research* 등의 연구 저널을 중심으로 게재되고 있다.

화하는 장치로서 간주되어 온 것이다(Cooper 1980, Richardson 1987, Carruthers 1995). 회계시스템 덕분에 질적으로 추상적인 개념, 예를 들어서 이익과 같은 개념이 계산 가능하게 되고, 예측 가능한 형태로 변화한다(Miller 1994). 재무 정보를 측정하고 그것을 수치로 나타내어 요약하기 위해서는 일정한 규칙을 따를 필요가 있다. 그러나 회계정보는 인식론적으로는 객관적이라고 생각되지만, 그 규칙의 객관적인 근거가 없다는 점에서 존재론적으로는 주관적이다(Mouck 2004). 그러므로 재무회계는 경제실태를 표현하는 것이지만, 그 규칙인 회계기준, 이른바 GAAP와 같은 것은 그 경제적 실태를 표현하기 위해서 구축된 규칙이며, 정통성을 얻기 위해서 조직이 반드시 따라야 하는 합리화된 관습의 하나이다.

그러나 최근의 회계학 연구에서는 조직을 외부로부터 회계제도를 부여 받은 것일 뿐 이라고 여기는 수동적인 주체가 아니라, 정통성을 획득하기 위해 제도의 선택에 적극적으로 참여하는(예를 들어 로비활동) 존재로 보는 연구가 많아졌다. 이는 종래 신제도파경제학이 주장해온 것이다. 신제도파경제학에서 전개되어 온 자기이익을 가진 주체의 가정을 받아들여서, 이해와 의도의 두 가지를 가진 개인 및 조직을 가정한 후에 제도구축을 둘러싼 권력(power), 정치, 조직간의 대립을 분석하고 있는 연구들도 있다(Carrupthers 1995, Dirsmith, Heian and Covaleski 1997). 예를 들어서 Dirsmith, Heian and Covaleski (1997)는 신제도파사회학을 기초로 하면서도 권력과 자기이해의 가정을 더하여, 제도변화에 있어서 조직내의 개인의 변화를 고려하고 있다. 종래의 제도파사회학에 따르면 형식적인 규칙이나 시스템은 상징적인 것으로, 실제의 것과는 다른 것이었다(Meyer and Rowan 1977). 그러나 그들은 조직이 정통성을 부여하는 상징적인 구조를 따르는 것은 자기이해와 집단이해의 결과라는 결론을 내렸다.

신제도파경제학자인 Williamson(1985)은[20], 조직을 한정합리성을 가지고 기회주의적인 행동을 하는 개인의 집합이라고 가정하였다. 그리고 제도를 조직간의 계약으로서 간주하였다. 그러나 이러한 설명만으로는 비효율적인 제도의 존재이유를 밝히기에는 불충분하다. 이러한 문제에 대해서 Covaleski, Dirsmith and Samuel(2003)는 구제도파경제학자인 Commons[21]의 연구를 인용하여, 구제도파경제학과 신제도파사회학의 양자를 받아들여서 조직은 효율성과 정통성을 동시에 추구한다는 조직의 이중성을 고려한 연구를 전개하고 있다. Commons는 1920년대의 경제문제, 예를 들어 노동조합과 기업집중의 연구나 산업규제에 관한 문제 등에 직면하여, 신고전파경제학 모델의 한계를 극복하려고 시도하였다. 그러나 제도가 가진 역할과 사회변화에 관하여 신고전파경제학 모델에서는 대부분이 해결책이 얻어지지 않았고, 경제에 영향을 끼치는 동적, 정치사회적, 제도적 요인을 도입하여 분석을 행하였다. 그리고 그는 정치사회적인 행위를 개인의 집합체로서의 행동의 결과로 보는 것에는 무리가 있다고 하여 제도적 배합과 그 과정을 분석할 필요가 있다고 주장하였다. 그러나 그는 경제문제의 사회적 상황을 강조하였지만, 환경에 적응한 자만이 살아남는다는 비목적론적인 자연선택을 거부하고, 목적론적인 인위적 선택을 일관되게 주장하였다. 그러므로 Commons에 의한 제도의 진화라는 것은, 개인의 의사와 목적의 결과라고 해석할 수 있을 것이다. 이와 같은 인식을 계승한 Covaleski, Dirsmith and Samuel(2003)은 회계기준을 통제상의 효율성을 획득할 수 있는 선택과 사회의 정통성을 촉진할 수 있는 선택 간의 경쟁을 완화하는 역할을 한다라고 보고하였다. 그들은 미국의 캘리포니아에서 이루어진 에너지 산업의 회계제도를 사례로

20_ 신제도파경제학자의 대표자의 한 사람이다. Coase(1937)에 의해서 제기된 거래비용문제를 개인의 제요소를 사용하여 분석하였다. 한정합리성과 기회주의라는 개인의 제요소를 환경의 불확실성이나 외부성이라는 환경조건과 조합해서 거래상황을 분석하였다(Nakamura et al. 2005).

21_ 고전파경제학의 공리주의와 호모에코노미쿠스개념을 비판하고 인간의 관습이나 사고양식의 사회심리학적 측면을 중시한 구제도경제학파의 대표적인 연구자이다(Nakamura et al. 2005)

들고 있다. 규제당국에 의한 요금설정은 투하된 자본의 상각비용과 운영비용으로 산출된다. 산출된 수치에 의해서 관련 집단간에 부(富)가 배분되기 때문에, 당국은 이해조정자의 역할을 담당하게 된다. 원래 이러한 요금계산은 거래비용을 절약하기 위해서 발생한 것으로 생산자 측에는 투자자본으로부터 수익을 보증할 수 있고, 소비자 측에는 가격인상으로부터 보호할 수 있다. 이러한 비용을 근거로 계산하는 회계제도는 에너지 산업의 규제 하에서 민영화를 가능하게 한 것이다. 그러므로 회계는 자원배분에 관한 의사결정을 지원하는 수단으로서만이 아니라 시장경제를 정통화하는 수단이기도 하다.

2) 회계제도의 변화

구제도파경제학에서는 제도를 개인 또는 집단의 습관 및 관습에 엮어 져서 보급된 사고 혹은 행동양식으로 정의하고 있다(Hamiliton 1932). 구제도파경제학에 의한 회계학 연구 중에는 조직 내에서 장기간에 걸쳐서 루틴화된 회계실무를 제도로서 보는 연구들이 있다(Mouritsen 1994, Burns and Scapens 2000). 회계실무를 제도로서 파악하면, 회계제도는 항상 진화의 가능성을 가지게 된다. 그렇지만 환경의 변화에도 불구하고, 새로운 회계제도로 진화하지 않고, 기존의 제도를 그대로 유지하는 조직 또한 실무에서 관찰할 수 있다. 이러한 회계제도의 지속성에 관하여 Granlund(2001)는, ABC의 도입이 예상보다 진행되지 않는 것을 사례로 들면서, 회계제도의 변화에는 사회환경적 요인 외에도 조직 수준의 요인도 작용하는 것으로, 특히 다음의 두 가지의 요인이 나타날 가능성이 있는 것을 시사하고 있다. 첫째로, 관성(inertia)이다. 관성이 발생하면, 조직은 제도 변화에 저항할 것이다. 예를 들어서, 새로운 회계제도를 도입하는 것으로 인해 기업의 재무상태가 보다 명확하게 밝혀진다면, 외부의 자원을 제공한 투자자의 기대에는 부응하였다고 하더라도, 기업자신이 불리한 입장에 놓이게 되는 경우, 기업은 그 변화에 저항하게 된다. 두 번째는, 변화로의 동력(momentum)이다. 회계제도의 변화는 사회적인 선택이다. 만약 그것이 적절하게 책정된 계획이라고 하더라도 예측불가능하고, 의도되지 않은 결과를 가져 올 가능성을 부정할 수 없다. 그러나 관성에 의해서 제도 변화에 저항하는 것은 조직에게 있어서 합리적인 선택일지 모르지만, 사회의 전체로 보면, 정통성 획득의 실패(Robert and Scapens 1983)가 될 수 있기 때문에 최적의 결과가 아닐 가능성이 남게 된다. 재무정보시스템의 변화가 어떻게 해서 발생하는 가를 외부환경의 요인과 조직내부의 요인으로 나누어서 연구한 Tasamenyi, Cullen and Gonzalez(2006)에서는 정통성을 획득하여 시장에서의 입장을 확보하고자 하는 제도파사회학의 외부환경의 요인을 중시하는 접근법에 더하여 조직 간의 경쟁적 요인과 개인의 이해관계(Intra-Organizational Power Relations)[22]를 조직내부의 요인으로 도입하고 있다.

제도 변화를 이루어 새롭게 선택된 제도는 이의 변화가 외부환경에 순응한 결과라 하더라도 현실적으로 조직마다 다를 수 있다. 외부환경에 의해서 새롭게 제도화된다고 하더라도, 조직 내에서 정치적 과정을 거치는 것이기 때문에 그것은 새로운 합의와 타협의 산물이 되고 만다(Scott 2001, Ezzamel, Robson, Stapleton and Mclean 2007). 그러므로 새로운 제도는 완전히 전혀 다른 새로운 제도가 아니라 구제도로부터 재구축된 제도, 혹은 다양한 형태의 혼합물이 될 가능성이 크다. 즉, 회계제도는 환경과 조정해나가면서 변화해 가는 것이지만, 기업조직은 스스로가 처한 제도적인 상황에 의해서 형성된 합리성[23]에

22_ 개인의 자기이해개념에 대해서 Giddens(1996)의 권력의 개념을 사용하였다. Giddens(1996)는 권력(Power)에 대해서 개인 혹은 집단이 가진 이해보다도 많은 이해(利害)나 목적을 획득할 수 있는 능력으로서 정의하고 있다.

23_ Lounsbury(2007)는 이와 같은 합리성을 상황적 합리성(Contingent Rationality)으로 부르고 있다.

따르기 때문에, 전체적으로 복수의 합리성, 즉 조직에 따라 다른 제도가 존재하게 된다(Lounsbury 2007).

5. 맺음말

이상으로 본 장에서는 회계학 연구에 많이 사용되어 온 제도이론을 중심으로 이론의 특징과 접근방법에 대해서 확인하고, 실제 제도이론을 원용한 회계학 연구의 연구동향에 대해서도 검토하였다. 그 결과 최근에 들어서는 엄밀히 분류된 제도이론의 각계보가 서로 다른 가정을 교차로 상정해서 분석하게 되는 것으로 다원적인 연구의 입장을 형성하고 있는 것이 확인되었다. 제도이론을 사용하고 있는 최근의 회계학연구의 다원적인 관점의 특징을 정리하면, 다음의 세 가지를 들 수 있다. 첫째, 제도의 형성과 변화의 동기이다. 제도파사회학이 중시해 온 외부환경적 요인만이 아니라 제도파경제학이 중시하여 온 조직 내부의 동기도 받아들여서 분석되게 되었다. 둘째, 행위의 주체이다. 제도파경제학뿐만이 아니라 제도파사회학에 있어서도 경제합리성을 가진 개인을 고려하도록 되었다. 그러나 그러한 개인은 완전합리성이 아닌 인간적인 요인이 더해진 한정합리성을 가진다. 셋째, 제도의 다양성의 인정이다. 유일한 최적 균형 상태나 환경에의 완전한 순응이 아니라 조직이 처한 환경이나 상황에 따라서 다양한 제도가 인정되고 있는 것이다.

제도이론을 이용한 한국회계기준 변화 분석

제2장

제2장

제도이론을 이용한 한국회계기준 변화 분석

〈개요〉

1997년 금융위기 이후 우리나라는 회계제도의 개혁을 실시하였다. 1997년 금융위기를 계기로 우리나라 기업회계기준이 국제적 회계기준의 실무 관행을 만족시킬 수 있도록 보강하라는 IMF의 자금지원조건을 받아들여, 1998년 12월에 기업회계기준을 전면 개정하였다. 이를 시작으로 한국회계기준원과 국제회계기준도입준비단은 2007년 3월 15일 국제회계기준 도입 로드맵 발표회에서 국제회계기준을 전면 도입할 것을 선언하였다. 로드맵에 따라 우리나라는 모든 상장기업은 2011년부터 국제회계기준을 적용하고 있다.

1997년 금융위기 이후 한국은 회계제도의 개혁을 실시하였다. 1997년 금융위기를 계기로 우리나라 기업회계기준이 국제적 회계기준의 실무 관행을 만족시킬 수 있도록 보강하라는 IMF의 자금지원조건을 받아들여, 1998년 12월에 기업회계기준을 전면 개정하였다. 이를 시작으로 한국회계기준원과 국제회계기준도입준비단은 2007년 3월 15일 국제회계기준 도입 로드맵 발표회에서 국제회계기준을 전면 도입할 것을 선언하였다. 로드맵에 따라 우리나라는 모든 상장기업은 2011년부터 국제회계기준을 적용하고 있다.

본 장에서는 1997년 금융위기 이후에 이루어진 우리나라의 이러한 일련의 회계기준의 개혁을 사례로, 그 변화의 과정을 제도이론의 이론적 기초로 하여 분석, 검토한다. 본 연구의 검토 결과, 한국 회계기준에 일어난 일련의 제도 변화는 1997년 금융위기를 계기로 확산된 기존 회계제도에 대한 불신과 국제 자본시장으로부터의 변화요구가 회계제도의 변화를 자극한 것으로 확인할 수 있다. 이러한 변화는 국내외 자본시장으로부터 회계제도에 대한 정통성을 회복하기 위하여 국제적인 정통성을 가진 제도로 동형화한 제도 변화의 특징을 확인할 수 있다.

1. 문제의 소재 및 접근방법

회계는 소수의 기초적인 공준이나 원칙에 기반하여 모든 거래를 조직적으로 기록하고, 그 기록으로부터 경영성과와 재무상태를 유기적으로 계산하는 하나의 통일된 시스템으로 그 계산구조는 회계의 역사가 시작된 이래 지금까지 큰 변화 없이 유지되고 있다. 그러나 한편으로 "회계는 시대의 필요에 응해가며 진화, 발전해 왔다. 그러한 변화는 각 시대의 제력(諸力)에 의해 설명될 수 있으며, 회계는 확실히 발전적(progressive)이며, 각 시대의 제력과 상관적(relative)이다(Littleton 1933)". 회계제도는 회계를 둘러싼 당시의 환경적 요인에 의해 변화를 요구받아 왔고, 실제로 이에 응하며 변화해 왔다. 이는 각 시대로부터 기대되는 회계의 기능이 시대 상황에 따라 변화하기 때문이다(Hujii 2007). 회계에는 역사를 관통하며 견실하게 유지되어 온 계산구조적 측면과 상황의존적으로 변화를 지향하는 기능적 측면이 병존하고 있다. 다시 말해, 회계는 계산구조를 기본구조로서 유지하면서도 그것이 처한 시대에 반응하며 그 기능을 진화[24]시켜온 것이다. 그러나 회계제도를 환경의 산물 혹은 사회적 선택이라고 언급하면서도, 재무회계연구 내에서 이의 변화를 사회 내 광범위한 요인에 의해 설명한 연구는 그다지 많지 않다(Hopwood 2000).

1997년 금융위기 이후 한국은 대대적인 회계제도의 개혁을 실시하였다. 1997년 우리나라 기업회계기준이 국제적 실무 관행을 충족하도록 보강하라(IMF의 한국과의 대기협정 1997)는 국제통화기금(International Monetary Fund; 이하 IMF)의 요구를 반영하여 1998년 12월 12일자

24_ 여기에서 진화(evolution)라는 용어는 경제학적 의미로 사용된다. 즉, 경제학적 진화는 어떤 조직이 환경으로부터의 압력(즉, 환경에 적응할 것인가? 혹은 자연 도태될 것인가? 등의 압력)을 받으면, 그 조직은 자신들에게 가장 최적화된 행동을 하게 되어 일정방향으로 변화해 가는 것을 의미한다. 본 연구의 진화 또한 이러한 의미를 가진다. 변화는 학술적 의미 없이 어떤 상태에서 다른 상태로 변하는 것을 포괄적으로 의미하기 때문에, 진화는 변화의 특수한 한 형태라고 할 수 있을 것이다.

로 기업회계기준을 전면 개정하기 시작하였다. 이후 한국회계기준원과 국제회계기준도입준비단은 2007년 3월 15일 국제회계기준 도입 로드맵 발표회에서 국제회계기준을 우리나라 기업회계기준으로 도입할 것임을 선언하였다. 로드맵에 따라 우리나라의 모든 상장기업은 2011년부터 국제회계기준을 적용하고 있다(기업회계기준전문 2007). 그러나 금융위기 이후 실시된 우리나라 회계제도 변화에 대한 선행연구들을 살펴보면, 대부분이 회계제도 개혁의 개요를 소개하거나 정책 방향을 제시한 연구들로(윤순석 외 1999; 장지인·전영순 1999; 김문철 외 2006; 김형순 2006; 권성수·권수영 2006; 김경호 외 2007 등), 개혁과정 자체를 논리적 분석의 대상으로 한 연구는 많지 않다(최종서 2004).

이에 본 장에서는 제도이론을 이론적 기초로 1997년 이후 한국의 회계제도 변화를 연구의 소재로 그 과정을 분석, 검토하고자 한다. 다시 말하면, 회계제도가 어떻게 시대의 환경적 요인에 의해 일정 방향으로 변화, 즉 진화하였는지를 연구하고자 한다. 따라서 본 연구는 정책적인 시사점을 주기 보다는 사회 내의 회계현상을 설명하는 기술(記述)적인 연구가 될 것이다. 회계제도 변화에 대하여 효율적이고 정보적인 관점을 제공하고 있는 기존의 연구에 더하여 사회 내의 회계 역할과 회계현상을 보다 포괄적으로 이해하는데 도움이 되는 보완적인 연구가 될 것으로 기대한다.

2. 회계제도의 진화 – 제도의 성립과 변화

1) 회계기준 선택의 제도적 관점

특정 회계기준의 선택을 설명하는 이론적 관점에는 여러 가지가 있다. 그 중에서도 대리인 이론은 가장 널리 사용되는 이론적 관점일 것이다. 대리인 이론은 합리적인 자기 이해를 가진 이해관계자를 가정한다. 특정 회계 기준에 근거하여 산출된 회계수치는 조직의 현금흐름이나 이해관계자들의 부의 이전에 잠재적으로 영향을 끼치기 때문에, 대리인 이론의 가정 하에서 회계선택은 해당 이해관계자들의 자기 이해를 극대화하기 위해 채택한 경제적 결과로서 설명된다. 회계를 조직의 생산성과 효율성을 향상시키는 도구로서 인식하는 기술적인 관점도 있다. 한편에서는 회계를 각 이해관계자들이 자신들의 목표를 달성하고 이를 정당화시키기 위한 도구로 간주하여, 특정 회계 기준에 근거한 회계수치는 다양한 경쟁적 이해관계자간의 대립과 협상의 결과물로서 봐야 한다는 정치적 관점에 근거하여 설명하기도 한다. 또한 조직을 둘러싼 거시 사회학적 환경요인이 회계 선택에 관한 조직의 의사결정에 결정적인 영향을 끼친다고 보는 제도적 관점도 있다.

Ansari and Euske(1987)는 공기업의 회계정보 이용에 관하여 위의 이론적 관점 중 세 가지, 즉, 회계를 효율성을 향상시키는 도구로 보는 기술적인 관점과 정치적인 영향력 추구의 결과라고 보는 정치적인 관점 및 외부세계에 보여 줄 알맞은 외견의 필요라는 제도적인 관점을 사용하여 분석하였다. 미국 군수산업 관련 기업들에 대한 사례연구를 실시한 결과, 그들은 원가회계 정보가 공적 부문에서 합리적으로 사용된다는 기술적 관점과 관련된 사항은 거의 발견되지 못한 반면, 정치적, 제도적인 관점과는 일치되는 결과를 보였다고 보고하였다. Carpenter and Fefoz(1992)는 1975년 미국 뉴욕 주정부가 주정부의 재정 위기를 계기로 외부 재무 보고목적을 위하여 일반적으로 인정된 회계원칙(Generally Accepted Accounting Principles; 이하 GAAP)을 도입하기로 결정한 회계기준의 선택과정을 상기의 네 가지 이론적 관점을 사용하여 검토하였다. 검토를 통해 그들은 GAAP의 도입은 공적 부문의 생산성과 효율성을 향상키기 위하여 민간 부문의 회계 실무를 도입했다고 보기보다는 뉴욕 주의 재무관련 부문의 정통성을 회복하기 위한 시도였다고 결론지었다. 예산과정과 관련한 정치적인 이해 또한 GAAP의 도입과정에 중요한 영향을 끼쳤다고 주장한 반면, 당초 GAAP의 도입으로 뉴욕 주의 경영 실무가 크게 개선되리라고 주장한 회계실무가들의 주장과는 달리 GAAP에 근거하여 산출된 회계정보가 주의 경영 실무를 크게 개선했다고 주장할 수 있는 설득력 있는 증거는 발견되지 못했다고 보고하였다. 이후, Capenter and Feroz(2001)는 미국 주정부의 GAAP 채택에 있어서의 제도적 압력의 영향을 조사하기 위하여 뉴욕, 미시간, 오하이오, 델라웨어 등의 4개 주로 사례를 확대하여 연구를 실시하였다. 그 결과 주정부의 GAAP 선택과 관련한 의사결정과정에 회계법인과 같은 전문가 단체의 회계 및 감사의 참여 여부, 당선된 관료들의 정치적 이해나 정치적 리더십의 변화가능성, 조직적 각인 등과 같은 제도적 압력이 중요한 결정요인이 되었음을 확인하였다. 동시에 그들은 기존의 제도적 관점과 더불어 경제적 자원의 의존도 또한 의사결정 과정에 상당히 중요한 요인이었다고 보고하였다.

이상의 선행연구를 살펴보면, 경제적 요인만이 회계기준 선택에 영향을 주는 것으로 보기는 힘들다는 것을 알 수 있다. 특히 정부나 한 국가의 권위기관에 의해 채택되는 회계기준의 의사결정에는 경제적 요인 외에도 여러 거시 사회적인 요인이 중요한 영향력으로 작용하기 때문에 이를 보완할 필요가 있음을 알 수 있다. 따라서 회계의 제도적 관점을 제공하는 제도이론은 회계 선택에 대한 이해를 넓히는 데 중요한 역할을 할 것으로 기대된다.

제도이론은 하나의 통일된 이론이 아니라 제도를[25] 연구대상으로 하는 여러 이론들의 계보로 구성된다[26]. 본 연구는 사회 내의 회계제

25_ 제도이론의 각 계보에 따라서 제도의 대한 구체적인 정의는 다르지만, 일반적으로 제도는 사회에 존재하며 당시의 그 사회 사람들에게 당연하게 받아 들여 지고 있는 규칙으로서 정의된다.

도의 변화를 분석하고자 하는 것이 연구목적이므로 환경적 요인을 중시 여기는 신제도사회학을 기초로 기본적인 논리를 전개한다. 제도사회학의 가장 특징적인 문제의식은 조직은[27] 환경과 다른 조직들과의 공생관계로 연결되어 있으며, 따라서 조직이 어떠한 형식적인 구조나 합리적인 대안을 선택하려고 할 때에 외부에 대한 이해나 목적, 행위 등 제도적으로 연결되어 있는 조직간 문맥이 매우 중요하다는 것이다(Meyer and Rowan 1977). 현실에서 어떠한 조직도 그를 둘러싼 환경으로부터 고립하여 자급자족할 수 없다. 따라서 조직은 환경 및 다른 조직들과의 상호작용을 통해 공생관계를 형성해야만 한다. 서로를 연결시키는 이러한 공생관계는, 만약 조직이 어떠한 합리적인 선택을 하려 할 때에 이의 폭을 제한하는 환경적 압력을 가하게 된다(Oliver 1988; Meyer and Rowan 1977). 환경적 압력 하에서 조직은 사회가 인정하는 신념의 관습에 충실히 따라 형식적인 구조를 설계함으로써 자신들이 적절한 방식으로 운영되고 있음을 외부에 보여줄 수 있다(Meyer and Rowan 1977). 특히, 목표가 모호하거나 성과를 측정할 객관적인 잣대가 없는 경우, 일반적으로 정통성이 인정된 형식과 절차를 따름으로써 조직의 내부 및 외부의 자원제공자들 혹은 이해관계자들로부터 제기될 수 있는 비난과 의혹 등에 대해서도 방어할 수 있게 되는 것이다.

어떤 조직이 어떠한 선택을 할 때, 제도사회학에서는 조직적 각인(organizational imprinting)이라는 개념을 사용하는데, 이는 조직이

26_ Burns(2001)에 의하면, 회계학 연구에서 자주 사용되어 온 제도이론에는 제도경제학과 신제도파 사회학이 있다. 제도경제학에는 크게 구제도경제학과 신제도경제학의 2가지의 계보가 있다. 전자는 행동심리학을 원용하여 이변과 누적적 변화에 의한 사회진화를 논한 경제이론에 의거한 제도이론에 의하여 구성된다. 이에 비해, 후자는 제한된 합리성하의 효용극대화를 논한 경제학에 의거한 제도이론에 의하여 구성된다. 후자가 경제 분석 시에 미시경제학이나 게임이론 등과 같은 새로운 개념과 도구를 채택하는 것으로부터 전자와 구별하여 신(新)제도경제학이라 한다.

27_ 제도의 주체는 자기 이해를 가진 사회 내 행위자이다. 개인뿐 아니라 사회적으로 구축된 집합적인 행위주체, 예를 들면 국가나 전문가 조직 등도 자기 이해를 가지고 행동한다면, 제도의 행위자로 간주할 수 있다(Scott 1995).

어떤 특정 실무를 조직의 합리적인 의사결정이나 설계에 의해서 받아들이는 것이 아니라, 조직이 그렇게 하는 것이 당연하다고 생각하기 때문에 그 실무를 채택하고 받아들이는 과정을 말한다(Scott 1987; Carpenter and Feroz 2001). 예를 들면 연결재무제표가 기업간 지배와 기업의 경제적 실체를 설명하기 위한 합리적인 방법으로 채택되었지만, 이는 그 회계실무가 기업집단을 설명하는 가장 합리적인 방법이어서가 아니라 그것이 기업실체를 설명하는 합리적인 방법이라고 사회적으로 인정받았기 때문에 회계제도로서 받아들여졌다고 보는 관점이다. 이에 따르면, 조직은 그 조직이 운영되고 있는 사회 환경에서 일반적으로 적절하다고 인정된 제도를 선택하게 된다는 것이다. 따라서 제도사회학에서 제도는 외부로부터 합리화된 규칙으로 정의되며, 제도선택은 어떤 조직에게 요구되는 외부요인에 의해서 이루어지는 것이다.

한편 사회학자인 Meyer(1986)는 회계가 사회 내의 어떠한 것을 화폐화하여 파악하려 하는 서양의 합리화(rationalization)의 전통에서 유래하였다고 주장하였다[28]. 사회 내의 어떠한 "것"은 화폐가치를 부여 받음으로써 비로소 재산(property)으로서 인식 가능하게 된다. 다시 말해 사회적 실체 혹은 과정과 같이 보이지 않는 것들이 회계의 표준화된 가치시스템을 통해 수치화되면 비로소 볼 수 있게 된다. 예를 들어서 이익은 사실 질적이고 추상적인 개념이지만 회계를 통해서 계산가능하고 예측 가능한 형태로 바뀐다(Miller 1994). 회계가 가진 이러한 가시성으로 인해 기업이나 조직은 자신들의 외견을 만들어 내는 합리적인 절차로서 회계를 파악하고, 시장 혹은 외부관계자들은 회계에 의해 구축된 그 합리적인 외견으로 기업을 인식하게 된다(Cooper

28_ Meyer(1986)는 계산을 서양의 합리화의 전통이라고 주장하였다. 여기에는 두 가지의 합리화의 형태가 있는데 하나는 화폐화와 인과관계로부터 형성된 계산이고, 두 번째는 사회 통제 혹은 권위에 기인한 계산이다. 그는 회계는 첫 번째 전통에서 기인한 것이라고 주장하였다.

1980; Hopwood 1984; Richardson 1987; Carruthers 1995). 그리고 회계가 산출한 회계정보를 토대로 기업 혹은 조직, 그리고 그를 둘러싼 이해관계자들이 합리적인 상호작용을 할 수 있게 되는 것이다.

재무회계의 경우, 이익과 같은 개념을 측정하고 그것을 수치로서 표현하여 요약할 때에 일정한 규칙을 따르게 되는데, 이러한 규칙들을 선택하는 과정은 회계 환경적 요인에 영향을 받는 이른바 사회적 선택이 된다(김광윤·강승모 1997). 회계규칙에 근거하여 산출되는 재무회계정보가 가져오게 될 잠재적인 경제적 결과는 관련 이해관계자, 예를 들어 주주, 채권자, 세무당국, 규제당국, 경영자 등의 경제적 부에 직접적 혹은 간접적으로 다양한 영향을 끼치게 된다. 회계기준 설정과정에서 특정한 회계처리 방법을 선택하느냐 하지 않느냐는 여러 사회 집단의 경제적 부에 영향을 끼치는 사회적 선택이며, 따라서 선택의 결과로서 채택된 회계기준은 회계환경과의 합의에 의해 형성된 사회적 제도가 되는 것이다.

한편 회계정보는 일정한 규칙을 따르기 때문에 인식론적으로는 객관적이라고 생각되지만, 존재론적으로는 그 규칙에 대한 객관적인 근거가 없기 때문에 주관적이라 할 수 있다(Mouck 2004). 즉, 재무회계를 통하여 경제적 실체를 표현하고 있지만, 근거하는 규칙인 회계기준은 그 경제적 실체를 표현하기 위해서 그 시점에 사회적으로 구축된 규칙으로서 자본 시장과 같은 외부이해관계자들에게 정통성을 얻기 위해서 조직이 반드시 따라야 한다고 형성된 사회적 제도이다. 회계기준의 이러한 사회 제도적 측면은 "일반적으로 인정된 회계원칙"이라는 용어에서 잘 나타난다. 일반적으로 인정된 회계원칙이란 어떤 특정 시점에 있어서 인정받은 회계실무를 확정하여, 재무적 표시에 대해서 감사인이 전문적 의견을 형성하기 위한 기준을 제공하는 습관, 규칙 및 절차라고 일컬어지는데(Cooper and Ijiri 1983), 그 시점의 회계환경이 타당하다고 인정한 회계실무나 관행을 반영하여 형성된 산물인 것이다. 고승희(2007)는 일반적으로 인정된 회계원칙을 사회적 합의의 최대공약수적인 결정체로서 언급하였다.

이상의 선행연구를 종합해 보면, 회계기준은 그 당시 사회적으로 형성된 제도이며, 따라서 회계제도의 선택과 변화는 그것이 위치한 사회의 회계환경으로부터 설명될 수 있다. 또한 외부 환경요인과의 합의에 의해서 성립된 회계제도는 그를 둘러싼 회계환경이 달라진다면, 새로운 합의를 향해 진화할 수 있음을 추론할 수 있다.

2) 회계제도변화의 이론적 모형

제도의 변화과정을 가장 잘 설명하는 개념은 동형화(isomorphism)이다(Dimaggio and Powell 1983; Meyer and Rowan 1977). Hawley(1968)에 의하면, 동형화는 집단 내에서 한 단위가 같은 환경조건에 직면한 다른 단위들과 유사해져 가는 과정으로 정의된다. 제도적 변화에 있어서의 동형화 개념은 다음과 같이 이해할 수 있다. 한 조직이 그 조직이 속한 전체집단에게 신임을 받으며 존속하기 위해서는 그 분야의 지배적인 제도를 인식하여 그 자신을 그 지배적인 제도에 순응시켜야 한다. 이 과정을 통해서 조직은 제도의 정통성(legitimacy)을 획득하게 된다. 이 때 외부로부터 인정받은 제도를 도입하였기 때문에 조직은 변화로 인해 일어날 수 있는 조직 내의 여러 가지 소란 등으로부터 안정성을 유지할 수 있다.

Dimaggio and Powell(1983)은 제도적 동형화를 강제적 동형화(coercive isomorphism), 모방적 동형화(mimetic isomorphism), 규범적 동형화(normative isomorphism)의 세 가지로 분류하였다. 강제적 동형화란 정치적인 영향력, 즉 정부와 같은 권위기관에 의한 강제나 설득, 권유의 결과로서 조직은 강제적 동형화를 통해 외부의 정치적 지지를 얻을 수 있으며, 더욱 강한 조직들과 어울릴 수 있는 정통성을 획득하게 된다. 이러한 변화는 다분히 형식적인 것으로 생각되어지기 쉽지만, 그렇다고 해서 그 변화가 조직에게 대단하지 않다는 의미는 아니다. 모방적 동형화란 환경의 불확실성에 대응하여 변화를 꾀하지만, 조직 자신의 목표 등이 애매모호할 때 정통성을 가지고 있다고 인식되는 비슷한 조직의 제도를 모방하는 것을 말한다. 적은 비용으로도 가시적인 해결책이 제시될 수 있기 때문에 자신들의 목적이나 환경이 불확실할 경우 조직은 더욱 정통적이고 성공적으로 보여 지는 조직을 따라하게 되는 데 이를 모방적 동형화라고 한다. 마지막으로 규범적 동형화란 전문화를 통한 조직의 내적 동형화를 의미한다. 전문가조직의 경우 구성원들이 산출해 내는 산출물을 통제하고 전문가조직으로서의 자치성을 유지하기 위한 정통성 확보를 위해 해당 업무의 상태와 방법을 정의를 함으로써 해당 실무를 균일화하며 이를 통해 내부적으로 공통 규범을 형성하게 된다. 회계제도는 관련하는 내·외부이해관계자들의 합의의 산물이며, 회계제도를 이용하여 산출된 회계정보가 일정수준의 균일성을 유지하도록 만들어 주는 것으로 규범적 동형화의 예라고 할 것이다.

정통성은 동형화를 이끄는 핵심적인 요인이다. Maurer(1977)는 정통성을 조직이 동료 조직 혹은 그것이 속한 상위 시스템으로부터 그 조직이 존재해도 좋다는 혹은 그러하여도 좋다는 권리를 정당화하는 과정으로 정의하였다. 일반적으로 조직은 더 큰 사회시스템의 한 부분에 불과하기 때문에, 존속하기 위해서는 상위 시스템의 지지가 필요하다. 조직의 목표나 행동은 더 큰 사회시스템으로부터 정통적이라고 혹은 가치가 있다고 생각되어져야 한다. 정통성과 관련된 문제는 사회가 조직이나 조직의 활동이 사회적인 가치가 있다고 인정하는가에 달려있다. 만약 사회의 가치가 바뀌게 된다면, 그것에 기반을 둔 정통성 또한 변화하게 된다. 그리고 이러한 변화로 인해 조직이 획득한 제도의 정통성에 문제가 있다고 판단하게 되면, 조직은 사회 환경 내에서 새롭게 정통성이 있다고 인정되는 사회적 가치에 근거한 제도에 동형화함으로써 새로운 정통성을 획득하며 사회적 기대에 순응하게 될 것이다. 한편 무엇이 정통인가라는 정의는 환경요인에 의해서 계속해서 변화하고 진화하기 때문에 조직에 의해 취해지는 행동에 대한 정통성은 항상 가변적이고, 따라서 이는 제도의 변화를 이끄는 가장 중요한 동인이 된다.

한편 Oliver(1991)는 조직이 환경에 순응한다는 기존 제도이론의 조직에 대한 수동적인 입장에 대하여, 순응이라는 조직 행동은 그로 인한 보상을 기대한 조직의 적극적인 이해가 작용한 결과라고 주장하였다. 조직이란 예상되는 기대에 따라 반응하는 자기이해를 가진 적극적인 행동 주체이며, 때에 따라서는 외부 환경의 변화 요구에 적극적으로 저항하기도 한다는 것이다. 즉, 결과적으로 조직이 환경에 순응하여 지배적인 제도를 받아들이는 것은 그로 인한 평판, 안정성, 정통성 혹은 경제적 자원으로의 접근이 용이하게 되는 등의 보상이 뒤따르기 때문이라는 것이다(Dimaggio 1988; Dimaggio and Powell 1983; Meyer and Rowan 1977, 1983; Scott 1987)[29]. Oliver(1991, 1997)에 의하면 조직은 환경의 압력에 순응하지만, 이는 동시에 경제적 자원에 대한 의존 혹은 보상이 뒤따르기 때문이다. 회계제도에 관해서도 회계기준 설정을 둘러싼 정치적 로비 활동 등에서 보여 지듯, 조직이 제도 형성에 적극적으로 참가하여 설정과정에 영향을 주거나 때로는 변화를 요구하는 환경에 저항하는 등 조직은 스스로의 이해와 의도를 가지고 제도 변화의 환경적 요인에 대응한다(Carrupthers 1995; Dirsmith et al. 1997). 그러므로 조직은 사회의 가치를 따라서 사회로부터 인정받는 제도를 도입하여 생존을 보장받지만(Covaleski

---

29_ 제도사회학이 전통적으로 환경에 대한 조직의 수동적 태도를 가정한 데 대해서, 경제학의 개인 혹은 조직의 자기이해의 가정을 도입한 이러한 제도사회학을 신(新)제도사회학이라고 구별하여 부르기도 한다.

and Dirsmith 1988), 이는 사회가 정통이라고 인정하는 상징적인 구조를 따름으로써 자신들의 정통성과 경제적 자원 등을 보상받고자 하는 조직 내부의 이해가 작용한 결과이기도 한 것이다(Oliver 1991).

이상으로 제도변화와 관련된 선행연구를 검토하였다. 이를 기초로 회계제도 변화에 대한 이론적 모형을 도시하면 〈그림 2-1〉과 같다. 한 사회가 처한 환경적 요인에 의해 사회의 가치가 바뀌게 되면, 그것에 기반을 두고 형성된 제도의 정통성에 의문이 제기된다. 한 사회를 형성하고 있는 일부분으로서의 회계제도는 변화된 새로운 사회의 가치에 순응하여 그로부터 획득하게 될 것으로 기대되는 정통성과 경제적 보상 등에 반응하며 변화하고, 새롭게 변화된 회계제도는 새롭게 합의된 사회의 가치를 위해 작용할 것이다. 한편, 한 사회를 둘러싼 환경적 요인과 그에 근거한 사회의 가치에 대한 합의는 항상 가변적이기 때문에 이에 대응하여 회계제도는 진화하게 될 것이다.

그림 2-1. 회계제도 변화에 대한 이론적 모형

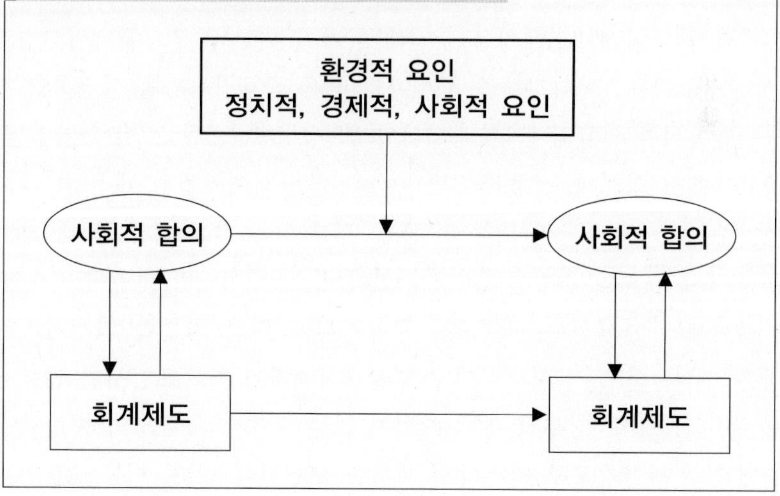

3. 한국의 회계제도 변화

1) 회계제도 변화 과정의 개요

1997년 이후 한국회계기준의 변화에 국제회계기준이 등장하게 된 계기는 1997년의 금융위기이다. IMF와 세계은행이 자금지원의 조건으로 기업부문 구조개혁의 과제 내에 한국회계제도의 개선을 요구한 것이 이후 시작된 한국회계제도 변화의 결정적인 요인이 된다.

> 회계기준과 공시관련 규칙은 국제적으로 인정받는 수준이 되도록 강화될 것이다. 금융기관의 재무제표는 국제적으로 인정받는 회계 법인에 의해 감사받게 될 것이다.
>
> (IMF의 한국과의 대기협정 1997, "재편과 개혁대책"중)

한국정부는 이러한 IMF의 요구를 수용하여 1997년 12월 31일에 "금융감독기구의 설치 등에 관한 법률"을 제정하고 이에 의거하여 기존의 은행감독원, 증권감독원, 보험감독원, 신용관리기금 등을 흡수, 통폐합하여 회계제도개혁을 추진해 나가기 위한 정부기구로서 1998년 4월에 금융감독위원회를, 1999년 1월에 금융감독원을 설립하였다. 금융감독위원회의 회계제도특별위원회는 1998년 5월 27일에 가진 중간보고에서 회계제도 개혁의 방향에 대하여 회계투명성 개선, 국제회계기준으로의 부합, 분식결산의 근절, 정부 등의 간섭 배제 등의 4가지를 목표로 개혁안을 만들었다고 밝혔다[30]. 이 개혁안의 내용에 따르면, 연결회계에 관해서는 관계회사 투자주식에 대한 지분법 회계처리를 적용하도록 하고, 연결대상기준에 실질지배력기준을 포함시킨다는 내용 등이 있으며, 정부의 통제를 받지 않는 순수 민간주도의 독립적인 회계기준 제정기구를 만든다는 계획도 포함되어 있다. 이후, 1998년

30_ 「회계제도 개혁안 중간보고 내용」, 매일경제신문, 1998. 5. 27.

10월에 30대 기업집단에 적용하는 기업집단 결합재무제표준칙을 제정하였고, 동년도 12월에는 이전까지는 일반 투자자를 위한 회계정보를 산출하지 않았던 증권회사, 은행, 보험회사 등의 금융기관에 대하여 각각 증권업회계처리준칙, 은행업회계처리준칙, 보험업회계처리준칙 등의 금융업종별회계처리준칙을 제정하고 기업회계기준을 전면 개정하였다.

표 2-1. 회계제도 변화의 일정

1997년	금융위기
1997년 12월	IMF와의 자금지원합의, 회계기준개혁 합의
1997년 12월	금융감독원 및 금융감독위원회 설립을 위한 법률 제정
1998년 4월	금융감독위원회 설치
1998년 10월	기업집단 결합재무제표준칙 제정
1998년 12월	금융업회계준칙의 제정을 포함하여 기업회계기준 전면개정
1999년 6월	한국회계연구원설립
2000년~	한국회계기준위원회 활동개시
2006년 1월	국제회계기준도입을 위한 국제회계기준도입준비단 구성
2007년 3월	국제회계기준 전면도입 로드맵 발표
2007년 12월	한국채택 국제회계기준(K-IFRS) 제정
2011년	한국채택 국제회계기준 상장기업 적용

이 시기의 회계제도의 변화는 1997년 금융위기 이후 정부가 IMF와 국제부흥개발은행(International Bank for Reconstruction and Development; 이하 IBRD)과의 합의를 따르는 것을 직접적인 요인으로 하여, 국제회계기준에 부합 혹은 가능한 한 일치시키는 것을 목표로 추진되었다. 여기서 가능한 한 국제회계기준에 일치시킨다는 의미는 국제회계기준에 규정되지 않은 경제적 사건이나 우리나라의 특수한 환경이 고려되지 않은 부분에 대해서는 일치시키지 않는다는 것을

의미 한다[31]. 회계기준의 전면 개정으로 인한 변화 중 가장 특징적인 것으로 30대 재벌기업을 대상으로 한 기업집단 결합재무제표의 도입과 금융업종별회계처리준칙 제정 등의 금융기관에 대한 회계제도의 개선이라고 할 수 있다(최종서 2004). 이는 당시의 기업집단과 금융기관의 회계처리에 대한 사회적 불신과 이의 회계투명성을 개선하고자 하는 의지가 반영되어 있다고 할 수 있는데, 1998년 IBRD세미나의 회계제도 개혁에 대한 주제발표에서도 개혁의 방향을 국제적으로 통용되는 회계기준으로의 일치와 함께 상호지급보증, 무자료 거래, 이중계약서 등 우리나라 기업들의 실무관행에 대한 회계투명성 제고라고 밝혔다[32]. 기업집단 결합재무제표의 경우, 비록 이것이 국제회계기준에 규정되어 있지 않더라도 우리나라 고유의 경제실태를 파악하여 이를 자본 시장에 투명하게 가시화하자는 회계투명성 제고의 일환으로 채택된 것이다. 자금지원 조건으로 합의한 내용을 보면, 기업지배에 관한 회계제도의 개혁과 관련된 내용에서 IMF는 기업집단에 대하여 연결중심의 회계제도 공시를 요구하였고, 이에 한국정부도 합의하였다(IMF의 한국과의 대기협정 1997). 그러나 이후 기업집단에 대한 연결재무제표의 작성요구는 우리나라 대기업의 지배구조가 반영되어 지분율과 관계없이 기업집단의 모든 계열회사를 포함하여 작성하도록 하는 결합재무제표의 작성 및 공시로 변화하였다(IMF의 한국의향서 1998). 이는 우리나라 기업실체를 파악하고자 하는 목적과 이를 필요로 하는 사회의 합의가 있었기 때문이라고 해석할 수 있다.

1999년 6월 30일에는 민간부문 회계기준제정기구로서 한국회계연구원[33]이 창설되었고, 그 산하에 회계기준위원회가 조직되어 2000년 7월 27일부터 공식적인 기준제정활동을 개시하게 되었다. 2001년 3

31_ 주인기, 「이렇게 생각한다-국제회계기준에 맞춰 투명성 강화」, 매일경제신문, 1998. 12. 11.
32_ 「IBRD세미나-회계제도 개혁」, 매일경제신문, 1998, 5, 19.
33_ 2006년 3월에 한국회계기준원으로 명칭이 변경되었다.

월 30일 기업회계기준서 제 1호 회계변경과 오류수정이 제정된 것을 시작으로 2007년 1월 8일 기업회계기준서 제 25호 연결재무제표가 제정되기까지 2007년말 현재 25개의 기업회계기준서가 회계기준위원회에 의해서 제·개정되었다.

조장연·강병민(2003)은 2002년 10월 31일을 기준으로 한국회계연구원에서 발표한 모든 기준서와 공개초안, 그리고 아직 유효한 현행 기업회계기준, 준칙 및 해석 등을 기초로 하여 현행 국제회계기준과의 주요 차이를 비교 연구하였다. 당시까지의 회계기준에 대한 한국회계연구원의 국제정합성 제고전략을 국제회계기준을 최대한 수용하되, 명백히 한국현실에 부적합한 예외적인 경우에만 국제회계기준에서 벗어나는 것을 허용하는 대폭수용형[34]으로 규정하였다. 그들의 연구결과에 따르면, 재무제표의 표시부문에서 한국의 회계기준이 국제회계기준과 비교하여 초인플레이션과 합작회사에 대한 회계처리규정을 가지고 있지 않다는 점, 감액손실의 테스트 요구나 리스회계에서의 계산방법 등에서 차이가 있는 등 양 기준에서의 차이는 존재하나 일부에 불과한 것으로 조사되었다. 공시부문에 있어서도 한국의 경우 연금회계에 관한 규정이 없고, 국제회계기준의 경우 자산재평가를 할 수 있도록 인정하고 있지만, 한국의 회계기준에서는 이를 인정하지 않는다는 점 등의 차이는 존재하지만 많은 차이가 존재하지는 않는다고 지적하였다. 이후에도 전반적으로 한국 회계기준과 국제회계기준과의 차이에 관하여 한국의 경우 연결재무제표가 아닌 개별재무제표를 기업의 주재무제표로 하고 있다는 점, 30대 기업집단에 대하여 결합재무제표가 작성된다는 점, 연금회계가 아직까지 없다는 점 등에 대한 차이를 지적받았지만, 근본적인 차이는 크지 않아 국제회계기준을 수용하고 있다고 평가받았다[35].

34_ 조장연은 그의 이전 연구(1999)에서 회계기준의 정합성 제고 전략을 국제회계기준의 수용정도에 따라, '완전 수용형', '대폭수용형', '부분수용형'으로 구분하였다.

그러나 2000년 5월 국제증권감독위원회(International Organization of Securities Commissions; 이하 IOSCO)가 국제회계기준위원회가 규정한 국제회계기준(IFRS)을 전세계적인 단일 기준으로 채택할 것을 의결하였다. 이후 EU를 중심으로 수용되어 온 국제회계기준을 EU 뿐만 아니라 캐나다, 호주 등 약 100여 개국이 전면 수용했거나 수용할 예정이고, 미국과 일본 등도 자국회계기준을 국제회계기준에 합치시키는 작업을 진행하고 있다. 우리나라의 경우, 현행기준에 국제회계기준의 내용을 지속적으로 반영하여 왔으나 아직 미흡하다는 판단 하에[36] 국제회계기준을 전면도입하기 위하여 2006년 2월에 국제회계기준도입준비단을 구성하고, 2007년 3월 국제회계기준 전면도입 로드맵을 발표하였다. 발표내용에 따르면, 2011년부터 상장회사 전체에 대하여 국제회계기준을 의무적으로 적용하되, 2009년부터 선택적용을 허용하고 있다. 그리고 연차 및 분반기 연결재무제표 등 모든 공시내용을 연결중심으로 단계적으로 전환하게 된다[37]. 이 로드맵에 따라 2007년 11월에 한국회계기준원 회계기준위원회는 한국채택 국제회계기준 제정안을 의결하였고, 2007년 12월 21일에 금융감독위원회에 보고됨으로서 한국채택 국제회계기준이 제정되었다[38].

금융위원회[39]에서 밝힌 국제회계기준의 도입의 배경 및 이유는 다음과 같다[40]. (1) 우리나라 회계투명성에 대한 신뢰도의 제고, 즉, 우리나라가 국제회계기준과 다른 회계기준을 사용하는 국가로 분류되어 외국투자자 등이 한국의 회계 투명성을 신뢰하지 못하는 원인의 제거,

35_ 「Special Report-회계기준 방향 이렇게 잡자」, 매일경제신문, 2004. 7. 29.

36_ 국제회계기준 도입 「ROAD MAP」마련을 위한 T/F 구성, 금융감독위원회 정례브리핑자료, 2006. 1. 24.

37_ 국제회계기준 전면도입 로드맵(안), 한국회계기준원, 2006. 11. 21.

38_ 한국채택 국제회계기준(K-IFRS)제정, 금융감독위원회 보도자료, 2007, 12. 21.

39_ 2008년 1월 제17대 대통령직인수위원회의 「정부조직과 기능개편」방안에 의해 (구)금융감독위원회의 감독정책기능과 (구)재정경제부의 금융정책 기능을 통합하여 금융위원회가 설립되었다. 인용자료가 2008년 4월의 자료임으로 여기에서는 금융위원회로 하였다.

40_ 회계제도 선진화를 위한 민·관 합동 T/F 구성 및 추진방안, 금융위원회 보도자료, 2008. 4. 17.

(2) 글로벌 기업들의 이중 회계장부 작성 부담의 경감, (3) 국제 자본시장을 통한 기업의 자금조달 원활화, (4) 국내 자본시장의 국제화에 기여하여 외국인 투자자들의 국내 투자도 더욱 활발해 질 것으로 기대, (5) 국내 기업의 외국진출 및 외국기업의 국내진출 원활화 등을 제시하고 있다[41].

국제회계기준의 전면도입이라는 회계제도의 변화가 추진된 배경에는 1990년대 이후 자본시장의 국제화를 배경으로 들 수 있다. 2000년 IOSCO가 국제회계기준에 따라서 작성된 국제 상장기업의 재무제표를 국가별 회계기준과의 차이 조정 없이 받아들일 수 있도록 국제회계기준에 정통성을 부여함으로써, EU, 캐나다, 호주를 비롯하여 이제까지 소극적이었던 미국과 일본의 자본시장에서도 국제회계기준을 수용할 의사를 표시하고 있다. 이러한 변화는 1990년대 이후 자본시장의 국제화와 밀접한 관련이 있는데, 외국인의 자국시장에 대한 투자뿐 아니라 국내 기업의 해외 상장도 활발히 전개되었고, 이러한 자본시장의 국제화 수단으로 해외상장을 촉진하면서, 국제회계기준을 적용한 외국기업의 국내 상장을 허용하거나 자국의 회계기준을 제·개정하는 과정에서 국제회계기준을 수용 또는 준거하게 되었다(오준환외 2006).

우리나라 또한 1990년대 이후 외국인의 국내투자 뿐만 아니라 국내기업의 해외 상장도 활발히 전개되고 있다. 〈표 2-2〉는 우리나라 주식시장의 소유자별 주식소유분포를 나타내고 있다. 〈표 2-2〉에서 보면, 외국인의 투자비율이 1998년 17.98%에서 2004년에는 40.10%까지 증가하였고, 2006년 현재 35.16%로 외국인 투자자가 2000년 이후 우리나라 주식시장에서 시가총액기준으로 가장 많은 소유분포를 가진 집단이 되었음을 알 수 있다.

41_ 이 외에도 이해관계자가 상대적으로 적은 비상장기업에 대해서는 간략한 회계기준을 적용할 수 있어 회계부담이 감소될 것이라고 도입배경을 밝히고 있다.

표 2-2. 소유자별 주식소유분포(시가총액기준)

연도	1998	1999	2000	2001	2002	2003	2004	2005	2006
정부관련*	19.72	16.59	13.20	8.94	6.56	4.58	4.13	3.65	3.93
기관투자자	13.65	14.26	16.43	15.35	15.28	15.70	17.01	18.56	20.80
일반법인	19.78	18.99	19.93	17.12	19.82	18.77	17.95	18.02	18.13
개인	28.87	31.68	23.47	26.42	25.55	23.29	20.80	22.59	21.98
외국인	17.98	18.47	26.98	32.17	32.79	37.67	40.10	37.17	35.16
합계	100	100	100	100	100	100	100	100	100

*: 정부 및 정부관리 기업
(자료: 증권거래소 2008)

한편 우리나라 국내기업의 해외상장은 1990년 12월 삼성물산의 DR(Depositary Receipts; 주식예탁증서)의 발행 및 룩셈부르크 증권거래소 상장을 최초로 이후 1991년 기아자동차, 삼성자동차, 1992년 현대자동차 등이 해외상장 되었다. 〈표 2-3〉이 보여주듯이, 우리나라의 국내기업은 2007년 9월말 현재 누적하여 56개의 회사가 총 316억 달러 규모의 DR을 발행하여 뉴욕증권거래소, 나스닥, 런던증권거래소, 룩셈부르크증권거래소 등의 세계 자본시장에 상장시키고 있다.

〈표 2-2〉와 〈표 2-3〉은 우리나라의 자본시장이 1990년대 이후 활발히 국제화되고 있음을 나타낸다. 국제적으로 국제회계기준을 전면도입하고 있는 가운데, 우리나라에서도 국내 기업과 국내 자본시장에 대한 저평가 우려가 사회적으로 형성되었으며, 이것이 회계제도의 변화를 이끄는 요인이 되었다는 것을 알 수 있다. 국제회계기준 전면도입의 로드맵 발표 이후의 신문기사들의 내용을 보면, 국제회계기준 전면도입으로 인해 국내 기업들은 국제 자본시장 진출과 자금조달이 더 용이해지고 회계정보에 대한 투명성과 신뢰성 확보를 통한 기업경쟁력 상승도 기대할 수 있다[42]는 평가와 함께, 국내 법규에 의해 작성된

42_ 「이렇게 생각한다-회계기준의 문법은 하나다」,매일경제신문, 2007. 3. 15.

재무제표가 국제자본시장에서 그대로 사용할 수 있게 됨에 따라 글로벌 기업들의 부담이 줄어 들 것이라고 평가하고 있다[43]. 한국의 회계제도가 국제회계기준을 전면 도입하는 것에 대하여 트위디 국제회계기준위원회 위원장도 국제회계기준의 전면도입을 통해 한국 기업의 국제 자본시장 진출 시의 자금조달 비용을 절감시키고, 한국에 대한 외국인 투자자의 투자결정에도 상당한 도움이 될 것이라고 신문인터뷰기사에서 밝히고 있다[44].

2011년부터 상장회사 전체에 대하여 국제회계기준이 전면도입되어 의무적으로 적용된다. 한국채택 국제회계기준의 주요내용을 보면, 종속기업이 있는 경우 연결재무제표를 기본 재무제표로 하고 사업보고서 및 분·반기보고서 등 모든 공시서류를 연결재무제표 기준으로 작성, 공시해야 한다. 재무제표의 명칭 및 구성도 개편되어, 예를 들어, 현행 재무제표의 종류 중 대차대조표는 재무상태표로, 손익계산서는 기타포괄손익이 포함된 포괄손익계산서로 내용과 명칭이 변경되게 되며 이익잉여금처분계산서는 재무제표에서 제외된다. 또한, 자산과 부채의 평가와 관련해서는, 현행 기준이 원가모형만을 인정하는 유형자산과 투자부동산에 대하여, 유형자산의 경우 원가모형 혹은 재평가모형 중 하나를 선택할 수 있도록, 투자부동산의 경우 원가모형 혹은 공정가치모형 중 하나를 선택할 수 있도록 하는 등 공정가치로 평가할 수 있는 선택의 폭을 확대시켰다.

43_ 「기업재무 언어가 바뀐다-왜 국제회계기준인가」, 이데일리, 2008. 2. 11.

44_ 「국제회계기준도입, 한국경제에 도움[IASB위원장]」, 매일경제신문, 2007. 3. 15.

표 2-3. 국내기업의 해외DR 발행현황 (2007년 9월 현재)

(단위: 회, 만USD)

연도	발행횟수	누적횟수	누적금액
1990	1	1	4,000
1991	2	3	24,000
1992	1	4	39,000
1993	2	6	71,815
1994	10	16	188,615
1995	8	24	319,615
1996	7	31	434,715
1997	4	35	497,715
1998	1	36	547,215
1999	10	46	1,211,753
2000	7	53	1,362,019
2001	3	56	1,742,246
2002	5	61	2,035,612
2003	5	66	2,111,236
2004	2	68	2,265,312
2005	9	77	2,686,851
2006	7	84	3,162,603

(자료: 최경렬 2008)

2) 회계제도 변화의 의미

금융위기 이후 이루어진 한국의 회계제도 변화와 관련한 의사결정 과정에 대해서 간략히 살펴보았다. 여기에서는 회계제도의 변화를 금융위기 직후 국제회계기준을 대폭수용하며 회계개혁을 실시했던 시기를 1차 개혁으로, 이후 국제회계기준 전면도입이라는 회계제도의 개혁을 2차 개혁으로 나누어 앞서 살펴본 제도이론을 기초로 하여 각각의 변화과정과 요인 및 의미를 살펴보고자 한다.

(1) 1차 개혁

금융위기 직후 우리나라의 회계기준은 국제회계기준을 대폭적으로 수용하며 변화하였다. 이 변화의 직접적인 원인은 IMF 등과 합의한 자금지원 조건이다. IMF가 제시한 "국제적으로 인정받는" 수준(IMF의 한국과의 대기협정 1997)의 회계기준이 되기 위해서 국제회계기준에 가능한 한 일치시키는 방향으로 제도가 변화되어야 했다. 앞서 우리는 제도적 관점을 기초로 회계기준을 기업이 외부 이해관계자에게 자신의 외견을 구축하는 합리적인 절차로서 정의하였다. 합리적인 절차로서의 회계제도는 자본 시장 등의 사회 환경으로부터 정통성과 신뢰를 회복하는데 상징적인 역할을 한다. 금융위기를 계기로 우리나라의 자본시장과 회계실무에 대한 불신으로 인한 변화 압력에 대응하여 외부적으로 제도화되고 정통성 있다고 각인된 국제회계기준에 동형화시켰음을 알 수 있다. 그러나 이 시기의 변화는 완전한 동형화가 아님에 주의할 필요가 있다. 기업회계기준의 전면 개정을 둘러싸고, 국제회계기준으로의 합치라는 방향과 함께, 회계의 투명성 제고라는 목적 또한 개혁의 원칙이 되었다[45]. 금융위기를 계기로 불거진 당시 기업의 회계실무에 대한 불신, 특히 기업집단과 금융기관의 회계처리에 대한 불신 등으로 인하여 회계를 둘러싼 여러 이해관계자와 사회가 기업들에게 보다 엄격한 회계책임을 요구하였고, 이에 따라 기업집단 결합재무제표준칙과 금융업종별 회계처리준칙 등이 제정되었다. 기업집단 결합재무제표준칙의 경우, 비록 결합재무제표가 국제적으로 통용되는 재무제표가 아니다 하더라도 우리나라 기업 집단의 지배구조를 시장에 가시화하여 회계책임과 회계투명성을 제고하고자 하는 사회적 합의가 작용한 결과임을 알 수 있다. 이는 국제회계기준과 합치하여 정통성을 획득하고자 하는 요인과 더불어 금융위기라는 사회적 위기를 계기로 형성된, 기업집단과 금융기관의 부실한 재무공시에 대한 완전하

45_ 주인기,「이렇게 생각한다-국제회계기준에 맞춰 투명성 강화」매일경제신문, 1998. 12. 11.

고 투명한 재무공시의 요구, 즉 회계투명성 원칙이라는 사회적 가치가 또 하나의 주요 요인으로 회계제도의 변화에 영향을 끼쳤음을 알 수 있다.

(2) 2차 개혁

이후 우리나라는 2006년 국제회계기준도입준비단을 구성하고, 2007년 국제회계기준 전면도입 로드맵을 발표하며 로드맵에 따라 국제회계기준을 우리나라의 회계기준으로 완전수용하기로 의결하였다. 이 변화의 가장 직접적인 원인은 2000년에 IOSCO가 국제회계기준을 전세계적인 단일기준으로 채택하며 EU를 비롯한 세계 주요 자본시장이 이를 전면수용하게 된 데에서 비롯하였다. 국제자본시장에서 국제회계기준이 단일화 회계기준으로서 정통성을 획득하고 받아들여진 것이다. 이는 1990년대 이후 자본시장의 국제화가 확대되고 있는 우리 사회에 있어서 매우 중요한 환경적 요인이 되었다. 자본시장에서 회계제도의 정통성 획득과 더불어 해외 투자자의 국내 자본 투자와 우리나라 기업의 해외 자본시장으로의 접근용이 등의 경제적 이해 또한 국제회계기준 전면도입이라는 제도변화에 중요하게 작용했음을 알 수 있다.

이상에서 검토한 한국의 회계제도의 개혁과정의 변화요인을 정치적, 사회적, 경제적 요인으로 나누어 확인하면 다음과 같다. 우선, 국제적으로 인정받는 회계기준으로 변화를 요구하는 한국 정부와 IMF와의 협약이 회계제도 변화에 정치적 요인으로 작용했음을 알 수 있다. 재벌 기업의 부도 등으로 불거진 기업 실무나 회계공시에 대한 사회의 불신을 새로운 회계제도에 의한 기업의 가시화를 통하여 회계제도의 신뢰성 문제를 해결할 필요가 있었던 사회적 요인도 중요한 변화요인이었음을 확인할 수 있다. 또한, 이후 자본시장의 국제화를 배경으로 국제회계기준이 단일 회계기준으로서 많은 국가들로부터 받아들여짐으로써, 국제화된 자본시장으로부터 기대되는 경제적 보상은 우리나라 회계제도에 변화를 일으키는 경제적 요인으로 작용하였다. 즉, 외국인 투자를 유도하고 국내 기업의 해외 상장시 예상되는 비용의 절감과 관련된 경제적 요인 또한 회계제도의 변화를 이끄는 중요한 요인을 되었음을 확인할 수 있었다.

회계에 대한 사회의 요구는 그 사회가 처한 환경에 따라 변화한다. 금융위기 직후 한국회계제도는 국제적으로 인정받는 회계기준으로 동형화하였고, 이는 상기의 사회 환경적인 요인이 작용한 결과로 볼 수 있다. 특히 제도이론의 동형화와 관련하여 설명하면, 1차 개혁은 그 당시의 경제상황에 따라 불가피하게 IMF의 협약을 준수하기 위하여 한국 정부와 권위기관에 의해 실시된 강제적 동형화라고 할 수 있다. 반면에, 2차 개혁은 자본시장의 국제화를 배경으로 많은 국가들로부터 정통성을 획득하고 있는 국제회계기준을 한국회계제도로서 전면도입한 모방적 동형화라고 할 수 있을 것이다.

한편, 조직은 환경의 압력에 순응하여 제도를 선택하게 되었지만, 동시에 이는 선택된 제도로 인하여 기대되는 정통성이나 경제적 자원 등의 보상이 뒤따른 결과이기도 하다. 이렇게 스스로의 이해와 의도를 가진 조직은 그 변화의 환경적 요인에 수동적인 순응을 하는 것뿐만 아니라 적극적으로 대응하여 제도의 형성과정에 참여하기도 한다(Oliver 1991). 2차 개혁의 결과, 국내회계기준 제정기관인 한국회계기준원의 역할은 국제회계기준을 국내에 번역하고 적용하며, 그러한 단계에서 불가피하게 발생하는 국내회계기준과의 차이점을 해소하는 쪽으로 그 역할이 변화할 것으로 예상된다. 회계제도는 관련된 이해관계자간의 합의의 산물이며 회계 전문가조직의 실무규범으로서의 규범적 동형화의 결과이기도 하다. 국제회계기준도입 이전의 경우에는 국내의 이해관계자들 간의 합의에 따라 국내회계기준 제정기관이 회계기준으로 제정하여 제도화할 수 있었다. 그러나 국제회계기준 전면도입을 결정한 이상, 국내 이해관계자들 간의 합의뿐만 아니라 국제회계기준위원회와 이와 관련된 이해관계자 간의 합의에 의해 회계기준이 제정되게 되었다. 따라서 국내 회계실무와 국제회계기준 간의 심각한 차이가 있을 경우, 이는 회계제도의 규범적 동형화, 즉 내적 동형화를 성취하는 데에 장애요인이 될 수 있다. 따라서 이제부터 우리나라 회계기준 제정기관의 역할은 국내의 이해관계자 집단의 요구가 국제회계기준의 제정에 반영될 수 있도록 적극적으로 대응하여 회계제도의 단순한 모방적 동형화로 인해 생길지 모르는 이러한 규범적 동형화의 문제를 해결하는 방향으로 변화되어야 할 것이다.

본 장의 검토를 통해 우리나라의 회계제도가 이를 둘러싼 환경요인으로부터의 압력과 제도가 처한 당시의 사회적 가치에 합의하여 환경에 순응하며 변화했음을 알 수 있다. 미시적인 관점으로는 환경적 요인에 영향을 받아 변화한 것처럼 보이지만, 통시적인 관점으로 보게 될 경우 회계제도는 그것이 존재하는 사회의 환경적 요인에 의해 동기화되어 그 시대가 요구하는 방향으로 진화하고 있다는 것을 제도이론을 기초로 한 본 장의 연구가 어느 정도 설명하였다고 사료된다.

4. 맺음말

본 장은 회계기준을 사회 내 환경적 요인과의 합의에 의해서 성립된 제도로서 간주하여 그 회계제도를 둘러싼 사회 환경의 변화에 따라 회계제도가 상황의존적으로 변화한다고 가정하였다. 따라서 회계제도의 변화는 변화하는 환경에 적응하기 위한 진화의 과정으로 간주하고, 한국회계제도의 변화를 중심으로 이를 둘러싼 환경적 요인에 대해서 검토하였다. 본 장에서는 금융위기를 계기로 촉발된 우리나라 회계제도의 변화를 정통성 회복을 위하여 국제회계기준에 일치시킨 동형화의 과정으로 밝히고 있다. 그리고 이는 환경적 요인에 순응하여 변화하는 진화의 과정임을 밝히고 있다.

기업집단의 기업지배구조의 형성

제3장

제3장

기업집단의 기업지배구조의 형성

〈개요〉

1997년 경제위기 전후로 우리나라 기업집단들이 도산하면서, 그룹회계 실무의 문제점들이 드러났고, IMF는 보조적인 회계공시로서 30대 기업집단에 대해서 결합재무제표를 작성하도록 요구하였다. 본 장에서는 연결재무제표를 공시하고 있던 우리나라의 회계제도에 새롭게 결합재무제표의 작성이 요구되도록 한 이유를 찾기 위해서 우선 우리나라 기업집단의 기업지배구조의 특징에 대해서 검토한다. 특히, 기업집단의 등장과 성장과정 등의 역사적 검토를 통해서 우리나라 기업집단의 기업지배구조의 특징을 도출한다. 결합재무제표의 도입배경을 이해하기 위한 기초적인 연구가 될 것이다.

1. 문제의 소재 및 접근방법

Aoki 등(1996)에 따르면 기업지배구조는 '주주, 채권자, 종업원, 관계회사 및 고객 등을 포함하는 이해관계자들 간의 경영 관리에 대한 권리와 책임구조'이다. 재무회계시스템은 이러한 기업지배구조에 직접적으로 혹은 간접적으로 입력정보를 제공하는 하부시스템으로 알려져 있다(Bushman and Smith 2001; Sawabe 2003). 따라서 기업지배구조에 문제가 발생할 경우, 문제해결 노력의 일환으로 하부시스템인 재무회계시스템에도 제도의 변화가 수반된다.

1997년 경제위기 이후에 우리나라의 기업지배구조는 세계화 혹은 국제화를 위한 개혁이 절실히 필요하였고, 그 방편의 하나로서 국제통화기금(이하, IMF)은 직접적이고 구체적으로 재무회계시스템의 개혁을 요구하였다(Tokuga 2002). 특히 이 개혁의 요구에는 두 가지의 의도가 있다고 할 수 있는데, 하나는 우리나라의 회계시스템에 새로운 글로벌 기준을 도입하도록 하기 위한 것이었고, 다른 하나는 우리나라의 기업지배구조의 개혁을 강제하기 위한 것이었다.

우리나라의 그룹회계실무는 우리나라 기업집단의 지배구조를 시장에 적절하게 공시하지 못한다는 비판을 받아 왔다(Nam 1980; Jung 등 1997). 1997년 동안 기업집단들이 도산을 하는 등 경제위기 이후에 IMF는 보조적인 회계공시로서 30대 재벌 그룹에 대해서 결합재무제표를 작성하도록 요구하였다. 이미 그룹회계실무로서 연결재무제표를 공시하고 있던 우리나라의 회계제도에 새롭게 결합재무제표의 작성이 요구되도록 한 이유는 무엇인가? 이의 질문에 대답하기 위해서 우리는 우선 우리나라 기업집단의 기업지배구조의 특징에 대해서 알아본다. 특히, 기업집단의 등장과 성장과정 등의 역사적 검토를 통해서 이들이 어떻게 독특한 기업지배구조를 가지게 되었는 지에 대해서 체계적으로 검토한다. 아울러, 기업집단의 지배구조와 결합재무제표의 도입의 의미에 대해서도 살펴볼 것이다. 결과적으로 본 장은 우리나라 기업집단의 기업지배구조 형성과정, 그 특징 및 결합재무제표의 도입 배경 등에 대한 깊은 이해를 제공하는 데 공헌할 것으로 기대된다.

2. 기업집단의 등장과 성장

우리나라의 기업집단은 소위, '재벌(財閥)'로 알려져 있지만, 일반적으로 명확한 정의는 없다. 다만, Hattori(1988)는 우리나라 기업집단을 다음의 두 가지 특징을 사용하여 정의하였다. 첫째, 다각화된 사업들에 진출하고 있으며, 둘째, 창업자 가족에 의한 봉건적인 소유구조를 가지고 있다. 즉, 재벌이란 창업자와 그의 가족들에 의해서 소유되는 다각화된 사업을 가진 대기업집단으로 정의할 수 있다.

1) 사업다각화

우리나라는 '경제개발 5개년 계획'을 다섯 기간에 걸쳐 추진하며[46], 평균적으로 매년 9%이상의 경제성장률을 달성하였다.

처음 경제개발 5개년 기간 동안(1962년-1967년)에 정부는 지원할 전략산업을 지정하고, 전략산업으로 지정된 경공업에서 선택된 기업들에 대해서는 예를 들면 특혜에 가까운 낮은 대출이자율이나 수출실적에 따른 수출금융을 지원하는 등 거의 무제한적인 금융지원을 제공하였다. 당시에 선택된 기업들이 오늘날의 재벌들의 모회사가 되었다. 그러므로 재벌 성장의 가장 중요한 요인은 바로 정부의 산업정책이었다고 말할 수 있다(Chang 1996). 1970년대 중반에 이르러, 우리나라의 가장 큰 수출 국가였던 미국 경제의 침체와 닉슨 독트린 하에서 한

46_ 1962년부터 1987년까지 25년간 실시되었다.

반도에서의 미군 철수 등의 움직임 등에 따라 정부는 중공업을 촉진하기로 새로운 산업정책을 추진하였다. 이후 재벌은 경공업뿐만 아니라 중공업에서도 사업을 보유하게 되었고, 점차 부품의 안정적인 공급을 위하여 관련기업들이나 많은 하청기업들을 거느린 거대한 기업집단을 성장하였다. 게다가 1973년 1차 오일쇼크 후의 중동 건설 붐에 힘입어 정부는 건설 수출을 촉진하기 위한 지원전략을 수립하였고, 이 계획에 재벌들이 따라 진출하였다. 결과적으로 우리나라의 재벌은 정부의 산업정책에 따라 경공업, 중공업뿐만 아니라 건설업까지 보유하는 거대한 기업집단으로 변모하였다. 다음의 〈표 3-1〉은 이 시기의 재벌의 계열회사의 수를 나타낸 것이다.

표 3-1. 기업집단 계열회사의 성장

연도	1970	1979	1982	1985	1987	1989	1995
A	126	429	402	404	474	513	623
B	4.2	14.3	13.4	13.5	15.8	17.1	20.8

A: 재벌 계열회사의 총 수
B: 재벌 당 평균 계열회사의 수
자료: Chang(1996); 공정거래위원회(2004)

〈표 3-1〉에서 보여 지듯이, 우리나라의 기업집단은 1970년대 동안 계열회사의 수를 2배 내지 3배로 늘리며 성장하였다. 그러나 1980년대 초반에 정부는 재벌들의 무분별한 크기확장으로 야기된 과열경쟁으로 중공업산업의 개편작업을 행하였다. 즉, 각 사업 범주에 특화된 한두 개만의 기업을 허용하기로 결정하였고, 이로 인하여 해당 사업에 참여할 수 있는 기업들의 수가 제한되며, 각 재벌은 해당 사업별로 독점적인 지위를 이용하여 더욱더 크게 성장하게 되었다.

요약하자면, 우리나라의 기업집단, 즉 재벌은 정부의 산업정책의 변화로부터 비롯하여 다각화된 사업구조를 보유하게 되었다. 정부는 경제개발 계획에 따라 산업정책을 수립하고, 적극적이고 인위적으로 경제적 지대(rents)를 창출하여 거기에 따르는 기업들에 배분하였다(Chang 1996). 바꾸어 말하면, 정부에 의해서 보장된 경제적 지대가 있었고, 따라서 해당 산업분야에 진출할 수 있게 된 재벌은 규모면에서 지속적인 성장을 할 수 있었던 것이다.

2) 가족 소유

재벌의 또 다른 중요한 특징은 창업주와 그의 가족에 의한 봉건적인 소유구조이다. Hattori(1982)는 우리나라 재벌의 소유구조를 규모에 따라 다음의 〈그림 3-1〉과 같이 세 가지 유형으로 구분하였다.

그림 3-1. 우리나라 기업집단 소유구조의 세 가지 유형

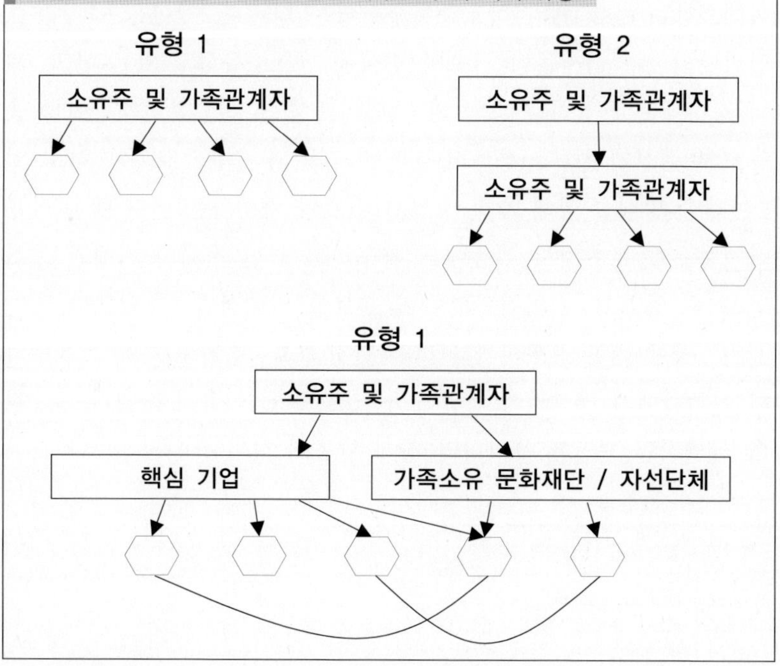

자료: Hattori(1982)

우리나라의 기업집단은 규모의 측면에서 첫 번째 유형에서 두 번째, 세 번째 유형으로 변화하며 성장하는 경향이 있다. '유형 1'은 소유주 및 그의 가족들이 모든 계열회사들에 대하여 독점적인 지배력을 가지고 있는 경우이다. 이 유형은 다른 유형들보다 상대적으로 규모 면에서 작다. '유형 2'는 핵심 기업을 통해서 계열회사들을 지배하고 있는 것으로 이러한 소유구조는 일본의 자이바츠(zaibatsu)[47]와 유사하다. '유형 1'에서 '유형 2'로의 변화하는 이유는 규모의 팽창으로 인한 재정적인 제약 때문으로 여겨진다. 즉, 성장에 필요한 자금의 규모가 개인의 수준에서 가능한 수준을 넘어서면 '유형 2'로 이동하게 되는 것이다. 왜냐하면, '유형 2'는 기업집단의 사업다각화는 계속되면서도 소유주의 간접적인 기업집단에 대한 지배는 가능하기 때문이다. '유형 3'은 기업집단의 상호출자 소유구조를 나타낸다. 그러나 이는 일본의 케이레츠(keiretsu)[48]의 상호출자구조와는 다르다. 케이레츠의 경우, 기업집단의 계열회사들이 서로의 주식을 상호소유하고 있는 반면, 재벌의 경우에는 창업자나 그의 가족에 의해서 소유된 문화재단이나 중견규모의 핵심기업들을 통해서 여전히 개인의 수준으로 유지하고 있다. 이러한 방식을 통해 재벌 창업자와 그의 가족들은 단지 매우 작은 주식지분율을 보유하고 있음에도 불구하고 집단 전체의 지배권을 보장받을 수 있었고, 기업집단의 자금수요를 만족시킬 수 있었다.

산업정책에 대한 정부의 임의적인 결정 또한, 창업주 혹은 소유주와 그의 가족들에게 경영권이 집중될 수 있도록 한 이유가 되었다. 즉, 정부의 임의적인 개입은 우리나라 경제 활동에 있어서 인적 네트워크나

47_ 최상위에 있는 지주회사(모회사)의 지배지분을 창업자의 가족이 가진다. 이는 1935년에서 1945년까지 일본에서 존재한 기업집단의 형태로, 이러한 기업집단을 '자이바츠'라고 한다(Iwanami Economic Dictionary 2004).

48_ 상호출자구조를 통해서 계열회사 및 개별사업들을 연결하는 일본의 기업집단을 말한다(Oxford English Dictionary 2001). 특히 일본의 케이레츠는 집단 내에 메인뱅크(주거래은행)와 같은 금융기관을 보유하고 있다는 것과 같은 케이레츠에 속한 기업들의 최고경영자들의 주기적으로 만남을 가진다는 특징을 가지고 있다(Iwanami Economics Dictionary 2004).

로비활동을 객관적인 평가만큼이나 중요하게 만들었다. 그러므로 전문 경영인보다는 정부 내에 오랜 인맥으로 인해 형성된 그들 자신의 네트워크를 가진 소유경영자가 우리나라의 경제발전 상황에서는 훨씬 더 적합하였던 것이다(Chang 1996).

3) 재정적인 측면에서의 통제 메커니즘

Kim(2003)은 1989년에서부터 2000년까지의 우리나라 30대 재벌기업의 소유구조에 대하여 조사하였다. 그는 우리나라 재벌의 소유구조를 '연동식 소유구조(interlocking ownership)'로 명명하고, 어떻게 소유주가 실제로는 아주 낮은 소유지분을 가지고 있음에도 불구하고, 연동식 소유구조를 통해서 전체 기업집단에 대해서 절대적인 지배력을 행사할 수 있는 지에 대해서 보여주었다.

〈표 3-2〉는 30대 기업집단의 내부지분율의 해당 연도별 평균치를 보여준다. 대표소유주의 지분율(A)은 약 1.5-4.9%이고, 그의 가족 혹은 친밀한 관계집단의 지분율(B+C+D)은 4.5-6.2%로 각 기업집단 전체 자본의 아주 작은 부분만을 차지한다는 것을 알 수 있다. 또한 그들의 내부지분율을 모두 합치더라도(A+B+C+D), 6.0-15.8% 정도로 여전히 전체 자본의 20%보다 적다. 반면에 연결대상 종속회사들의 집합 소유지분(E)는 32.5-40.4%로, 대략 총 자본의 3분의 1이상을 차지하고, 따라서 기업집단의 관련 내부이해관계자들의 소유지분(A+B+C+D+E)은 평균적으로 43.0-56.2%로 총자본의 약 절반을 차지한다. 이는 어느 정도 기업집단의 소유주와 그의 가족들에 의한 봉건적인 경영지배력에 대한 설명이 되고, 연결대상 종속회사들을 통한 연동식 소유구조를 나타낸다.

표 3-2. 30대 기업집단의 내부지분율, 1987년-2000년(%)

주식소유비율	1987	1989	1991	1993	1995	1997	2000
소유주(A)				4.1	4.9	3.7	1.5
특수관계자(B+C+D)				6.2	5.6	4.8	4.5
소유주 집단(A+B+C+D)	15.8	14.7	13.9	10.3	10.5	8.5	6.0
종속회사(E)	40.4	32.5	33.0	33.1	32.8	34.5	38.9
모든 내부 주식소유자 (A+B+C+D+E)	56.2	47.2	46.9	43.4	43.3	43.0	44.9

A: 대표 소유주
B: 소유주의 가족관계자
C: 가족소유 자선단체
D: 종속회사 경영자
E: 모든 종속회사
자료: 공정거래위원회(1992-2001); Kim(2003)

그러나 〈표 3-2〉에서 알 수 있듯이, 기업집단에 대한 관련 내부이해관계자들에 의한 지분율이 1987년 한 해를 제외하고는 과반수를 넘지 않는다. 그럼에도 불구하고, 소유주는 전체 계열회사들에 대해서 절대적인 경영지배력을 행사하였다. 이는 주식소유구조의 분석만으로는 우리나라 기업집단의 전체적인 자본구조와 지배구조를 설명하는 데 충분하지 않다는 것을 의미한다.

이에 자본구조의 또 다른 측면, 즉 부채로 인한 자금조달, 즉 부채금융(debt financing)의 가능성에 대해서 검토해 보자. Hattori(1988)는 우리나라의 경제개발 메커니즘을 다음의 두 가지로 요약하였다. 하나는 수출을 통한 경제 생산량의 증대이고, 또 하나는 적극적인 외국자본의 유치이다. 그는 우리나라의 경제성장을 정부에 의해 제공된 공격적인 투자 유치 전략 때문이라고 설명하였다. 그렇다면 이 투자 자본은 어디로부터 왔는가? 〈그림 3-2〉는 우리나라의 경제성장기간동안 국내총투자율이 저축율을 초과했음을 보여준다. 다시 말하면, 우리나라는 국내 자본의 절대적인 부족으로 인하여 설비투자, 기반시설확

충 및 건설을 위해서는 외국으로부터 자금을 끌어오지 않으면 안 되었음을 의미한다. 우리나라 기업들 또한 내부 자본의 부족을 경험했고, 은행과 금융기관으로부터 부채에 의존해야 했다. 하지만 해당 기간 동안 우리나라 기업의 신용평가등급이 매우 낮았기 때문에 기업 스스로는 외국으로 직접 자금을 조달할 수 없었고, 따라서 정부에 의한 보증이 필요하였다.

그림 3-2. 총저축률 및 국내총투자율 추이

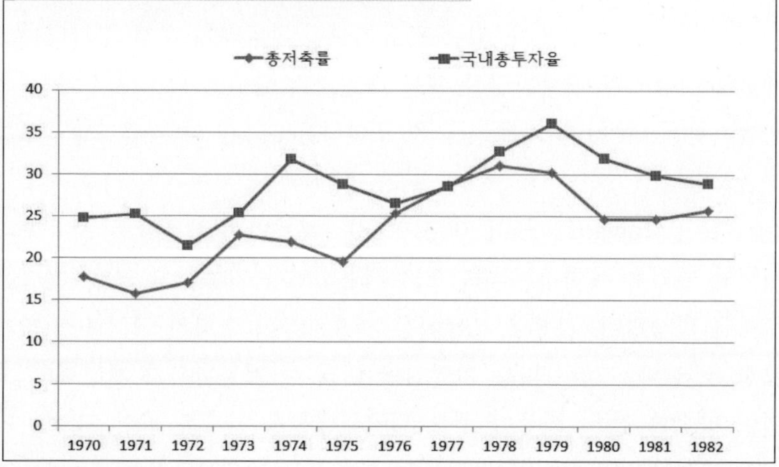

자료: 통계청(2015)

한편, 정부는 1962년부터 1980년대 초반의 경제개발 5개년 계획 기간 동안 시중은행 주식의 약 30%를 소유하였고, 경영자 임명권을 가지고 있다. 이후의 제5차 경제개발 5개년 계획 동안(1982년-1987년), 정부는 소유하고 있던 시중은행의 주식을 처분함으로써 은행 경영의 사유화를 촉진하기 시작하였다. 그러나 정부는 재벌들에게 과도한 경제력이 집중되는 것을 막기 위하여 재벌의 은행 주식을 소유와 금융업에 진입을 법적으로 금지하였다. 기업집단 내에 은행 소유를 허가하는 일본과는 차이가 있다. 즉, 일본은 기업집단, 즉 케이레츠가 금융기관을 소유하는 것을 금지하는 법이 없다. 전형적으로 케이레츠 내의 세 가지의 핵심기업들 중 하나는 은행이거나 계열회사들의 재정적인 요구를 돌봐주고, 낮은 이자의 대출을 제공하는 책임을 지고 있는 금융회사이다. 동시에 케이레츠 내의 은행들은 다른 계열회사들의 상호출자에도 적극적으로 참여한다(Howard et al 2002). 부연하자면, 일본은 급속한 경제성장에도 불구하고 이에 상응하는 투자규모를 충족할만한 충분한 국내 저축분이 있었다. 그 반면, 케이레츠와 같이 내부에서 자금을 조달할 수 있는 금융기관을 보유하지 못한 우리나라의 재벌들은 부족한 내부자금 문제를 해결하기 위해서 외부의 은행 등의 금융기관으로부터 부채로 자금을 조달하는 그들만의 자금조달구조를 구축하였다.

게다가, Howard et al(2002)이 지적하듯이 부채금융은 소유주의 지위와 권력을 유지하는 수단으로 사용되었을 가능성도 크다. 재벌은 주식을 발행하여, 자본을 조달하는 것으로부터 그다지 매력을 느끼지 못한 것 같다. 그것보다는 기업집단 내의 한 계열회사가 재정적인 지원이 필요할 경우, 외부 은행으로부터 대출을 하도록 하되, 기업집단 내의 다른 계열회사들이 자신들의 자본으로 지급보증을 하여 자금조달을 하는 방식, 즉 '상호채무지급보증(cross-debt payment guarantee)' 방식을 선호하였다. 이 방식은 다음의 세 가지의 이유로 인하여 계열회사들 간에 강한 유대감을 형성하도록 하였는데, 첫째, 만약 대출금액이 부도가 나면, 보증한 회사가 법적 책임을 지게 된다. 둘째, 계열회사의 부도를 막기 위하여 상대적으로 취약한 계열회사들을 지원하기 위하여 계열사 상호간의 거래가 장려된다. 셋째, 기업집단 계층구조의 가장 상위에 권력이 집중되도록 하고, 이는 한 계열회사의 부도로 인하여, 연쇄부도가 일어나 기업집단 전체가 무너지는 것을 예방하는 데 필요하다.

〈표 3-3〉은 기업집단의 상호채무지급보증의 규모를 보여주는데, 상호채무지급보증의 규모가 자기자본과 비교하여 주목할 만하다는 것을 알 수 있다. 특히 각 재벌 내의 핵심 3대 기업이 부담하고 있는 채무보증금액이 집단 전체의 약 85%의 비중을 차지한다는 것을 알 수 있다.

표 3-3. 기업집단의 상호채무지급보증의 크기

	자기자본(A)*	상호채무보증 금액(B)*	B/A 비율	핵심기업의 부담비율(C)
1995	50.7	48.3	95%	84%
1996	62.9	35.2	56%	86%
1997	70.5	33.1	47%	83%

C: 각 재벌내의 B에 대한 핵심 3개 기업의 부담비율
*: 조원
자료: Do and Ryu(2000); Lee(1998)

우리나라의 급속한 경제성장은 상응하는 규모의 투자를 요구하였다. 그러나 이를 위한 충분한 자금을 가지지 못했던 우리나라는 외부로부터 자금을 조달해야만 했다. 미국이나 영국과 같은 발달된 주식시장을 가지고 있는 것이 아니었기 때문에, 우리나라의 기업들은 은행으로부터의 자금조달, 즉 부채금융에 의존할 수밖에 없었다. 게다가 기업집단에 대한 전체적인 경영지배력을 소유주가 계속해서 보유하기 위해서는 주식을 발행하기보다는 기업집단 계열회사들 간의 상호채무지급보증방식을 선택하였다. 이러한 자금조달구조를 기초로 우리나라의 기업집단은 소유주를 중심으로 같은 운명을 공유하는 계열회사들 간의 강한 연대감을 가진 기업지배구조를 형성하게 되었다.

한편, 부채자금조달을 기초로 한 기업지배구조에서 외부의 이해관계자로서의 은행의 역할은 무엇이었는가? 1960년대 이후의 급속한 경제 발전으로 우리나라 기업들은 과도한 부채를 보유하게 되었다. 그 결과, 정부는 그들의 자본구조를 개선하기 위해서 30대 기업집단에 대하여 주거래

은행을 지정하여 관리하는 여신한도관리제도(credit control system)를 도입하였다. 그러나 이 제도 하에서 기업집단의 주요 기업, 즉 기업집단에 의해서 지정된 3대 핵심 계열회사 에 대한 채무와 주식소유가 매우 분산된 계열회사들(소유주 및 그의 가족들에 의한 지분소유율이 8% 미만인 계열회사)에 대해서는 면제되었다. 또한 해외 지점들이나 사후선적 수출금융이나 해외 지점들에 의해서 조달된 부채들에 대해서도 면제하였다. 이러한 상황에서 여신한도관리제도는 자율적인 은행 경영을 심하게 저해하였다. 예를 들어, 제도를 위반한 기업에게 새로운 은행 여신을 중단하는 것과 같은 불이익은 기업의 수출 성과나 하청업체들에게 부정적이고 심각한 어려움을 초래하는 것이었다. 이러한 이유들로 인하여 정부는 위반한 은행들에 대해서 제재를 가하는 것에 대해서 대단히 신중해 질 수밖에 없었다. 부정적으로 영향을 끼치는 것이고, 하창업자들에게 심각한 어려움을 초래하는 것이다. 결국, 〈표 3-4〉에서도 확인할 수 있듯이, 1991년 말 현재 30대 기업집단의 전체 여신규모의 53.6%가 여신한도관리제도의 적용을 받지 않았다. 이와 같이 은행 경영의 자율성은 손상되고, 마치 정부의 종속된 기관처럼 보여 진다. 따라서 우리나라의 기업집단 지배구조에서 주요 채권자로서 감시 기능을 해야 했던 주거래은행은 독립적인 외부이해관계자로서 그 기능을 제대로 수행하지 못하였다.

표 3-4. 여신한도관리제도 하의 기업집단의 여신규모

	총대출금액(A)	여신관리 면제대출(B)*	여신관리 대출금액(A-B)
5대 기업집단	13,437	6,768(50.4%)	6,669(49.6%)
그 외 25대 기업집단	12,500	7,138(57.1%)	5,362(42.9%)
합계	25,937	13,906(53.6%)	12,031(46.4%)
전체은행 대출비율	18.9%	10.1%	8.8%

* 주요기업들과 소유구조가 분산된 기업들에 대한 채무
자료: Nam and Kim (1994), 한국은행(1992/3/15)

3. 연결재무제표의 도입과 한정된 역할

표 3-5. 연결재무제표에 포함된 종속회사의 비율(1997년 말 현재)

순위	기업집단명	내부 기업 수			연결재무제표 내에 포함되는 종속회사 수			
		국내	해외	합계	지배회사	국내종속	해외종속	합계(%)
1	현대	67	97	164	10	19	47	76(46)
2	삼성	66	177	243	13	23	145	181(74)
3	LG	49	96	145	9	19	58	86(59)
4	대우	30	219	249	6	13	93	112(45)
5	SK	46	41	87	6	23	17	46(53)
6	쌍용	25	49	74	4	10	11	25(34)
7	한진	24	12	36	4	4	5	13(36)
8	기아	28	12	40	2	11	8	21(53)
9	한화	31	21	52	5	7	15	27(52)
10	롯데	30	4	34	3	7	0	10(29)
11	금호	20	6	26	2	9	5	16(62)
12	한라	18	18	36	4	8	9	21(58)
13	동아	19	21	40	2	6	2	10(25)
14	두산	25	17	42	3	7	10	20(48)
15	대림	21	6	27	1	8	3	12(44)
16	한솔	23	10	33	2	7	2	11(33)
17	효성	18	10	28	2	2	6	10(36)
18	동국제강	17	5	22	2	7	2	11950)
19	진로	24	10	34	2	2	5	9(26)
20	코오롱	24	23	47	3	8	7	18(38)
21	고합	13	12	25	2	5	2	9(36)
22	동부	34	5	39	3	8	0	11(28)
23	동양	24	15	39	4	15	1	20(51)
24	해태	15	22	37	3	4	1	8(22)
25	뉴코아	18	0	18	0	0	0	0(0)
26	아남	21	13	34	2	4	1	7(21)
27	한일	8	12	20	2	6	6	14(70)
28	거평	22	1	23	1	4	0	5(22)
29	대상	25	13	38	3	3	4	10(26)
30	신호	25	9	34	2	3	1	6(18)
	합계	810	956	1766	107	252	466	825(47)

자료: Jun(1998)

우리나라의 회계제도는 1985년에 처음으로 연결재무제표의 작성에 관한 회계기준을 도입하였다. 그러나 당시부터 몇몇의 연구자들은 우리나라의 기업집단의 실제 소유구조와 다른, 소위 미국이나 영국과 같은 발달된 주식시장이 존재하는 국가에서 작성되는 연결재무제표의 회계기준 및 관련 연결회계실무를 그대로 도입한 것에 대하여 '실제'와 '기준' 간의 불일치를 이유로 비판하였다. 예를 들면, 〈표 3-5〉에서는 1997년 말 현재, 우리나라 30대 기업집단에 의해서 작성되는 연결재무제표의 수와 연결재무제표 내에 포함되는 계열회사 중 종속회사의 수치와 비율을 보여준다. 〈표 3-5〉에 따르면, 기업집단의 전체 계열회사들 중 평균 47%의 종속회사들만이 연결재무제표의 작성범위에 포함되고, 나머지 53%의 계열회사들은 연결재무제표에 제외된다는 것을 알 수 있다. 이는 회계제도를 통해서 기업집단이라는 단일의 경제적 실체로 운영되고 있음에도 불구하고, 이와 같은 회계실체를 시장에 보고하는 데에는 실패하고 있음을 의미한다.

Nam(1980)은 당시의 연결재무제표 회계실무로부터 기업집단의 계열회사들이 제외되는 것을 방지하기 위하여 결합재무제표의 채택을 제안하였다. 그는 결합재무제표의 도입에 대한 이론적 기초로서 다음의 ARB No. 51(Accounting Research Bulletin Number 51)의 문단 22를 인용하였다.

> '만약 한 개인이 기업들의 운영과 관련하여 여러 기업에 대한 지배적인 이해관계를 가지고 있다면, 결합재무제표는 유용할 것이다. 결합재무제표는 연결되지 않는 계열회사 집단의 경영성과와 재무상태를 보여주는 데 사용될 것이다. 결합재무제표는 또한 공통된 경영지배 하에 있는 기업들의 재무제표를 결합하는 데 사용될 수 있을 것이다 (ARB 51, 제 22문단).'

그는 기업집단의 소유구조와 연결회계와의 불일치의 원인을 연결재무제표의 작성기준으로 사용하는 주식소유비율과 한국의 지주회사시스템의 부재를 들었다. 경제적 실체(economic entity)의 관점에서는 현재의 기업지배구조 하에서는 결합재무제표가 기존의 연결재무제표보다 더 적합할 것으로 생각되어진다. 그러나 한편에서는 다음과 같은 반대의견들도 있을 수 있다. 즉, 결국 재벌도 정부의 규제나, 소유주 세대의 변화 등으로 변화할 것이고, 만약 기업집단 내의 모든 계열회사들이 결합된다면, 다른 산업들과 서로 다른 회계처리방법 등으로 인하여 결합재무제표의 유용성은 떨어질 것이라는 것이다(Cheong 1997).

그러나 우리나라의 그룹회계에 대한 이러한 논쟁들도 마침내, 하나의 계열회사의 부도로 인하여 전체 기업집단이 무너지는 연쇄부도현상을 여러 번 겪은 후, 1998년에 IMF의 요구에 의해서 결합재무제표가 도입되는 것으로 끝이 났다.

결합재무제표의 보고실체는 공통된 경영지배 하에 있는 기업집단에 속한 모든 계열회사들로 구성된다. 실무적으로는 1999년 이래 공정거래위원회에서 매년 지정하는 30대 기업집단들이 그 작성의 대상이 된다. 보고실체는 한 기업집단에 속한 모든 계열회사가 결합된 것이지만, 증권선물위원회에 의해서 매년 한 회사가 작성회사로 지정되어 결합재무제표를 대표로 작성하게 된다. 결합재무제표는 결합대차대조표, 결합손익계산서, 결합현금흐름표로 구성되고, 주석에는 다음과 같은 사항들이 포함되어야 한다. 즉, 계열회사간의 상호채무지급보증 및 담보 제공 내역, 상호출자 내역, 계열회사 간 거래 및 금융/비금융 및 국내/해외 부분공시 등이다.

4. 맺음말

본 장에서는 왜 우리나라의 기업집단에 결합재무제표가 도입되게 되었는 지에 대한 배경을 검토하였다. 결합재무제표는 문자 그대로,

하나의 재벌집단에 속한 계열회사들의 개별재무제표를 결합하고 요약한 재무제표이다. 우리나라의 경제가 발전함에 따라 재벌들도 사업다각화를 꾀함과 동시에 거대한 규모로 성장하였다. 그럼에도 불구하고, 소유경영자는 독특한 기업지배구조를 기초로 기업집단 전체에 대하여 소유경영자의 절대적인 경영지배력을 유지하고 있다. 우리나라 기업집단에 도입된 결합재무제표는 명백히 '실제'에 회계공시제도를 적합하기 위한 시도이다. 이러한 시도는 우리나라 회계실무의 투명성을 제고하기 위해서 뿐만 아니라 기업지배구조를 개혁하기 위한 노력이기도 하다.

특히 본 장에서는 우리나라의 기업집단의 계열회사들이 어떻게 지배·통제구조를 구축하였는지에 대해서 검토하였고, 통제구조가 주식지분소유를 통해서 뿐만이 아니라 상호채무지급보증을 통해서도 구축되어 있다는 사실을 밝혔다. 그룹회계를 검토하는 많은 연구자들은 모회사에 의해서 소유되는 의결권 주식의 소유지분율을 검토하여 기업들이 작성해야 하는 그룹회계의 범위를 결정하려고 시도해 왔다. 그러나 본 장의 검토를 통해서 교과서에서 흔히 접하게 되는 미국이나 영국과 같은 발달된 주식자본시장에서 존재하는 기업집단의 지배구조와는 다른, 우리나라의 기업집단과 같이 독특한 지배구조가 존재할 수 있음을 보여주었고, 이에 대해서 구체적으로 논의하였다. 또한 이러한 실제의 존재로 인하여 어떻게 기존의 그룹회계기준, 즉 연결재무제표가 기업지배구조를 시장에 공시하는 데에 실패하였는지에 대해서도 설명하였다. 그러므로 본 장의 연구는 기존 연결재무제표의 한계를 검토하는 데에 도움이 될 것으로 기대된다.

기업집단결합재무제표회계준칙에 대한 이론적 검토

제4장

제4장

기업집단결합재무제표회계준칙에 대한 이론적 검토

〈개요〉

우리나라는 1997년 경제 위기 이후, 금융시장 개혁의 일환으로 회계제도에 대해서도 개혁을 단행하였다. 특히 기업지배구조의 문제점이 드러난 기업집단에 대하여 결합재무제표의 작성이 의무화되었다. 결합재무제표는 우리나라 기업집단의 지배구조가 반영된 공시제도로, 기업집단 내의 모든 계열회사들이 범위에 포함된다. 본 장은 우리나라의 기업집단에 의해서 작성되는 결합재무제표의 특징에 관한 것이다. 이를 위하여 결합재무제표 도입의 이론적 기초를 형성하고 있는 연결회계이론의 기본적인 개념 및 논리에 대해서 검토한다. 이후 우리나라 결합재무제표회계준칙을 기존의 연결회계재무제표 작성을 위한 기준과 비교분석하여 결합재무제표준칙이 가지고 있는 특징을 밝힌다. 이러한 검토를 통해서 우리는 그룹회계 실무에 대한 이해를 넓힐 수 있을 것이다.

1. 문제의 소재 및 접근방법

우리나라는 1997년 경제 위기 이후, 금융시장 개혁의 일환으로 회계제도에 대해서도 개혁을 단행하였다. 특히 회계제도 개혁에는 연쇄부도로 인하여 기업지배구조의 문제점이 드러난 기업집단에 대한 그룹회계와 관련된 회계기준의 변경 등이 포함되었다.

당시의 회계제도 하에서 우리나라의 기업은 개별재무제표와 연결재무제표를 공시하여야 했는데, 전자는 주(主)재무제표의 역할을, 후자인 연결재무제표는 보조적인 재무제표로서의 역할을 담당하였다. 그러나 경제 위기를 전후로 기업집단의 연쇄부도를 경험한 후, 자본시장은 개별 기업들이 속한 '그룹실체'에 대하여도 주의를 기울이기 시작하였다. 회계실체에 대한 이러한 인식의 변화는 그룹회계 내의 제도적 변화를 가져왔는데, 예를 들어, 개별재무제표에의 지분법 도입, 주재무제표로서의 연결재무제표의 도입 논의, 기업집단에 의한 결합재무제표의 작성 등이다. 결과적으로 1997년 이후 30대 기업집단에게 결합재무제표의 작성이 요구되면서 우리나라의 그룹회계에는 연결재무제표와 결합재무제표가 공존하게 되었다.

정부는 기업집단, 즉 재벌의 경제력 집중을 방지하고자 1987년에 「기업의 독점금지 및 공정거래를 위한 법령」을 발효하여 '기업집단지정제도'를 시행하였다. 이 제도 하에서 매년 공정거래위원회는 총자산 2조원 이상의 기업집단 중 30대 기업집단을 지정하고 있는데, 해당 기업집단들이 1997년 도입된 결합재무제표의 작성대상이 된다. 결합재무제표는 우리나라 기업집단의 지배구조가 반영된 공시제도로, 기업집단 내의 모든 계열회사들이 범위에 포함되는, 연결재무제표의 한 종류로 볼 수 있다.

본 장은 우리나라의 기업집단에 의해서 작성되는 결합재무제표의 특징에 대한 것이다. 이의 특징을 명확히 하기 위하여 우선 결합재무제표 도입의 이론적 기초를 형성하고 있는 연결회계이론의 기본적인 개념 및 논리에 대해서 검토한다. 이후 우리나라 결합재무제표회계준칙을 기존의 연결회계재무제표 작성을 위한 기준과 비교분석함으로써 결합재무제표의 특징을 밝힌다. 이러한 검토를 통해서 우리는 그룹회계 실무에 대한 이해를 넓힐 수 있을 것이고, 특히 기업의 지배구조에 따른 일반적인 연결회계이론의 또 다른 적용 및 해석을 제공할 것으로 기대한다.

2. 연결회계이론의 기본적 개념

1) 연결재무보고의 목적

연결재무제표를 작성하는 목적은 연결회계실무의 회계처리방법 등 특정 기준이나 규칙들(rules)을 결정하는 근거로서 사용된다. 따라서 특정한 회계기준 혹은 규칙들이 어떻게 도출되었는가를 이해하기 위해서는 우선 연결재무보고의 목적에 대해서 검토해야 할 것이다(Moonitz 1942, Kawamoto 2002).

기업실체접근법(entity approach)을 처음으로 발전시킨 Moonitz(1942)는 연결재무제표를 작성하는 목적은 개별 기업의 법적인 영역을 초월하여 단일의 경제적 실체로서 간주될 수 있는 관련기업들 집단의 경영성과와 재무상태를 보여주기 위한 것이라고 설명하였다. 이 접근법에 따르면, 집단 내의 기업들의 경영 정책들이 모회사(a parent company)에 의해서 통제된다면, 해당 기업들은 모회사의 연결재무제표의 범위에 포함되어야 한다.

Childs(1949)는 연결재무보고의 목적에 따라서 연결재무제표의 작성 범위가 결정되어야 한다고 언급하면서, 연결회계의 목적을 다음의 두 가지 관점으로 분류하였다. 우선 '법적 실체(legal entity)의 관점'에서는 모회사의 주주에게 모회사의 지배적 이해관계를 보여주기 위한 것이 작성 목적이 된다. 그러므로 연결되는 기업들은 모회사의 주주에 의해서 직접적으로 또는 간접적으로 소유되는 기업들이어야 한다. 또 다른 관점은 '경제적 실체(economic entity)의 관점'으로, 이는 공통된 경영 지배하에 있는 기업집단의 자산, 수익 및 지분 등을 보여주는 것을 목적으로 한다. 따라서 공통된 경영 지배하에 있는 모든 기업들이 연결재무제표의 작성 범위가 된다.

Bedford, Perry and Wyatt(1961)는 회계의 보고주체가 어떻게 시장에 보여 져야 하는 지에 관해서 두 가지의 이론으로 나누어서 논리를 전개하였다. 우선 하나는 '소유주 이론(proprietary theory)'으로, 모회사 주주의 관점에서 연결재무제표가 작성되어야 한다는 이론이다. 이는 전통적인 연결회계 실무의 근거가 되는 이론이다. 다른 하나는 '기업실체 이론(entity theory)'으로 공통된 경영의 지배하에 있는 기업집단의 모든 경제적 자원은 하나의 재무제표 즉, 연결재무제표에 작성되어야 되고, 기업집단 내의 모든 개별 기업들의 주주들에 의해서 해당 재무제표가 이용될 수 있어야 한다는 것이다.

Baxter and Spinney(1975)는 연결회계의 개념을 다음의 4가지, 즉 소유주 개념(proprietary concept), 기업실체 개념(entity concept), 모회사 개념(parent company concept) 및 모회사 확장 개념(parent company extension concept)로 구분하였다. 소유주 개념은 한 실체의 자산과 부채는 그 실체의 소유주에게 환원된다는 소유주 이론에 기초하고 있다. 연결재무제표의 작성 대상은 모회사의 주주들에게 직접적 혹은 간접적으로 소유된다고 할 수 있는 종속회사들의 자산과 부채만이다. 이는 비례적 연결을 의미하는 것으로 연결재무제표에서 종속회사의 자산은 모회사의 지분율에 따라서 비례적으로 인식한다. 종속회사의 자본과 이익에도 같은 방식이 적용된다. 두 번째로, 기업실체 개념은 기업실체의 자산과 부채는 기업실체에게로 환원된다는 기업실체 이론에 기초한다. 회계사건의 측정과 보고의 주체를 '기업'으로 본다. 세 번째로 모회사 개념은 소유주 이론의 단점에서부터 출발하였는데, 즉, 모회사는 종속회사의 순자산에 대해서 포괄적인 청구권을 가지고 있음에도 불구하고, 종속회사의 자산과 부채를 모회사의 지배지분에 비례적으로 대응시키려고 하는 것에 문제가 있다는 것이다. 모회사 개념에서의 연결의 목적은 모회사의 주주의 지배지분을 측정하는 것이지만, 소유주 개념과 같은 비례적인 연결이 아닌 전체적인 연결이다. 마지막으로 모회사 확장개념은 기업실체 개념을 부분적으로 받아들이지만, 여전히 모회사의 주주 지배지분을 측정하는 데에 연결재무제표 작성의 목적이 있다.

미국회계기준위원회(이하, FASB)는 1991년에 연결재무제표 작성에 관한 기초적인 개념으로 다음의 세 가지, 즉 경제적 단위 개념(economic unit concept), 모회사 개념(parent company concept) 및 비례적 연결 개념(proportionate consolidation concept)을 소개하면서, 연결재무제표의 작성과 관련된 회계처리방법과 절차에 관한 회의록을 발간하였다. 이 세 가지의 개념들을 Baxter and Spinney (1975)의 연결 개념들과 비교하면, 경제적 단위 개념은 기업실체 개념과, 모회사 개념은 모회사 개념, 비례적 연결 개념은 소유주 개념과 대응한다. 경제적 단위 개념은 연결 사업집단을 하나의 경제적 단위로 간주하고, 해당 기업집단의 재무적 정보를 보고하는 것을 연결재무제표 작성의 목적으로 한다. 그러므로 모회사와 종속회사들의 자산, 부채 및 이익은 수정을 거친 후, 기업집단의 연결재무제표의 자산, 부채 및 이익이 된다. 비지배주주지분은 지배주주지분과 함께 연결자본을 구성한다. 한편, 모회사 개념 하에서 연결재무제표의 목적은 모회사 주주들의 지분을 측정하는 것이다. 연결재무제표는 모회사 재무제표의 확장된 재무제표로 여겨지는 데, 종속회사의 자산과 부채에 대한 모회사의 투자지분의 변화를 파악하는 것으로 생각되어진다. 이 경우, 모회사 주주들의 지배지분은 연결재무제표의 자본이 되지만, 비지배주주지분은 포함하지 않는다.

Takasu(1992)는 회계사적(史的) 연구를 통해 기업집단의 유형에 따라 연결재무제표의 범위를 결정해야 한다고 주장하였다. 사적(史的) 관찰에 근거한 그의 주장에 따르면, 기업집단은 다음의 세 가지 유형으로 구분할 수 있다.

첫 번째 기업집단의 유형은 '반(半, semi) 법적 실체'로, 미국의 20세기 초반 기업집단에서 관찰되는 형태이다. 당시 미국에서는 반(anti)독점금지 법안의 도입으로 기존의 대기업들은 자신을 더 작은 여러 개의 회사들로 분리해야만 했었다. 그러나 이렇게 나누어진 회사들은 법적으로 분리되어 있지만, 독립적으로 운영되지 않았고, 지주회사 하에서 집단을 이룰 때만이 비로소 하나의 경제적 실체가 되었다. Takasu(1992)는 이런 경우 적용될 수 있는 연결회계의 기초개념은 Baxter and Spinney(1975)의 모회사 개념과 유사하다고 하였다. 이후, 미국에서는 복합적인 형태(conglomerate-type)의 기업집단이 나타나기 시작했다. 그들은 시장에서 다른 기업들의 주식을 매수하는 방식으로 기업집단을 형성했다. 복합적인 형태의 기업집단을 이루는 기업들은 기존의 사업조직이나 업종과 아무런 관련이 없이, 단지 주식지분을 보유함으로써 지배·종속관계를 가진 기업집단이었다. Takasu(1992)는 이러한 기업집단의 형태를 '의사(擬似, pseudo)법적 실체'라고 불렀고, 이는 Baxter and Spinney(1975)의 모회사 확장 개념과 유사하다고 하였다. 이상의 두 가지 유형과는 달리 주식 소유와는 관계없이 공통의 경영지배 하에 있는 기업집단의 유형도 있다. Takasu(1992)는 이러한 기업집단에 속한 회사들은 공통의 경영 관리 하에 있기 때문에 하나의 독립된 회계단위로서 간주될 수 있다고 주장하였다. 이러한 기업집단의 경우, Baxter and Spinney(1975)의 기업실체 개념과 동일하다. 그의 주장에 따르면, 기업집단을 어떻게 식별하고, 분류하는 가에 따라서 연결회계이론의 개념을 해당 기업집단에 적용하는 것이 바람직하다.

그러나 대부분의 회계학 연구자들은 기업집단의 연결재무제표의 작성 목적에 따라서 연결회계의 작성 범위 등이 결정되어야 한다고 주장하고 있다.

2) 범위

이제까지의 검토에 따르면 연결회계에서는 연결재무제표의 작성 목적이 연결 범위를 결정한다(Childs 1949). 경제적 실체 혹은 경제적 단위의 개념에 따르면 모회사가 종속회사에 대해서 실질적인 지배력을 가지게 되면, 주식을 통한 소유구조가 없더라도 종속회사는 모회사의 연결재무제표에 포함되어야 한다. 그러나 주식의 지분율을 기초로 연결 범위를 결정하는 기존의 전통적인 연결회계 실무에서는 포함되지 않는다. 이는 주식의 소유 없이 모회사의 종속회사에 대한 실질적인 경영 지배력을 객관적으로 확인하기가 어렵기 때문이다.

모회사의 지분을 측정하는 것이 연결재무제표 작성의 주요 목적이라고 하더라도, '지배력'의 존재는 여전히 연결재무제표의 작성 범위를 결정하는 데에 있어서 핵심 요소가 된다. 이러한 맥락에서 기존의 기준, 즉 50%이상의 주식소유는 연결 범위를 판단하는 데에 객관적인 기준이고, 선언적인 의미를 지닌다. '공통된 경영 지배'라는 것은 실무에서 적용하기가 쉽지 않기 때문이다. 그럼에도 불구하고, 공통된 경영 지배하에 있는 기업집단의 자산, 자본 및 이익을 보여주는 것이 연결재무제표 작성 및 공시의 목적이라면, 연결재무제표의 작성 범위 또한 이러한 목적에 따라 결정되는 것이 이론적으로 적절하다고 할 것이다.

3) 비지배주주지분의 처리

기업집단 내 계열회사들에 의해서 소유되지 않는 지분을 비지배주주지분 혹은 소액주주지분이라고 한다(Moonitz, 1942). 여기에서는 연결재무제교 작성 목적에 따른 비지배주주지분에 따른 회계처리에 따라 검토한다.

모회사 개념에서의 연결회계의 목적은 모회사의 주주들에게 그들의 지배지분에 관한 정보를 제공하는 것이다. 그러므로 지배주주지분은 연결자본에 포함되어야 하는 것이지만, 비지배주지분은 그들의 이해관계가 아니기 때문에, 포함되지 않는다. 한편, 경제적 실체 혹은 경제적 단위 개념에서의 연결회계의 목적은 경제적으로 단일의 기업집단의 경영성과와 재무상태를 보여주는 것이다. 따라서 비지배주주지분은 지배주주지분과 마찬가지로 연결재무제표의 연결자본의 구성요소가 된다.

3. 기업집단결합재무제표

우리나라의 기업집단에 도입된 결합재무제표는 일반적인 연결회계 실무에서 작성하는 연결재무제표와 비교하여 다음의 두 가지 특징이 있다. 첫 번째는 작성 범위이다. 앞서 살펴보았듯이, 연결재무제표의 범위를 결정하는 데에는 일반적으로 주식소유비율을 고려하는 것에 비해, 결합재무제표의 범위는 주식소유비율과는 관계없이 기업집단에 속하는 모든 계열회사를 포함한다. 두 번째의 특징은 주석 공시의 강화로, 결합재무제표에서는 기업집단 내의 계열회사 간 상호채무보증이나 담보제공 현황 등 계열회사 간 상호거래에 대한 공시가 강화되어 있다.

1) 목적

결합재무제표 작성을 위한 회계기준(이하, 기업집단결합재무제표준칙)에서는 결합재무제표를 작성하는 목적을 자본 시장 등의 외부의 이해관계자들에게 기업집단에 관한 유용한 정보를 제공하는 것이라고 명확하게 밝히고 있다. 기업집단결합재무제표준칙 문단 4는 기준의 의도를 다음과 같이 밝히고 있다.

> 결합재무제표는 그 이용자가 기업집단과 관련하여 합리적인 의사결정을 할 수 있도록 기업집단의 재무상태와 경영성과 및 현금흐름 등에 관한 유용하고 적정한 정보를 제공함을 목적으로 한다.
>
> (4-1) 개인과 그 특수관계인이 실질적 경영지배력을 갖고 있는 기업집단은 계열회사간의 상호채무보증, 사회통념을 벗어나는 자금대차 및 계열회사간의 상호의존적인 거래 등을 통하여 한 계열회사의 위험이 기업집단내 다른 계열회사의 위험과 밀접하게 관련되어 경제적 공동운명체를 형성하고 있다. 결합재무제표는 기업집단을 하나의 경제적 실체로 보고 기업집단 전체의 재무상태, 경영성과, 현금흐름, 계열회사간의 상호채무보증, 상호담보제공, 상호자금대차, 상호출자 및 내부거래내역 등 각 계열회사의 개별재무제표 또는 연결재무제표가 제공하지 못하는 유용한 회계정보를 제공할 수 있다. 이처럼 기업집단 전체에 대한 회계정보가 제시될 때 기업집단 관련 회계정보이용자는 이를 이용하여 특정 기업집단 소속 계열회사 또는 기업집단 전체에 대한 경제적, 정책적 의사결정을 더욱 합리적으로 할 수 있게 될 것이다.
>
> (기업집단결합재무제표준칙, 문단 4, 2007)

우리나라의 기업집단은 계열회사들의 주식의 과반수 이상을 소유하는 것과 같은 주식소유만으로 지배구조를 구축하지 않는다(3장 참조). 내부의 자금부족 문제를 해결하기 위해서 외부의 주식 시장을 이용하는 대신 은행으로부터의 부채금융에 의존하였다. 게다가 기업집단의 소유경영자가 전체 계열회사들에 대한 지배력의 핵심으로 행사하기 위하여 집단 내 핵심기업을 이용하여 상호채무지급보증전략을 선호하였다. 비록 1985년에 연결재무제표 작성 범위에 실질지배력 기준을 도입했다고 하더라도, 이러한 기업지배구조 하에서는 소유주 이론을 기초로 하는 기존의 연결재무제표는 기업집단의 기업지배구조를 거의 시장에 보여줄 수 없었다.

그러나 상기의 결합재무제표의 목적에서도 알 수 있듯이 새롭게 도입된 결합재무제표는 경제적 실체 개념 혹은 경제적 단위 개념을 이론적 기초로 하여, 공통된 경영지배하에 있는 기업집단 내 모든 계열회사들을 하나의 경제적 단위로서 간주한다. 연결회계이론에서는 연결재무제표의 작성하는 목적은 경제적으로 연결된 기업들의 정보를 보고하는 것이다. 따라서 우리나라의 재벌, 기업집단에 도입된 결합재무제표는 경제적 실체 개념 혹은 경제적 단위 개념에 따라서 작성되는 연결재무제표의 한 종류로서 생각되어 질 수 있다.

2) 범위

연결회계의 범위는 목적에 기초한다. 만약 연결재무제표를 작성하는 목적이 경제적으로 결합된 기업들의 집단 정보를 공시하는 것이라면, 그 집단을 구축하기 위한 범위는 우리나라 기업집단 특유의 기업지배구조를 반영해야 한다. 따라서 새로운 재무제표, 즉 결합재무제표는 한 기업집단에 속하는 모든 종속회사, 관계회사 및 관련 기업들을 모두 포함해야 한다. 특히 범위를 결정하는 데 있어서 소유경영자와 그의 가족들에 의한 경영지배력에 초점이 맞추어져 있다. 이는 다른 연결회계실무와 특별히 구별되어지는 점인데, 일반적인 연결회계실무가 기업실체 대(對) 기업실체의 관계에 초점을 맞추어 져 있는 데에 비하여, 우리나라의 기업집단에 의한 결합재무제표는 기업집단의 실제지배구조를 반영하여 소유자 대(對) 기업실체 혹은 인간 대(對) 기업실체의 기준이 포함되어 있다. 이는 재벌 내의 소유와 경영이 분리되어 있지 않은 기업지배구조로 인한 것으로부터 기인한다.

회계실무에서 결합재무제표의 적용 가능한 범위는 다음과 같이 결정된다.

기업집단의 범위를 정함에 있어 "사실상 사업내용을 지배하는 회사"라 함은 다음 중 하나에 해당하는 회사를 말한다.

가. 동일인이 단독으로 또는 동일인관련자와 합하여 당해 회사의 발행주식(지분을 포함하며, 상법 제370조의 규정에 의한 의결권 없는 주식을 제외한다. 이하 같다) 총수의 100분의 30이상을 소유하는 경우로서 최다출자자인 회사

나. 다음 중 하나에 해당되는 회사로서 당해 회사의 경영에 대하여 상당한 영향력을 행사하고 있다고 인정되는 회사

1) 동일인이 다른 주요주주와의 계약 또는 합의에 의하여 대표이사를 임면하거나 임원의 100분의 50이상을 선임하거나 선임할 수 있는 회사

2) 동일인이 직접 또는 동일인관련자를 통하여 당해 회사의 조직변경 또는 신규사업에의 투자 등 주요 의사결정이나 업무집행에 지배적인 영향력을 행사하고 있는 회사

3) 동일인이 지배하는 회사(동일인이 회사인 경우에는 동일인을 포함한다. 이하 같다)와 당해 회사간에 다음 중 하나에 해당하는 인사교류가 있는 회사

① 동일인이 지배하는 회사와 당해 회사간에 임원의 겸임이 있는 경우

② 동일인이 지배하는 회사의 임직원이 당해 회사의 임원으로 임명되었다가 동일인이 지배하는 회사로 복직하는 경우(동일인이 지배하는 회사 중 당초의 회사가 아닌 회사로 복직하는 경우를 포함한다)

③ 당해 회사의 임원이 동일인이 지배하는 회사의 임·직원으로 임명되었다가 당해 회사 또는 당해 회사의 계열회사로 복직하는 경우

4) 통상적인 범위를 초과하여 동일인 또는 동일인관련자와 자금·자산·상품·용역 등의 거래를 하고 있거나 채무보증을 하거나 채무보증을 받고 있는 회사, 기타 당해 회사가 동일인의 기업집단의 계열회사로 인정될 수 있는 영업상의 표시행위를 하는 등 사회통념상 경제적 동일체로 인정되는 회사

다. "가·나"의 규정을 적용함에 있어 "동일인관련자"라 함은 다음 중 하나에 해당하는 자를 말한다.

1) 배우자, 8촌 이내의 혈족, 4촌 이내의 인척(이하 "친족"이라 한다)

2) 동일인이 단독으로 또는 동일인관련자와 합하여 총출연금액의 100분의 30이상을 출연한 경우로서 최다출연자가 되거나 동일인 및 동일인관련자 중 1인이 설립자인 비영리법인 또는 단체(법인격이 없는 사단 또는 재단을 말한다. 이하 같다)

3) 동일인이 직접 또는 동일인관련자를 통하여 임원의 구성이나 사업운용 등에 대하여 지배적인 영향력을 행사하고 있는 비영리법인 또는 단체

4) 동일인이 "가"와 "나"의 규정에 의하여 사실상 사업을 지배하는 회사

5) 동일인 및 동일인과 "2)" 내지 "4)"의 관계에 해당하는 자의 사용인(법인인 경우에는 임원, 개인인 경우에는 상업사용인 및 고용계약에 의한 피용인을 말한다)

(기업집단결합재무제표준칙, 문단 5, 2007)

결합재무제표를 작성해야 하는 기업집단은 독점규제 및 공정거래에 관한 법률시행령 제 21조의 규정에 의하여 공정거래위원회가 매년 지정하는 대규모 기업집단이다.

가. 결합대상기업집단은 독점규제및공정거래에관한법률시행령 제21조의 규정에 의하여 공정거래위원회가 지정하는 대규모기업집단을 말한

다. 이 경우 대규모기업집단은 직전년도에 지정한 대규모기업집단을 포함한다. 즉, 당해연도에는 대규모기업집단으로 지정되지 아니하였으나 직전년도에 대규모기업집단으로 지정되었으면 동 기업집단은 결합대상기업집단에 포함한다.

(기업집단결합재무제표준칙, 문단 6, 2007)

결합재무제표에 포함되는 계열회사들은 결합재무제표의 작성기준일 현재 결합대상기업집단에 속하는 모든 국내계열회사와 합명회사, 합자회사, 유한회사 및 주식회사 등 모든 형태의 해외계열회사를 포함한다(동 준칙, 문단 7). 결합재무제표의 보고주체는 결합재무제표의 작성대상이 되는 결합대상기업집단이다. 결합재무제표를 작성하는 기업은 증권선물위원회가 재무보고를 위해 계열회사들 중에서 외부감사인, 결산일, 총자산들을 고려하여 지정한다(동 준칙, 문단 8).

한편, 당시의 연결재무제표는 다음과 같이 주식소유비율을 기초로 지배 및 종속관계에 있는 모회사 및 국내·외 종속회사들을 포함한다.

(1) 연결실체는 지배회사와 종속회사로 이루어지는 경제적 실체를 말한다. 다만, 외감법 및 동법시행령에서 지배·종속관계를 규정한 경우에는 그 규정에 따른 지배·종속회사로 이루어진 실체를 말한다.

A. 의결권이 있는 주식의 발행 총수의 50/100이상
B. 한 회사 단독 혹은/그리고 관련당사자와 함께 소유하는 의결권이 있는 주식의 발행 총수의 30/100이상, 그리고, 해당 회사의 가장 대 주주

(연결재무제표준칙 문단 5, 2009)

소유주 이론에 기초한 기존의 연결재무제표와 비교하여, 결합재무제표의 범위는 기업집단의 기업지배구조를 고려하여 집단 내 모든 계열회사를 포함한다. 〈그림 4-1〉은 기업집단결합재무제표내에 포함되는 작성 범위를 나타내고 있다. 또한 〈그림 4-1〉를 통해 우리나라 기

업집단의 결합재무제표와 연결재무제표의 작성 범위의 차이를 확인할 수도 있다.

그림 4-1. 기업집단의 지배구조와 결합재무제표의 범위

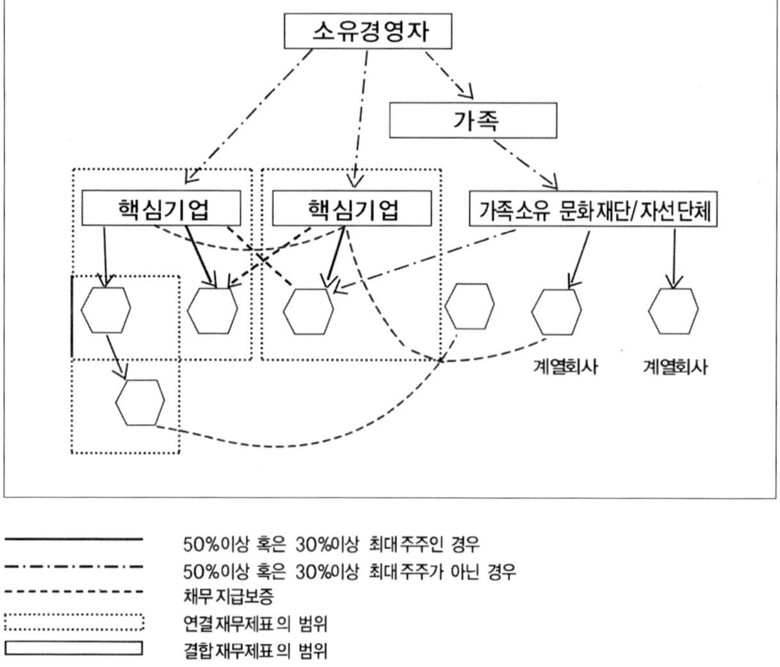

예를 들어서, 2004년 말 현재 우리나라의 기업집단 순위 1위인 삼성그룹의 경우, 결합재무제표에 포함되는 기업의 수는 186개이다[49]. 같은 해 삼성그룹의 결합재무제표 작성회사인 삼성전자의 연결재무제표에 포함된 종속회사의 수는 72개이었다[50]. 특히 결합재무제표는 경제적 단위 개념을 채택하고 있어서 그룹 내의 내부지분율이 50%미만

49_ 국내 비금융 부문 45개사, 해외 비금융부문 126개사 및 국내 및 해외 금융부문 15개사로 구성된다.
50_ 국내 종속회사 10개사 및 해외 종속회사 62개사로 구성된다.

인 기업들도 포함하고 있다. 〈표 4-1〉은 삼성그룹의 결합재무제표에 포함된 계열회사들 중 내부지분율이 50%미만임에도 불구하고 포함되어 있음을 보여주고 있다.

표 4-1. 삼성그룹의 결합재무제표 내의 내부지분율 50%미만인 기업 비율

	계열회사	소유자, 특수관계자 등	합계
Samsung Corporation	9.66	1.81	11.47
Samsung Electronics	13.18	4.35	17.53
Samsung SDI	21.62	1.14	22.76
Samsung Electro-mechanics	23.81	0.93	24.74
Samsung Heavy Industries	24.79	0.15	24.94
Samsung Life Insurance	21.64	21.45	43.09
Cheil Industries	5.16	2.86	8.02
Samsung Petrochemical	47.41	-	47.41
Samsung Fine Chemicals	35.10	0.36	35.46
Samsung Securities	24.43	0.88	25.31
Samsung Engineering	21.02	0.01	21.03
S1 corporation	21.37	-	21.37
Ceil Communications	19.93	0.09	20.02
The Silla Hotels and Resorts	17.41	0.19	17.60

자료: 삼성그룹의 결합재무제표(2004)

3) 비지배주주지분의 처리

결합재무제표를 작성하는 방법은 연결재무제표와 유사하다. 예를 들면, 계열회사들 간의 투자계정과 이에 대응하는 자본계정을 제거하고, 기업 내의 상호거래와 상호거래를 통해 얻은 미실현손익을 제거한다.

그러나 비지배주주지분에 대한 처리는 다르다. 연결재무제표에서는 지배회사와 종속회사간의 투자 및 대응하는 자본 계정을 제거하는데, 종속회사의 비지배주주지분은 연결자본에서 별도의 계정으로 표현된

다. 기업집단의 결합재무제표의 작성 시에도 계열회사 들 중 투자회사의 투자계정과 대응하는 피투자회사의 자본계정은 제거된다. 그러나 피투자자회사의 자본에서 비지배주주지분에 해당하는 부분은 별도로 공시하지 않는다. 이러한 비지배주주지분에 대한 처리방법은 결합재무제표가 경제적 실체나 경제적 단위 개념에 기초하기 때문이다. 이들 개념 하에서의 연결회계의 목적은 경제적으로 연결된 기업들의 집단적 경영성과와 재무상태를 보고하는 것이다. 따라서 지배주주지분 뿐만 아니라 비지배주주지분 또한 기업집단의 자본의 일부를 구성한다고 간주한다. 결합재무제표준칙에서는 이에 관하여 다음과 같이 설명하고 있다.

> 결합회계에서는 기업집단을 하나의 경제적 실체로 보고 정보이용자에 대하여 재무보고를 하는 것이므로 결합대상계열회사간에 발생한 투자계열회사의 투자계정과 이에 대응하는 피투자계열회사의 자본계정은 상계제거하여야 한다.
>
> 가. 계열회사간의 투자거래에서 발생한 투자계정과 자본계정을 상계제거함에 있어서 피투자계열회사의 자본 중 외부주주지분은 별도의 과목으로 구분하여 표시하지 아니한다.
>
> (13-4) 피투자계열회사의 주주는 투자계열회사, 개인대주주 등(동일인과 동일인관련자 중에서 투자계열회사를 제외한 주주를 말한다)과 외부주주로 나눌 수 있다. 결합재무제표 작성시 투자계열회사지분은 제거되며, 개인대주주 등의 지분과 외부주주지분은 제거되지 않고 결합재무제표상의 자본을 형성하게 된다. 결합재무제표에서 외부주주지분을 구분하여 표시하게 되면 개인대주주 등이 소유하고 있는 지분에 대하여는 투자와 자본계정 상계제거시 제거되지 않으므로 외부주주지분에 포함되어 외부주주지분을 왜곡시킬 가능성이 있다. 그리고, 외부주주지분의 구분표시로부터 얻는 효익보다 이를 산출하기 위한 비용이 과다하게 소요되므로 결합재무제표에서는 외부주주지분을 구분하여 표시하지 않는다.
>
> (기업집단결합재무제표준칙, 문단 13, 2007)

4) 주석 공시의 강화

3장에서 살펴보았듯이 우리나라의 기업집단은 부족한 내부자금을 조달하기 위하여 외부의 주식시장에 의존하기 보다는 '상호채무지급보증' 전략을 선호하였다. 이 전략은 구체적으로 집단 내의 계열회사가 자금이 필요하면, 다른 계열회사들이, 특히 핵심 기업들이 외부 은행에게 해당 계열회사를 위하여 대출을 보증하고, 지급을 보증하기 위해서 그들 자신의 자본을 사용하는 전략이다. 이러한 전략은 계열회사들 간의 강한 연대를 만들었지만, 동시에 전체 기업집단 내의 연쇄 부도의 리스크를 높인다. 예를 들어서, 한 계열회사가 부도를 낸다면, 이를 보증하는 회사가 법적으로 책임을 져야 한다. 한 계열회사의 부도로부터 야기되는 연속적인 전달되는 지급 의무는 기업집단에 속하는 모든 계열회사들의 붕괴를 일으킬 수 있다. 실제로, 1997년 전후의 경제위기에 즈음하여 이러한 6개의 재벌에서 연쇄부도 현상이 벌어졌다. 그러나 당시의 연결재무제표 기준은 기업집단의 재무상태나, 기업지배구조를 외부의 이해관계자들이 파악할 수 있도록 하는 데에 실패하였다. 그러므로 기업집단 결합재무제표의 도입은 우리나라 기업의 경제적 현실에 대한 외부이해관계자들의 정보욕구에 의한 것으로 생각할 수 있다.

결과적으로 결합재무제표준칙은 주석 내에 기업집단의 상호채무보증 등에 대한 내용을 상세하게 기재하여 공시하도록 하고 있다. 상호계열회사 간의 현금대차에 관련된 내용과 계열회사 간의 재고자산 매출 및 매입에 관한 자세한 내용들이 결합재무제표의 주석에 공시된다. 구체적으로는 다음의 사항들이 포함된다.

> 다. 계열회사 간 주요거래 내역의 공시
> 1) 국내 내부지분율 현황
> 2) 독점규제및공정거래에관한법률 제10조의2에 의하여 제한되는 계열회

사 간 상호채무보증 현황
3) 계열회사 간 기타 상호채무보증 현황
4) 계열회사 간 상호담보제공 현황
5) 결합대상계열회사 간 상호자금대차관계 현황
6) 결합대상계열회사 간 매출·매입거래 현황

(기업집단결합재무제표준칙, 문단22, 2007)

예를 들어서 2004년도의 삼성그룹의 결합재무제표를 보면, 공시된 계열회사 간 주요거래 내역은 〈표 4-2〉, 〈표 4-3〉, 〈표 4-4〉와 같다.

표 4-2. 국내 내부지분율 현황

(백만원, %)

투자회사 / 피투자회사	Samsung Corporation	Samsung Electronics	Samsung Life Insurance	Samsung SDI	Samsung Heavy Industries	계속
Samsung Corporation			58,537	89,956		…
			4.91%	4.75%		…
Samsung Electronics	346,861		569,072			…
	4.24%		7.61%			…
Samsung Life Insurance						…
						…
Samsung SDI		423,722	426			…
		21.60%	0.02%			…
Samsung Heavy Industries		258,299	54,794			…
		17.62%	3.91%			…
계속	…	…	…	…	…	…

자료: 삼성의 결합재무제표(2004)

표 4-3. 계열회사 간 상호채무보증 현황

(백만원)

보증회사 / 피보증회사	Samsung Electronics	Samsung Corporation	Samsung SDI	Samsung Electro-mechanics	합계
Saumsung Electronics America Inc.	137,927				137,927
Samsung Austin Semiconductor LLC	98,087				98,087
Samsung Japan Corporation	100,785	302,288			403,073
Samsung America Inc		523,678			523,678
Samsung Hong Kong Ltd		611,377			611,377
계속	…	…	…	…	…

자료: 삼성의 결합재무제표(2004)

표 4-4. 계열회사 간 상호담보제공 현황

담보제공회사	피담보회사	금액(백만원)
SSH Limited	Samsung Corning Malaysia SDN BHD	9,849

자료: 삼성의 결합재무제표(2004)

4. 맺음말

연결회계 실무를 설명하는 이론에는 크게 소유주 이론과 경제적 실체 이론이 있다. 경제적 실체의 이론은 공통된 경영지배 하에서 운영되는 기업집단을 하나의 경제적 단위로서 간주한다. 이에 따르면, 연결재무제표의 목적은 기업집단의 경영성과와 재무상태를 보고하는 것이다. 이러한 맥락에서 경제적 실체 이론을 기초로 작성되는 연결재무제표의 범위는 공통된 경영 의사결정에 의해서 지배되는 모든 계열 종속회사들을 포함한다. 반면, 소유주 이론 하에서의 연결재무제표는 지배회사의 주주에게 종속회사에 대한 투자의 결과를 보고하기 위해서 작성된다. 한 종속회사가 연결재무제표에 포함되느냐 아니냐의 기준은 지배회사에 의해서 소유되는 종속회사의 지분율을 기초로 결정된다. 그러나 지분율 기준은 지배회사에 의한 종속회사의 경영의사결정에 대한 영향력 여부를 확인하기 위한 객관적이고, 간편한 방법으로 사용되는 도구로, 본질적으로 연결회계에서 작성 범위를 결정하는 핵심 요소는 기업들 간의 '지배력'의 존재여부이다.

우리나라의 그룹회계는 1997년 경제위기 이전에는 소유주 이론에 기초한 연결재무제표의 작성이 주를 이루었다. 그러나 경제위기를 전후로 6개의 재벌이 연쇄부도로 잇달아 붕괴하면서, 기업집단의 계열회사들에게 행사되고 있는 실제적인 지배구조가 주식소유구조보다도 더 중요하고 실질적이라는 사실이 부각되었다. 나아가 기존의 연결재무제표만으로는 기업집단 혹은 재벌에 속하는 계열회사들의 경제적 실체에 관한 완전한 그림을 외부 이해관계자들에게 전달하는 데에 충분하지 않다는 비판이 일었다. 이에 따라 재벌의 기업지배구조의 관점에서 기업집단을 하나의 경제적 단위로 보는 결합재무제표를 도입하였다. 결과적으로 우리나라 기업집단에 도입된 결합재무제표는 경제적 실체 개념 혹은 경제적 단위 개념에 기초한 연결재무제표의 또 다른 형태라고 할 수 있을 것이다.

제도적 동형화로서의 회계제도의 변화

제5장

제5장

제도적 동형화로서의 회계제도의 변화

〈개요〉

1997년 경제 위기 이후에 우리나라는 금융시장 개혁의 일환으로서 회계개혁을 실시하였다. 회계개혁에는 독특한 기업지배구조로 인하여 비판받고 있던 그룹회계실무에 관한 제도 변화들도 포함된다. 특히 30대 기업집단에는 결합재무제표가 도입되어 결과적으로 우리나라는 그룹회계실무에서 연결재무제표와 결합재무제표가 공존하게 되었다. 본 장은 이러한 독특한 우리나라만의 회계실무가 어떻게 존재하게 되었는지, 이러한 회계제도의 변화에는 어떠한 요인들이 작용하게 되었는지에 관하여 체계적으로 검토한다. 이를 위하여 우선, 우리나라 기업집단의 공시 문제와 관련된 국내의 선행연구들에 대해서 비판적으로 검토한다. 이후, 제도이론을 기초로 우리나라 기업집단의 그룹회계실무의 제도적 변화를 설명하기 위한 연구모형을 구축하고 이를 기초로 그룹회계의 제도변화 과정을 분석하여 그 과정의 기저에 작용한 요인들을 밝힌다.

1. 문제의 소재 및 접근방법

1997년 경제 위기 이후에 한국은 금융시장 개혁의 일환으로서 회계개혁을 실시하였다. 회계개혁에는 특히 독특한 기업지배구조로 인하여 비판받고 있던 기업집단의 공시에 관한 그룹회계실무에 관한 제도 변화들도 포함된다. 당시에는 개별재무제표가 주(主)재무제표로, 연결재무제표는 보조재무제표로의 역할만을 담당하고 있었다. 그러나 경제 위기를 전후로 6개의 재벌의 연쇄부도를 겪고 난 후, 시장은 개별회사들이 속한 '그룹실체'에 관심을 가지기 시작하였다. 회계보고 실체에 대한 이러한 인식의 변화는 그룹회계의 제도적 변화를 가져오게 된다. 예를 들면, 개별재무제표에의 지분법 도입, 연결재무제표의 보조적인 역할이 아닌 주(主)재무제표로서의 역할 변화, 기업집단에 의한 결합재무제표의 작성 등을 포함한다. 특히 30대 기업집단에 대하여 결합재무제표가 도입됨으로써 결과적으로 우리나라는 그룹회계실무에서 연결재무제표와 결합재무제표가 공존하게 되었다. 이는 독특한 우리나라만의 회계실무로서 우리는 왜 우리나라의 기업집단에 의해서 두 가지의 연결재무제표가 작성되게 되었는지, 이러한 제도의 변화에는 어떠한 요인들이 작용하게 되었는지에 관하여 체계적으로 검토할 필요가 있다.

회계기준은 종종, '일반적으로 인정된 회계원칙(Generally Accepted Accounting Principles; 이하 GAAP)'로 일컬어진다. 이 문구는 회계기준이 제도이론의 '제도'로서 인식될 수 있음을 의미한다. 사회 내의 제도는 당시의 이해관계자들 간의 이해의 균형 상태를 의미하지만, 이는 항상 진화한다. 제도이론에서는 제도의 변화, 즉 진화를 일으키는 주요 요인들로, 환경의 변화, 정부나 권위에 의한 개입, 혹은 외부세계와의 새로운 접촉으로 인해 야기된 혁신 혹은 모방 등을 들고 있다(Aoki and Okuno 1996).

본 장에서는 경제위기 이후, 우리나라의 그룹회계실무에서의 연결재무제표와 결합재무제표의 공존 등으로 인한 회계제도의 변화를 체계적으로 검토하기 위하여 제도이론을 기초로 그 과정과 원인에 대해서 분석하고자 한다. 이를 위하여 본 장에서는 우선, 기업집단결합재무제표준칙의 채택의 배경과 우리나라 기업집단의 공시 문제와 관련된 국내의 선행연구들에 대해서 비판적으로 검토한다. 이후, 제도이론을 기초로 우리나라 기업집단의 그룹회계실무의 제도적 변화를 설명하기 위한 연구모형을 구축한다. 구축된 이론적 모형을 기초

로, 그룹회계의 제도변화 과정을 분석하여 그 과정의 기저에 작용한 요인들을 밝힌다.

2. 우리나라 그룹회계실무에 관한 선행연구

1976년에 우리나라 회계실무에 처음으로 연결재무제표가 도입되었다. 그러나 당시의 연결재무제표는 강제사항이 아니었고, 기준은 우리나라 기업들의 실제 기업지배구조와의 어떠한 적합성 여부에 대한 검토 없이 도입된 것이었다. 우리나라의 기업집단은 내부의 자금부족 문제를 해결하기 위해서 외부의 주식시장이 아닌 은행여신을 통한 자금조달에 의존하였다. 게다가 기업집단 전체에 경영지배력을 유지하기 위해서 소유경영자는 주식시장에서 주식을 발행하기 보다는 계열회사들 간의 상호채무지급보증을 선호하는 경향이 있었다. 이러한 지배구조 하에서 계열회사들은 운명공동체를 형성하며, 강한 연대감을 가지고 있었다(Kim 2005). 그 결과, 실제의 기업지배구조에서는 명백하게 기업집단에 속한 계열회사들이었지만, 지분율을 기초로 한 당시의 연결재무제표에는 연결되지 않았고, 따라서 기업집단의 실제 경영성과와 재무상태는 거의 공시되지 않았다.

이러한 문제를 완화하기 위하여, 1985년에 연결재무제표 작성을 위한 회계기준에 50% 이상의 주식소유여야 한다는 기존의 지분율 개념에 실질지배력 기준이 보완적으로 도입되어, 30%이상 최대주주까지 작성 범위에 포함시켰다. 또한 1992년에는 연결재무제표의 공시와 회계감사가 강제 적용되게 되었다. 그럼에도 불구하고, 복잡한 기업지배구조로 인하여 단일의 기업집단에서 여러 개의 연결재무제표가 작성되는 등, 기업집단에 속한 계열회사들의 그룹회계실무의 실제 상황이 외부의 이해관계자들에게는 정확하게 공시되지 않는 상황이 계속되었다.

이러한 상황에서 몇몇 연구자들은 당시의 연결회계실무의 유용성과 목적적합성에 대해서 의문을 제기하기 시작하였다. Nam(1980)은 기업집단을 하나의 보고 실체로서 공시할 수 있는 새로운 그룹재무제표의 도입을 처음으로 제안하였다. 그는 우리나라의 몇몇 기업들은 자금규모가 적은 국내 시장보다는 미국이나 해외의 자본시장에서 자금을 끌어들일 만큼 충분히 크고 가능하다고 생각하였다. 다만, 그러한 장벽에 진입하기 위해서 이러한 기업들이 우선 미국의 회계기준, 즉 U.S. GAAP에 따라서 연결재무제표를 작성해야만 했다. 그러나 우리나라와 미국의 기업집단의 기업지배구조의 차이로 인하여 미국의 회계기준에 따라서 연결재무제표이 쉽지 않다는 사실을 알게 되었다. 그 결과, 그는 기업집단에 속한 모든 계열회사들을 포함하는 연결재무제표를 작성을 시도하였고, 그는 그들을 위한 새로운 집단재무제표의 도입을 제안하였다. 그의 연구에 따르면, 우리나라의 기업집단은 소유구조가 독특하기 때문에 연결재무제표 대신 새로운 집단재무제표를 작성해야 하는데, 이는 그들의 소유구조가 계열회사들 간의 투자가 아니라, 개인의 관계, 즉 가족 소유구조를 가지고 있기 때문이라 하였다. 그는 새로운 기업집단재무제표는 우리나라의 기업집단이 가족조직에서부터 출발하였기 때문에, 기업 혹은 기업 간 투자를 기준으로 하는 대신에 개인 혹은 개인관련 주식소유를 기준으로 작성되어야 한다고 주장하였다. 그는 또한 지배지분의 주식소유의 명세는 잘 알려져 있지 않고, 기업집단 내에 뚜렷한 모회사도 없다고 말하였다. 기업집단의 계열회사들이 연결실체로 전체적으로 간주되지 않기 때문에, 그들은 계열회사들 간의 거래의 현황을 공시할 필요가 없었다. 무엇보다도 우리나라 기업의 연결재무제표는 주식소유와 지배지분에 대한 모호함으로 인하여 제대로 작성되지도 않았다. 그러므로 그는 새로운 집단재무제표는 지배주주지분이나 비지배주주지분의 연결자본의 구분 없이 외부의 이해관계자들에게 기업집단의 재무상태에 대한 전체적인 그림을 제공할 수 있을 것으로 생각하였다.

Nam(1980)의 논문에 따르면, 새로운 집단재무제표의 도입의 이유는 우리나라 기업들의 해외 자본시장 접근을 위한 것이었다. 특히 자본시장에 성공적으로 진입하기 위해서는 기업들이 기업집단을 보고실체로 더 큰 규모가 되어야 한다고 주장하였다. 그는 기업지배구조의 차이로 인한 회계제도 장벽을 염려하였는데, 예를 들어서 기업집단의 계열회사들이 연결재무제표를 작성하지 못하는 데에서 오는 회계실무의 차이 혹은 우리나라 기업들의 부채비율에 대한 오해, 외국 규제기관에 의한 주식 상장과 공시에 관한 요구사항으로부터 오는 차이 등과 같은 것들이다. 여기에서 분명히 확인할 수 있는 것은, 새로운 집단재무제표의 도입에 관한 최초의 논의는 해외 자본시장으로부터의 자금조달의 필요로부터 시작되었고, 따라서 매우 현실적이고, 실무적인 필요에 근거하였다는 것이다. 따라서 단순히 새로운 집단재무제표의 근거로서 가족 소유구조를 제시하는 등, 이론적인 기초가 부족한 상태에 머무르고 말았다.

Joo(1992)는 부분적으로 새로운 집단재무제표의 도입을 지지하였다. 그는 당시의 연결재무제표 실무가 종속회사를 가진 기업들을 공시하는 데에 실패했다는 데 동의하였다. 즉, 외부의 회계정보 이용자가 우리나라 기업들에 의해서 공시된 회계정보로부터는 경제적인 중요한 본질들을 파악할 수 없다는 것이다. 그 결과, 그는 연결재무제표의 유용성이 심각하게 손상되었다고 생각하였다. 그러나 기업집단재무제표 혹은 결합재무제표의 유용성에 관련한 연구들의 아직까지 우리나라에 부족하다는 단점을 지적하였다. 그는 새로운 그룹회계실무는 기업집단을 둘러싼 이해관계자, 특히 주식 투자자를 재무제표의 주(主)정보이용자로서 가정하며, 이들에게 유용해야 한다고 강조하였다. 그는 새로운 집단재무제표의 유용성에 관한 예비적 조사를 제공하기 위해서 실증적 연구를 행하였다. 이 연구에서, 1989년 11월에서 1991년 10월까지의 24개월간 월간 수익률을 사용하여 같은 기업집단 내에 속하는 개별회사의 주가가 계열회사들에 의해서 영향을 받는 지에 관해서 검토하였다. 조사 결과에 따르면, 개별기업의 주가는 같은 집단 내의 다른 계열회사들에 의존한다는 증거를 찾지 못했고, 결과적으로 주가면에서 기업집단과 그 기업집단에 속한 계열회사간의 관계를 밝힐 실증적인 증거를 찾는 데 실패하였다.

Nam(1993)은 기존의 연결회계실무를 비판하면서, 한국의 새로운 그룹회계실무의 필요에 관하여 역필하였다. 그는 연결재무제표의 기존의 기준은 미국의 경제적 환경에 기초하였고, 따라서 우리나라의 기업소유구조와는 맞지 않다고 주장하였다. 그는 회계공시의 목적은 소유주를 위해서만이 아니라 시장에 있는 보다 광범위한 정보이용자를 위해서야 하는데, 정보이용자들은 기업집단을 단일의 경제 실체로서 인식하는 경향이 있다고 하였다. 그러므로 그는 모든 계열회사를 포함하는 새로운 기업집단 재무제표는 기존의 연결재무제표보다 보다 유용한 정보를 제공할 수 있다고 믿었다. 그는 경제적 단위 개념과 미국의 Accounting Research Bulletin 51(ARB 51)의 문단 22를 사용하여 이론적 타당성을 제시하려 하였다.

> 개인이 경영에 관련된 여러 기업에 대해서 지배지분을 소유하고 있는 경우, 결합재무제표는 유용할 것이다. 결합재무제표는 연결되지 않은 종속회사의 기업집단의 재무상태와 경영성과를 제시하는 데에도 사용될 수 있다. 그들은 공통의 경영 하의 기업들의 재무제표를 결합하여 사용될 수 있을 것이다...
>
> (ARB 51, 문단 22 중에서)
>
> Combined financial statements would be useful if one individual owns a controlling interest in several enterprises that are related in their operations. Combined statements also would be used to present the financial position and the results of operations of a group of unconsolidated subsidiaries. They also might be used to combine the financial statements of enterprises under common management...
>
> (ARB 51, par. 22)

기업집단재무제표 채택의 타당성을 지지하기 위해서, Kim and Nam (1994)은 우리나라 기업집단의 기업지배구조의 가장 두드러진 특징 중에 하나인 상호채무지급보증에 초점을 맞춘 실증연구를 행하였다. 그들은 기업집단에 속하는 하나의 계열회사의 이익반응계수가 같은 집단에 속한 다른 계열회사들의 지급불능 혹은 부도 확률에 의해서 영향을 받는지에 대해서 검토하였다. 연구결과에 따르면, 같은 집단 내의 다른 계열회사의 채무 불능사태는 다른 계열회사의 이익반응계수에 유의적인 영향력이 있었다. 그들은 이 결과가 기업집단에 속한 계열회사들에 대한 정보의 요구의 기초가 된다고 확신하였다. 그들은 또한 연구결과가 기업집단은 단일한 경제 실체라는 그들의 가설을 지지하는 것으로 나타났다고 확신하였고, 이에 기업집단의 속한 전체 계열회사들에 대한 그룹회계정보가 외부의 정보이용자에게 제공되어져야 한다고 주장하였다.

새로운 집단재무제표의 채택에 관련된 논쟁이 계속되는 가운데, 1997년을 전후로 6개의 재벌 기업집단의 붕괴를 경험하였다. 재벌 붕괴의 원인은 계열회사들 간의 연쇄부도, 즉 한 계열회사의 부도가 같은 기업집단의 다른 계열회사들로 도미노처럼 번지는 것이었다. 마침내 IMF는 30대 기업집단에 대해서 작성 범위를 기업집단 내의 모든 계열회사로 하는 새로운 집단재무제표, 즉 결합재무제표를 요구하였다.

이후, 결합재무제표의 채택에 관한 연구들은 주로 긍정적인 영향을 기대하는 경향을 보인다(Kwon 1998, Song 1998, Ahn et al. 1998). 그러한 연구들은 결합재무제표의 기준은 기업집단들이 계열회사들 간의 거래를 이용하여 이익을 조작하는 것을 방지할 수 있게 할 것이라고 기대하였다. 새로운 재무제표는 기존의 연결회계실무의 부적합성을 보완하면서 우리나라의 기업지배구조 하에서 기업집단에 관한 유용한 정보를 제공하여, 재무정보의 또 다른 자원이 될 수 있을 것이라고 하였다.

이러한 긍정적인 분위기에도 불구하고, Ko(1999)의 연구와 Yoo(1998)의 연구는 새로운 재무제표에 대한 염려를 표시하였다. 즉, 필요성에 대해서는 이해를 나타내면서도, 많은 회사들의 재무제표를 결합한 표에 불과한 결합재무제표의 정보의 유용성에 대해서 여전히 의문을 제기하였다. 우선, 그들은 '누가' 결합재무제표의 정보를 요구하는가에 대해서 질문하였다. 정보이용자들은 주식 투자자들인가? 만약 그렇지 않다면, 채권자들인가? 주식 투자자들은 기업집단의 전체가 아닌 개별회사의 정보에 대한 권리를 가지고 있다. 또한 두 번째 문제는 표 자체에 있다고 할 수 있다. 결합재무제표의 숫자들이 특별한 의미를 가지고 있는가? 그들에 따르면, 그 숫자들에는 너무나 많은 회사들의 정보가 요약되어 있기 때문에, 숫자들의 유용성에 대해서도 의문을 제기하였다. 그들에 따르면, 정보로서 유용하기 위해서는 결합재무제표의 숫자들이 부분적으로도 투자자와 채권자들의 의사결정에 도움이 되어야 한다고 가정하였다.

결합재무제표의 지지자들은 우리나라의 기업집단은 단일의 경제 실체를 형성하고 있고, 재무보고의 목적에 따라 기업집단의 많은 정보이용자들에게 의사결정에 유용한 정보를 제공해야 한다고 주장하였다. 그러나 Ko(1999)와 Yoo(1998)는 이러한 지지자들의 주장은 단지 모호한 기대에 지나지 않다고 비판하였다. 현재 재벌시스템은 정부의 산업정책의 결과이고, 정책의 변화와 소유경영자의 세대교체로 인하여 결국은 변화하게 될 것이고, 결합재무제표의 유용성은 같은 기업집단 내에 다양한 산업과 회계처리방법을 가진 계열회사들로 인하여 저하될 수 있다.

이와 같이 관련된 선행연구를 요약하자면, 결합재무제표의 도입을 주장하고 지지한 선행연구들은 외부의 이해관계자들, 특히 주식 투자자들에게 유용한 정보를 제공할 수 있다는 점을 강조하였다. 그러나 기업집단에 대한 가장 중요한 이해를 가진 이해관계자인가에 대한 정보 수요자적 측면에 대한 검토가 없었고, 유용성을 증명할만한 실증적 연구도 아직 제시되지 않았다. 단지 모든 선행연구들이 우리나라 기업집단의 지배구조 하에서는 기존의 연결회계실무가 적합하지 않다는 것뿐이다. 그러므로 우리나라의 기업집단의 그룹회계실무에 관한 제도 변화의 과정을 보다 체계적으로 이해하기 위해서는 또 다른 분석도구가 필요하다. 이러한 맥락에서, 다음 절에서부터는 사회학과 경제학 분야에서 개발되어 활발히 전개되고 있는 제도이론을 이용하여 회계제도의 변화과정을 이해하기 위한 연구모형을 구축하고자 한다.

3. 제도변화의 메커니즘

1) 제도와 제도 변화

North(1990)는 사회 내에서 개인들이 직면하는 제도적 환경을 다음과 같이 설명하였다. 개인들은 사회를 구성하고, 그들은 사회 내에서 상호작용을 한다. 이러한 개인들은 자신들의 방식으로 상호작용 동안에 일어나는 문제를 해결하고자 하는 의도를 가지고 있다. 그러나 타인들의 행위에 관한 정보를 처리하고, 체계화하고, 이를 활용하는 데에 관하여 각 개인이 가지고 있는 계산능력에는 한계가 있다. 그러므로 한 개인이 소유하고 있는 문제해결의 능력, 해결되는 문제들의 복잡성과 다양성으로 인하여 불확실성 문제가 제기된다. 이로 인하여 환경을 해독하는 능력과 불확실성의 결합으로 인하여 이의 과정을 단순화하도록 규칙과 절차들이 생겨나고 진화한다. 이러한 규칙들을 '제도'라고 한다. 즉 인간들의 상호작용으로부터 일어나는 불확실성을 경감하기 위해서 제도가 생겨나게 된다. 이러한 관점에서, North(1990)는 제도(an institution)를 한 사회 내의 게임의 규칙(the rules of the game in a society)으로서 정의하였고, 보다 공식적으로 표현하면, 인간의 상호작용을 형성하는 인간에 의해서 고안된 강제이다(human devised constraints that shape human interaction). North(1990)의 이러한 정의를 계승하여, Aoki(2001)는 제도의 정의를 다음과 같이 개념화하였다.

> 제도는 어떻게 게임이 진행되어야 하는 지에 관한 공유된 믿음의 자기유지 시스템이다. 제도의 본질은 사회 내의 행위자들 자신의 전략적인 선택과 관련하고, 해당 영역에 속한 거의 모든 행위자들에 의해서 인지된 균형 상태로서의 경로의 현저한, 불변의 특징을 압축된 표현이다. 그것은 자기강화의 방법으로 행위자들의 전략적인 상호작용을 통제하고, 차례로 지속적으로 변화하는 환경 내에서 그들의 실제 선택에 의해서 재생산된다.
>
> 'An institution is a self-sustaining system of shared beliefs about how the game is played. Its substance is a compressed representation of the salient, invariant features of an equilibrium path, perceived by almost all the agents in the domain as relevant to their own strategic choices. As such it governs the strategic interactions of the agents in a self-enforcing manner and in turn is reproduced by their actual choices in a continually changing environment.'

제도는 어떤 집단 혹은 사회 내에서 공유된 믿음의 자기유지 시스템이다. 그리고 사회는 그것을 게임의 균형 상태를 달성하는 데 이용한다. 일단 수립된 제도는 그것을 둘러싼 환경 변화에도 불구하고 계속해서 생존하는 경향이 있다. 게다가 더욱 확고해지는 경향마저 보인다. 제도를 공유된 믿음으로 정의함으로써, 급격한 환경 변화에도 내구력을 가지고 있기 때문에 유지될 수 있다. 또한 게임의 균형 상태를 유지하고 있기 때문에 현재의 제도를 지지하는 행위자들에게 정치적 권력을 귀속시키는데, 현재 제도들로부터 상대적으로 효익을 누리고 있는 행위자들은 그들의 지위를 계속 유지하기 위하여 해당 제도를 영속시킬 자원과 능력을 부여받게 된다. 게다가 한 사회 내에 존재하는 여러 제도들 간에는 상호 연결되어 있고, 이러한 제도들의 보완성으로 인하여 제도의 변화는 쉽지 않고, 오히려 제도의 내구성을 더욱 강화시키기도 한다(Aoki 2001). 제도적 안정성은 사회의 계급구조에 존재하는 형식적인 규칙들을 포함하는 복잡한 제한요소들에 의해서 달성되고, 제도의 변화는 사회의 계급구조 상의 상위 계층에게 하위 계층보다 변화의 희생을 더 크게 한다(North 1990). 결국 이러한 제한요소들은 행위자들의 습관적인 행동들의 측면들이 되기 때문에 제도는 집단 혹은 사회 내에서 집요한 생존능력을 획득하게 된다.

그럼에도 불구하고, 제도는 변화한다(North 1990, Sawabe 1999, Aoki 2001, Hujii 2002a; 2002b). '게임의 균형 상태 관점'에 따르면, 제도의 변화는 하나의 균형 상태에서 또 다른 균형 상태로의 이동이다. 규칙들의 집합으로서 정의된 기존의 제도가 행위자들의 기대와 관련되어 만족스러운 결과를 가져오지 못할 때에 행위자들은 자신들의 게임 규칙들에 대해서 관련성이나 유용성에 의문을 제기할 것이고, 행위자들은 현재의 규칙을 수정하려고 노력할 것이다. 기대 결과와 실제 달성정도 간의 차이가 커지면 커질수록 행위자들은 자신들의 규칙에서의 불균형을 인지하기 시작한다(Aoki 2001). 그러나 제도 변화에 대한 욕구가 내부적으로 존재한다고 할지라도 이미 수립된 제도가 균형 상태인 이상, 쉽게 변화할 수는 없다. 이는 제도의 관성과 같은 제도 변화과정의 어려움이 있기 때문이고, 따라서 집단이나 사회는 각각의 행위자들 간에 조정단계에 돌입하게 된다.

조정이 일어나도록 하기 위해서는 환경 변화와 관련된 역사적인 사건이 수반되는 경우가 매우 흔하다(Aoki 1996; 2001). 환언하자면, 급격한 환경 변화가 제도 변화를 이끄는 촉매제로서의 역할을 하고, 이는 '제도의 위기(institutional crisis)'를 이끈다. 제도의 위기는 내부에서 축적된 불만과 환경 요소들에 의해서 야기되는데(Aoki 2001), 환경 요소들에는 예를 들면, 새로운 기술적 혁신의 출현, 외부 세상으로의 노출, 전쟁, 특히 패전과 같은 외부의 충격, 외국 경쟁자의 출현, 불황의 지속, 강한 제도적 보완성을 가진 다른 영역에서의 제도 변화 등이 있다. 내부의 축적된 불만 또한 제도의 위기에 대한 또 다른 이유로, 게임을 반복하면서 규칙들의 실행가능성 혹은 강제가능성이 점차 문제를 일으키기 시작하기 때문이다.

새로운 대안으로의 탐색이 시작되면, 기존의 제도는 행위자들의 기대를 충족시킬 수 없게 된다. 구(舊)제도의 당연성(taken-for-grantedeness)이 의문시되는 이러한 상황이 바로 제도의 위기이다(Aoki 2001). 제도의 위기를 타개하기 위한 문제해결을 위한 탐색은 집단 내에서 시작된다. 예측 가능하고, 규범적인 몇 가지 대안들이 출현하게 되고, 서로 경쟁하게 된다. 결국 경쟁하던 대안들은 점차 집단 혹은 사회 내에서 수렴하게 되고, 경제·정치·사회적 교환 영역 등 관련 영역들에 걸쳐서, 관성, 학습, 경쟁, 순응 등의 과정을 거치면서 새로운 제도는 마침내 안정되게 된다. 상호 보완적으로 집단 내의 공유되기 시작한 제도는 집단 혹은 사회 내에 자기 강제되고 새로운 제도로서 수립되게 된다. 〈그림 5-1〉은 제도의 변화가 일어나는 메커니즘을 보여준다.

그림 5-1. 제도 변화의 과정

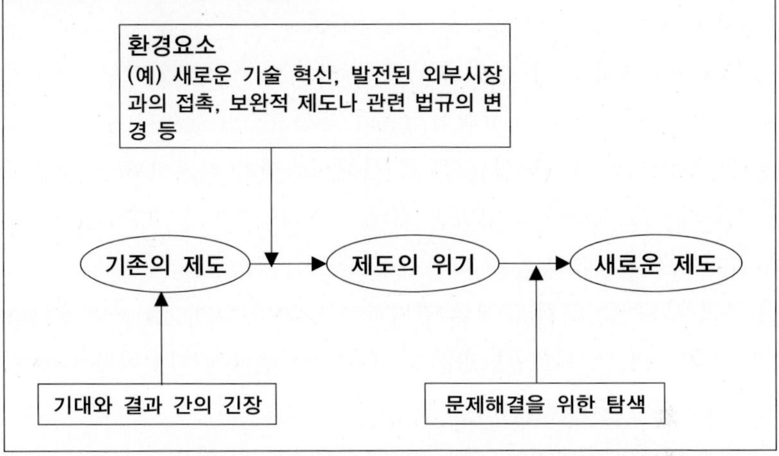

2) 제도적 동형화

제도 변화의 과정을 가장 잘 표현하는 개념은 '동형화(isomorphism)'이다(Dimaggio and Powell 1983, Hujii 2002a; 2002b). 행위자들은 자신들을 제도적 환경에 동형화하려는 경향이 있다(Meyer and Rowan 1977). 동형화를 통해서 행위자들은 외부 환경에 대해서 의식적인(ceremonial) 평가기준을 채용하게 되어, 효율성보다는 정통성(legitimacy)를 획득할 수 있다. 나아가 외부적으로 정통성을 인정받은 제도들로의 의존은 제도 변화로 인하여 야기될 수 있는 소란을 줄이고, 따라서 사회의 안정성을 유지할 수 있다. 결과적으로 제도적 동형화는 행위자들의 성공과 생존을 촉진한다. Hawley(1968)는 동형화를 집단 내의 한 단위로 하여금 동일한 환경 조건에 있는 다른 단위를 닮도록 강제하는 과정으로 정의하였다.

제도 변화의 관점에서 동형화의 개념은 행위자가 그가 존재하는 분야에서 지배적인 제도를 가져오고, 그 제도에 자신을 일치시키는 것으로 이해된다. 행위자를 동형화를 통하여 그 분야에서 존재를 보장받게 된다. 이러한 일련의 과정을 통해서 행위자는 제도의 '정통성'을 획득하게 된다.

정통성(legitimacy)은 동형화 과정을 이끄는 핵심 요인이다. 경제적 행위자로서 조직은 더 큰 사회시스템의 구성요소일 뿐이다. 따라서 그들이 계속 존재하기 위해서는 더 큰 사회시스템의 지원에 의존해야 하기 때문에 그 사회시스템에게 정통하거나 가치가 있어야 한다. Maurer(1977)는 정통성을 획득하는 과정은 한 행위자 혹은 조직이 동료나 상부시스템에게 존재할 권리를 정당화하는 과정으로서 정의하였다. 여기에서 존재할 권리란, 즉, 계속해서 경제적 자원이나 정보를 유입, 이전하고 유출할 권리를 말한다.

조직의 형태와 관계없이, 어떤 조직이 생존할 수 있는 것은 더 큰 사회가 그 조직의 목표와 운영을 정통하다고 인지하고 있기 때문이다. 그러므로 정통성과 관련된 주요한 문제는 조직이나 조직의 활동과 관련이 있다. 어떻게 조직에 의한 활동이 사회적으로 인정된 가치를 이끌 것인가에 대한 믿음과 관련되어 있다. 기본적으로 정통성은 사회적 규범과 가치들과 밀접한 관련이 있기 때문에, 만약 이들이 변화한다면 정통성도 변화할 것이다. 조직의 사회적 정통성은 항상 어느 정도 문제가 있다. 왜냐하면 무엇이 정통한가의 정의는 부분적으로 조직들에 의해서 취해지는 행동들에 따라서 계속해서 변화하고 진화하기 때문이다(Pfeffer and Slancik 1978). 만약 조직의 정통성에 문제가 있다고 하더라도, 조직은 사회적 기대에 순응하거나, 사회적으로 정통한 목표나 제도들에 동형화하여 정통성을 달성하게 된다.

한편, Dimaggio and Powell(1983)은 동형화를 다음의 세 가지 형태로 분류하였다. 그 중 하나는 권위의 정치적인 영향에서 기인하는 '강제적인 동형화(coercive isomorphism)'로, 정부와 관련된 분야에서 종종 일어난다. 강제적인 동형화는 조직이 기능하고 있는 사회 내에서 조직이 의존하고 있는 다른 조직들에 의한 형식적인 비형식적인 양자의 압력으로 일어나는 데, 이는 강제적인 힘이나, 설득 등이 될 수 있다. 조직은 이러한 동형화를 통해서 권위로부터 지지를 얻고 좀 더 힘 있는 조직들과 어울릴 수 있는 정통성을 획득하게 된다. 이러한 변화들은 광범위하게 의식적인(ceremonial) 것이 될 수도 있지만, 이것이 조직에게 논리적으로 터무니없는 것이라는 것을 의미하지는 않는다.

불확실성은 모방을 촉진시키는 또 하나의 강력한 원인이다. 두 번째 동형화 형태는 불확실성에 대응하기 위한 '모방적인 동형화(mimetic isomorphism)'이다. 조직은 환경이 불확실할 때 다른 조직을 모방한다. 조직의 기술이 잘 이해되지 않을 때, 목표들이 모호할 때, 혹은 환경이 상징적인 불확실성을 만들어 낼 때, 조직들은 다른 조직들을 모방할 수 있다. 모방의 이점은 작은 희생, 즉 적은 비용으로 실행가능한 해결책을 찾을 수 있다는 것이다. 조직들은 그들 분야에서 보다 더 정통하다고 혹은 보다 더 성공적이라고 여겨지는 유사한 조직들을 모방하는 경향이 있다.

마지막 동형화의 형태는 전문직업과 관련된 '규범적인 동형화(normative isomorphism)'이다. 전문 직업은 대학이나 혹은 그 전문직업을 위한 교육기관에서의 교육을 통해서 공통된 규범을 따라 순응하고, 따라서 해당 분야에서는 동질화된다.

그러나 제도를 외부로부터 바로 도입하여 채택하는 것은 조직이 이전부터 소유하고 있던 자발적이고 독특한 제도적 상황을 경시할 수 있고, 때로는 이를 무시해 버리기도 한다. 그러나 이러한 제도 변화는 실패를 가져올 수 있다. 따라서 조직은 그들의 내부의 운영과정과 외부에 보여 지는 이미지를 '분리(decoupling)'함으로써 그러한 상황에서 초래될 수 있는 부작용을 피하는 경우도 있다. 다시 말하면, 조직들은 동형화 과정을 통해서 의식적인(ceremonial)으로 보다 더 큰 사회시스템에 일치시켜 순응을 하지만, 자연 발생된 내부의 상황과 외부의 지배적인 규칙들 사이를 느슨하게 연결하고, 그리고 양자가 공존할 수 있도록 함으로써 불확실성으로부터의 형식적인 구조들을 완화하는 경향이 있다(Covaleski, Dirsmith and Michelman 1993).

Dimaggio and Powell(1983)의 분류에 기초하여 〈그림 5-2〉는 세 가지 유형의 동형화와 각각의 동인을 보여주고 있다.

그림 5-2. 제도적 동형화의 3가지 유형

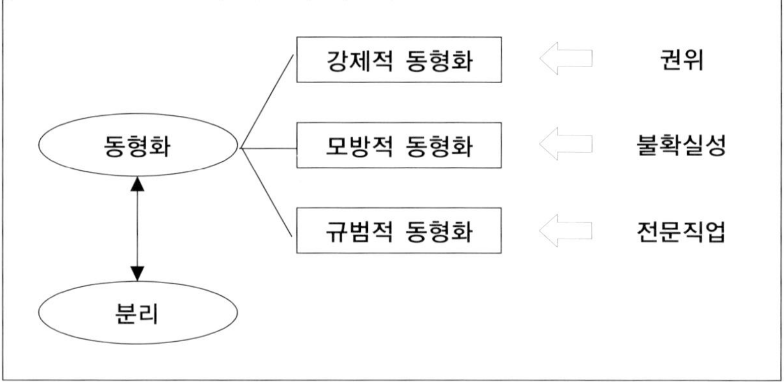

4. 우리나라 그룹회계에서의 제도 변화

회계기준은 일반적으로 인정된 회계원칙 등으로 언급되면서, 사회 내의 제도로서 인식될 수 있음을 보여준다. 그러므로 회계 분야서 일어나는 제도 변화를 제도이론에 기초하여 분석할 수 있고, 이에 앞서 구축한 제도 변화의 과정을 개념틀로 하여 우리나라 기업집단에 대한 그룹회계실무에서의 제도 변화를 분석하고자 한다.

우선 우리는 변화 이전의 기존의 제도, 즉 구(舊)제도로서 간주되는 모방적인 연결회계기준과 개별 중심의 회계실무에서 어떻게 제도적 갈등(tension)이 생겨난 것인지에 대해서 검토한다. 이후 제도적 동형화의 개념을 사용하여 우리나라 그룹회계에서 일어난 변화를 분석한다.

1) 기존 제도와 갈등

우리나라 대부분의 기업들은 1960년대 이후의 급격한 경제개발에서부터 과도한 부채를 가지고 있었다. 이러한 자본구조를 개선하기 위해서 정부는 30대 기업집단 즉, 재벌에 대한 여신한도관리제도를 도입하였다. 이 제도 하에서 정부는 각 재벌에 주거래은행을 지정하였다. 정부는 이 제도를 통해서 기업집단을 통제하면서 경제개발 정책을 촉진할 수 있었다. 환언하면, 우리나라의 기업지배구조[51]는 정부, 주거래은행과 재벌로 이루어진 계층구조와 같다. 그러나 여신한도관리에는 몇 가지 면제조항들이 있었는데, 예를 들면 각 기업집단에 의해서 지정된 3개의 주요기업들의 대출, 소유구조가 매우 분산된 기업들[52], 해외 지점들의 대출, 그리고 수출금융 등이 여신관리에서 면제가 되었다. 게다가 여신한도를 위반하더라도 은행 신규대출을 정지하는 것과 같은 심각한 불이익을 부과하는 것은 우리나라의 수출성과에 부정적으로 영향을 미칠 수 있고, 이는 나아가 하청기업들에게 심각한 어려움을 초래할 수 있다. 이러한 이유로 인해서, 정부는 기업들에게 제재를 가하는 것에 대해서 매우 신중하였다. 결과적으로 기업집단은 자금을 외부의 자원에 의존하였음에도 불구하고, 기업지배구조의 외부 이해관계자들에 의한 감독이 제대로 이루어지지 않는 문제를 일으켰다. 이러한 상황을 고려하면, 기업집단들에 의한 회계정보의 질이 낮은 것은 그다지 놀랍지 않다. 그러나 1990년대에 들어서 우리나라의 경제규모가 성장하고, 정부의 적극적인 국제화 정책이 가속화되면서, 우리

51_ Aoki et al(1996)은 기업지배구조를 기업의 이해관계자들 간의 경영에 대한 권리와 책임의 구조로서 정의하였다. Bushman and Smith(2001)은 지배통제메커니즘을 외부의 투자자와 기업 경영자를 분리하는 전통적인 대리인이론에 기초하여 내부와 외부로 나누었다. 내부 메커니즘은 경영자 감독 등을 포함하고, 외부메커니즘은 주식 투자자나 채권자에 의한 감독 등을 포함한다. 기업지배구조에서 재무회계의 역할은 기업통제메커니즘을 위한 직접적이고 간접적인 정보를 제공하는 것으로서 정의된다(Bushman and Smith 2001, Sawabe 2003). 외부의 이해관계자에게 보고되는 재무회계정보는 기업의 실체를 보여줄 수 있다(Roberts and Scapens 1985).

52_ 소유경영자와 소유주의 특수관계자들이 보유한 주식소유지분이 8% 미만인 기업들을 말한다.

나라의 기업집단은 자금조달의 원천을 해외 은행, 비은행권 금융기관으로까지 확대시켰다.

그 동안에도 1984년 이래 여신한도는 재벌들에게 부과되어 있었고, 정부는 재벌의 경제력 집중을 줄이기 위해서 재벌들의 총여신규모를 줄이려고 꾸준히 노력하였다. 이러한 엄격한 여신한도규제는 30대 기업집단의 총여신규모를, 예를 들면, 1986년의 25.3%에서 1990년 13.5%까지 떨어지게 했다. 이는 〈표 5-1〉에서 확인할 수 있다. 연말결산 기준으로 여신한도 면제사항들까지 포함한다면, 기업집단의 은행 총대출에서 차지하는 비율이 1986년의 28.6%에서 1990년의 19.4%까지 떨어졌다. 특히 그들의 GDP점유가 14.6%에서 14.1%로 약간 낮아진 반면, 이 기업집단들의 은행여신규모가 1987년의 26.3%에서 1989년의 20.7%로 낮아진 것은 주목할 만하다. 그러나 한편에서, 단기 금융기관, 상업은행, 보험회사 등 여신한도의 관리대상이 아닌 비은행금융기관(NBFIs)로부터의 여신규모가 실질적으로 늘어났다. 환언하자면, 기업집단들은 자금충족을 위하여 여신관리를 피해 비은행권으로 이동하였던 것이다.

표 5-1. 30대 기업집단 대출의 은행 총대출 및 GDP에서 차지하는 비율(%)

	1986	1987	1988	1989	1990	1991
여신한도관리[1] 대출	25.3	21.6	18.6	14.7	13.5	8.8
총 대출	28.6	26.3	24.2	20.7	19.4	18.9
NBFIs[2] 대출	-	37.9	36.5	42.1	43.6	-
GDP 대비	-	14.6	13.5	14.1	-	-
자기자본비율	17.4	19.8	24.7	23.8	20.8	19.4

1: 주요기업, 주식소유가 분산된 기업, 해외은행지점에 의한 대출, 수출금융으로 인한 대출은 제외
2: Non-Bank Financial Institutions
자료: Nam and Kim(1994)

우리나라의 기업집단은 자금지원을 통해서 은행이 직접적으로 통제하고, 정부가 주거래은행을 통해서 간접적으로 기업집단을 통제하는 기업통제구조를 가졌다. 그러나 〈표 5-1〉을 보면, 기업의 자금원천이 1990년을 전후로, 국내 시중은행에서 정부의 통제를 받지 않는 비은행금융기관이나 해외 자금시장으로 이동하고 있음을 알 수 있다. 이러한 자금조달 원천의 이동은 특히 외부 감시와 통제 기능에 문제가 심각할 때에 이미 수립된 기업지배구조에 균열을 야기 시킨다. 이러한 기업집단의 실제지배구조와 적합하지 않음에도 불구하고, 우리나라의 회계제도는 여전히 개별재무제표 중심이었고, 연결재무제표는 보완적인 보고수단으로 작성되고 표면적으로 운영되고 있었다.

Dirsmith(1986)는 그의 논문에서 다음의 현상에 대해서 설명하고 있다. 제 3세계 나라들의 회계실무들은 기술적인 매일의 활동과는 연관되지 않음에도 불구하고, 정부의 직접적인 통제 하여서 운영된다. 이는 회계가 제한적인 역할을 하고 있음을 의미한다. 그리고 개발도상국의 나라들에는 그들의 식민지 역사에 따라서 고려해 볼만한 다양함이 존재할 수 있다고 하였다. 그의 설명에 따르면, 우리나라의 회계실무는 실제 회계실체에 관한 검토 없이 개별재무제표를 중심으로 하는 일본의 회계실무를 따랐다고 할 수 있고, 이는 장래 언젠가는 문제를 일으킬 소지를 가지고 있었다고 할 수 있다.

우리나라 기업집단들은 내부적으로는 집단중심의 지배구조를 이미 수립하였음에도 불구하고, 기존의 회계제도가 이 사실을 반영할 수 없었다. 기업집단이 그들의 내부 자금부족 문제를 해결하기 위해서 자금조달의 원천을 기존의 국내 은행에서 외국으로 이전하기 시작하면서, 기업지배구조 내의 기업집단에 대한 내부와 외부의 관점사이의 갈등은 점점 더 심각해 졌다.

2) 기업집단회계에서의 제도적 변화

이러한 상황이 계속되는 동안, 1997년의 경제 위기가 일어났다. 한 해에만 6개 재벌이 붕괴하였고, 그 주요 원인은 연쇄부도, 즉 하나 혹은 둘 계열회사들의 부도가 같은 기업집단 내에 있는 모든 계열회사들에게 번진 결과였다. 이러한 역사적 사건 이후에, 시장은 회계실체로서의 '집단'에 대해서 관심을 가지기 시작하였고, 이는 그룹회계실무에서의 제도 변화를 이끌었다.

당시에 우리나라는 IMF와 세계은행과 같은 국제적인 금융조직으로부터 자금을 지원받았는데, IMF는 정부의 직접적인 개입으로 인한 통제된 경제구조에서 자기통제(self-controlling)되는 시장으로의 이행 등과 같은 금융시장 내의 개혁을 요구하였다. 회계제도 개혁은 금융영역의 개혁의 일환으로서 가속화되었다.

이와 같이 회계영역에서는 제도적 위기가 일어났다. 무엇보다도 개별재무제표 중심의 제도가 문제시되었다. 왜냐하면 외부 세계에서 지배적인 실무는 기업지배구조에 초점을 두고 있는 연결재무제표를 작성하는 것이었기 때문이다. 그러나 IAS(당시의 국제회계기준)이나 미국 회계기준의 연결재무제표를 작성기준을 그대로 우리나라의 기업집단에 적용하는 것은 그들의 재무상태를 충실하게 표현하는 데에는 부적절하였다. 그러므로 기업집단재무제표, 즉 결합재무제표가 연결재무제표의 보다 엄격한 형태로서 채택되었다.

개별중심으로부터 기업집단 내의 연결재무제표 중심으로의 제도변화는 외부세계로부터 정통성을 획득하기 위한 제도적 동형화의 과정으로 간주될 수 있다. 기존의 제도가 사회 내에 갈등을 일으키고, 따라서 새로운 정통성을 획득할 필요가 생기게 된다. 정통성 인식의 이러한 변화는 제도의 변화를 일으키도록 하는 것이다. 이는 재무회계시스템이 마땅히 지켜야 할 회계책임의 역할과 기능이 한 나라의 시장이나 경제가 발전함에 따라 변화할 때 가장 가능성이 있다. 우리나라의 사례는 그러한 변화를 설명하는 데 적절하다.

그룹회계실무에서의 제도 변화 과정을 검토함으로서 우리는 기업집단에 채택된 결합재무제표가 연결재무제표의 더 엄격한 개념을 적용하면서, '한국식 지배'의 개념을 도입한 것을 알 수 있다. 실제의 기업지배구조를 반영한 제도를 도입함으로서 그것이 국내적이고, 우리나라만의 독특한 경영실무에 기초한 것이라고 할지라도, 결합재무제표는 외부의 자본시장에 집단중심의 공시를 할 수 있도록 하여, 이는 외부의 세계에 호소할 수 있었다. 우리는 앞서 연결재무제표의 도입으로 인한 동형화의 효과를 의식적인(ceremonial) 것이라고 주장하였다. 한편, 결합재무제표의 도입에 의한 제도적 동형화의 산물은 실질적인 것이라고 할 수 있다. 과연 그것은 우리나라 기업집단들의 기업지배개념을 가시화할 분석적인 방법을 시장에 제공하였다.

우리나라의 회계개혁은 모방적인 동형화를 수행한 반면, 결합재무제표 기준의 채택은 연결재무회계실무의 철학53을 적용하려고 노력한 동형화이다. 그로 인하여, 그들은 회계 정보와 그들의 기업지배구조에서의 질적 악화의 결과로 잃었던 정통성을 회복할 수 있고, IMF는 물론 외부의 보다 더 큰 자본시장에 받아들여질 수 있게 되었다. 그러므로 제도이론의 관점에서 본다면, 우리나라 기업집단에 의한 새로운 결합재무제표의 도입은 강제적인 동형화로서 간주될 수 있다.

53_ 연결회계이론에서 연결재무제표는 법적 영역을 넘어서서 모회사에 의한 종속회사들에 대한 경제적 '지배'를 보여주기 위하여 작성된다(Moonitz 1942, Childs 1949, Bedford, Perry and Wyatt 1961, Baxter and Spinney 1975, Takasu 1992). 그리고 '지배'는 주식소유비율을 근거로 실무적으로 측정되고 구축된다.

5. 맺음말

본 장은 다른 나라에서는 거의 존재하지 않는 결합재무제표와 같은 회계 실무가 우리나라의 기업집단에 의해서 도입되게 되었는지를 제도이론에 기초하여 체계적으로 검토한 것이다.

결합재무제표는 단어 그대로, 같은 기업집단에 속하는 모든 계열회사들의 개별재무제표를 결합하여 요약한 것이다. 우리나라의 경제가 성장함에 따라, 재벌은 거대한 규모에도 불구하고, 소유경영자가 기업집단에 대한 절대적인 지배력을 가진 채, 사업 다각화를 이루어내었다. 재벌에 의한 결합재무제표의 도입은 회계공시를 실제 회계실무에 맞추기 위한 하나의 시도이다. 이 시도는 우리나라의 회계 투명성을 개선하기 위한 것일 뿐만이 아니라 기업지배구조를 개혁하기 위한 노력으로 보여 진다. 특히 우리는 어떻게 기업집단이 계열회사들과 연결소통하고, 주식 소유뿐만 아니라 그들 간의 상호 채무지급보증을 통하여 독특한 지배구조를 운영하고 있는 지에 대해서 밝혔다.

그룹회계에 대해서 검토하는 많은 연구자들은 모회사에 의해서 소유된 의결주식 수의 비율에 따라서 어떻게 기업들의 집단재무제표를 작성해야하는 지에 대해서 검토한다. 그러나 본 장에서는 우리나라 기업집단과 같이 새로운 지배구조가 존재할 수 있고, 이에 대해서 자세히 논의하였다. 우리는 또한 어떻게 기존의 회계기준이, 즉 연결재무제표가 외부의 자본시장에 기업지배구조를 보여 주는 데에 실패하였는지에 대해서 설명하였다. 그러므로 본 연구는 연결재무제표의 한계를 검토하는 데 도움이 될 것이다.

본 장은 어떻게 우리나라의 회계제도가 이미 연결재무제표를 작성하여 보고하고 있음에도 불구하고, 결합재무제표를 기업집단에게 도입한 요인에 관하여 검토하였다. 다른 선행연구들이 결합재무제표의 유용성에 대해서 지적을 하고 있음에도 불구하고, 본장은 그들의 제도적 동형화를 밝히고, 이는 우리나라의 회계제도를 지배적인 회계실무에 동참시키고, 그들로부터 정통성을 획득하도록 하는 제도적 동형화라는 것을 밝히고 있다. 특히 연결재무제표를 모방적 동형화의 결과로서, 즉, 한 조직의 목적이 모호하거나 환경이 불확실할 때 일어나는 모방적 동형화의 결과로서 확인하였다. 조직은 자신이 더욱더 정통하다고 인지하는 지배적인 조직들을 모방할 가능성이 높다. 반대로, 결합재무제표의 도입을 강제적인 동형화로서 간주하고 있다. 이는 조직이 기능하고 있는 사회의 형식적이고 비형식적인 정치적 압력의 결과이다. 조직은 강제적 동형화를 통해서 더 큰 사회시스템으로부터 지원을 얻고, 어울릴 수 있는 정통성을 획득하게 된다.

본 장은 제도이론을 기초로 우리나라의 그룹회계실무의 재무제표의 두 종류 간의 관계와 공존을 명확히 하는 데 공헌하였다. 더 나아가 이는 제도이론이 개발도상국에서 일어나는 회계의 변화를 설명하는 데 도움을 줄 수 있음을 보여주고 있다.

제도적 연결구조와 새로운 환경변화로 인한 회계제도 선택

제6장

제6장

제도적 연결구조와 새로운 환경변화로 인한 회계제도 선택

〈개요〉

본 장은 회계제도의 변화과정과 그 기저에 작용하는 동력에 관하여 이해하기 위하여 회계 영역의 관련 영역을 확대하여, 즉 금융과 기업지배구조 영역으로 확대하여 관련영역 간에 구축된 제도적 연결구조의 작용에 대해서 검토한다. 회계제도가 관련영역에 걸쳐서 구축하는 연결구조가 어떻게 회계제도를 유지시키고, 또 변화시키는 지에 대해서 논의된다. 검토의 결과, 금융영역에서의 매개적인 변화, 즉 외국 자본시장으로의 확대는 우리나라 기업집단의 기업지배구조가 손상되도록 하였고, 이러한 금융과 기업지배구조영역 간에 일어난 제도적 위기는 회계 영역에서의 제도 변화를 이끌었다고 볼 수 있음을 확인하였다. 나아가 본 연구는 제도 변화의 메커니즘을 검토하여 우리나라 그룹회계실무가 어떻게 개별중심에서 집단중심으로의 특정한 방향으로 변화할 수 있었는 지를 이해하도록 모델을 구축하여 살펴보았다. 제시된 모델에서는 만약 한 사회에서의 제도 변화가 다른 사회와의 접촉에 의해서 동기화된다면, 그 변화의 방향은 각 사회의 상대적인 크기에 의존하게 된다는 것을 밝히고 있다.

1. 문제의 소재 및 연구방법

사회는 다양한 영역으로 구성된다. 각 영역은 각자의 제도들을 가지고 있고, 제도들은 공시적으로 또한 통시적으로 영역에 걸쳐 연결되어 있다(Aoki 2001). 신제도경제학에 따르면 제도는 한 영역 내에서 행위자들의 전략적 행동들에 의해서 형성된 규칙(a rule)으로서 정의된다.

회계시스템은 하나의 회계실체와 관련한 다양한 이해관계자들로 조직된 집합체(nexus)로서 간주될 수 있고, 그들 간의 권력을 부여하고 중재하는 메커니즘으로 볼 수 있다. 회계기준은 또한 '일반적으로 인정된 회계원칙(Generally Accepted Accounting Principles; 이하 GAAP)'으로 언급되는데, 이는 회계가 사회 내에서 행위자들 간에 상호 합의되어 형성된 규칙이라는 것을 내포한다. 이러한 회계의 여러 가지 측면들이 회계규칙 또한 회계원칙들과 기준을 기초로 구축된 제도라는 것을 의미한다. 그러므로 본 장에서 우리는 회계의 변화를 제도의 변화로서 인식하고 관련 영역에 걸쳐서 공시적이고 통시적으로 연결된 제도적 연결구조에서 회계제도의 변화과정을 검토하고자 한다.

우리나라의 회계시스템은 1997년 경제 위기에 따른 금융시장 개혁의 일환으로서 개별재무제표의 중심에서 그룹회계 중심으로 바뀌었다. 예를 들어서 기업집단, 즉 재벌에 의한 결합재무제표의 채택 등이 있다. 회계기준의 변화에 관한 많은 연구들이 있지만, 그 대부분의 연구들은 회계 정보이용자들의 의사결정과정에 유용한 정보를 제공하고 있는가와 같은 정보접근적인 방법 혹은 관점에서 분석하고 있다. 그러나 우리나라의 회계제도의 개혁은 자발적인 개혁이 아니라, 금융시장 개혁의 일환으로서 행하여 졌다. 그러므로 새로운 회계기준이 제공할 정보의 유용성만을 고려하는 것은 회계제도의 변화를 포괄적이고 철저하게 이해하는 데 충분하지 못할 수 있다. 이러한 맥락에서 본 장은 회계 영역을 중심으로 관련 영역을 확대하여, 즉 금융과 기업지배구조와 같은 관련 영역으로 확대하여 회계제도 변화 과정과 그 동력에 관하여 분석하는 것을 목표로 한다. 이 분석은 비교제도분석, 진화게임이론과 거래비용경제학 등을 하부이론으로 하는 신제도경제학에 기초를 둔다. 본 장을 통해서 회계제도의 진화과정에 대해서 보다 폭넓고 분석적인 이해를 획득할 수 있을 것으로 기대된다.

본 장에서는 우선 회계시스템의 제도적인 측면을 검토한다. 이후 회계제도가 관련영역에 걸쳐서 어떻게 공시적인 연결 구조를 구축하고, 그 연결 구조가 기존의 회계제도를 유지하게 하는 지에 관해서 조사한다. 제 3절에서는 이미 확립된 연결구조가 어떻게 시간에 걸쳐서 악화되는지, 그리고 어떻게 연결 구조내의 제도가 특정한 방향으로 이전하게 되는 지에 대해서도 분석한다. 분석과 더불어 우리나라의 그룹회계실무의 제도 변화의 사례에서 어떠한 동력들이 그 변화를 이끌었는지에 대해서 논의될 것이다.

2. 제도로서의 회계시스템

1) 회계시스템의 제도적 관점

재무보고 환경은, 주주, 채권자, 재무분석가, 규제기관, 경영자, 회계감사인 등 다양한 이해관계자 집단으로 구성된다. 특히 재무회계정보에서 보여 지는 기업의 잠재적인 경제적 결과는 다양한 방식으로 그들의 이해에 영향을 끼친다. 그러므로 회계기준의 설정과정에서 특정한 회계정책의 선택은 다양한 집단의 경제적인 부(富)에 영향을 끼치는 사회적인 선택이다. Kurosawa(1955)는 회계시스템을 이해관계자들 간의 이러한 이해의 갈등을 조정하기 위하여 인간들에 의해서 창조된 제도로서 정의하였다. 회계시스템은 정보제공자, 정보이용자 및 다른 관련된 이해관계자들에 의해서 구축된 결합체로서 시스템 내에서 이해관계자들은 다른 이해관계자들의 경제적 이해들과 경쟁하고 협력한다(Shinoda 2004).

그러나 회계시스템이 사회 내에서 최적의 자원을 배분할 수는 없는 것으로 보인다. 예를 들어서 Tinker(1980; 1982)는 회계의 이론적 중추로서 신고전경제학이 소득의 배분이나 대체적인 배분의 정의(justice)를 평가할 수 없다는 것을 보여주었다. 게다가 실증적 연구들은 현재의 회계정책이나 회계시스템의 공정성이나 효율성을 보여주는데 부분적으로 실패했다(Cooper 1980, Tinker 1980, Tinker et al 1982, Richardson 1987, Hujii 2002a; 2002b; 2006). Cooper(1980)는 회계를 현재의 사회적, 경제적 그리고 정치적인 배합을 유지하고 정통화하는 수단으로서 볼 수 있다고 하였다. 이러한 관점은 회계를 이데올로기[54]의 한 형태로서 취급하는데, 그는 신고전경제학과 회계가 사회 내 현재의 제도들 간의 배합을 강화시킨다고 믿었다.

Meyer(1986)는 회계시스템은 화폐화의 형태를 취하는 서구적 합리화[55]의 전통으로부터 기인한다고 주장하였다. 사회의 '것(a thing)'은 어떤 화폐적 가치를 부여받을 때, 비로소 '재(a property)'로서 인식되게 된다. 합리화의 전통이 낳은 여러 가지의 계산 형태 중에서 회계시스템은 하나의 독특한 계산 형태이고, 이의 역할은 표준화되고 지속적인 가치시스템에서 경제적 이해들이 가시화되도록 한다. 그러므로 회계의 가시성(可視性)에 따라서 회계는 합리적인 이해관계자들의 상호작용의 집합적인 결과로서 사회의 구축에 기여하게 된다(Hopwood 1984).

Kimura(2001)는 이해관계자들에 의해서 일반적으로 받아들여지게

54_ Cooper(1980)는 이데올로기의 개념을 근거없는 인식(false consciousness)으로 사용하였다.

55_ Meyer(1986)는 서구적 합리화에는 두 가지의 형태가 있다고 주장하였는데, 하나는 화폐화와 인과과정을 중심으로 조직된 합리화이고, 이러한 합리화는 회계의 발전을 이끌었다. 또 하나는 사회적 통제와 권위를 중심으로 조직화되는 합리화이다.

된 회계실무들이 회계정책들로서 공인되고, 이러한 회계정책의 집합들이 회계기준을 구성한다. 회계실무는 자율적인 질서로서 출현하고, 그들은 회계 영역에 관련된 이해관계자들이나 행위자들 간의 상호작용 과정을 거치면서 받아들여진다. 만약에 회계 영역에서 해당 실무들이 당연하게 받아들여진다면, 이는 마침내 회계제도가 된다. '일반적으로 인정된 회계원칙(GAAP)'으로서 언급되는 회계기준은 당시의 이해관계자들이 적절하다고 인정하는 회계실무와 관습들을 반영하여 형성된 산출물이다. 이러한 맥락에서 우리는 회계시스템을 사회 내에서 제도화[56] 되었다고 할 수 있다.

2) 제도의 정의

만약 우리가 회계시스템을 제도로서 식별한다면, 제도의 정의는 무엇인가? 신제도경제학에서는 제도를 한 사회 내의 개개인의 행동들의 상호작용에 의해서 형성된 자율적인 질서로서 설명한다. North(1990)는 제도를 한 사회에서 행해지는 전략적인 게임의 규칙이라고 정의하였고, 이를 보다 형식적으로 정의한다면, 인간의 상호작용을 형성하기 위하여 인간에 의해서 고안된 장치로서 정의할 수 있다. 제도의 주요한 역할을 환경을 해독하는 데에 관련된 불확실성을 줄이고, 문제해결 과정을 단순화하여 안정된 구조를 수립하는 데 있다. 따라서 사회 내에 자리 잡은 제도는 '균형 상태'를 만들어 낸다.

Aoki(2001)는 North(1990)의 이러한 제도의 정의를 계승하고, 발전시켜 제도를 게임이론의 접근법을 사용하여 다음과 같이 개념화하였다.

56_ Davis, Diekmann and Tinsley(1994)는 '제도화된'이라는 용어를 조직 내의 행위자들에게 '받아들여진'으로 정의하였다. 그들에 따르면 조직의 실무들이 조직 내의 행위자들에 의해서 받아들여졌을 때, 비로소 해당 실무는 제도화되었다고 한다. 왜냐하면, 행위자들에게 그 실무가 당연하게 여겨지는 것은 받아들였기 때문이지, 그 실무가 업무의 기술적 요구사항에 최고의 해답이었기 때문이 아니다. 회계실무 또한 행위자들의 전략적 행동들에 따라서 일반적으로 받아들여진 것이다.

제도는 어떻게 게임이 진행되어야 하는 지에 관한 공유된 믿음의 자기유지 시스템이다. 제도의 본질은 사회 내의 행위자들 자신의 전략적인 선택과 관련하고, 해당 영역에 속한 거의 모든 행위자들에 의해서 인지된 균형 상태로서의 경로의 현저한, 불변의 특징을 압축된 표현이다. 그것은 자기강화의 방법으로 행위자들의 전략적인 상호작용을 통제하고, 차례로 지속적으로 변화하는 환경 내에서 그들의 실제 선택에 의해서 재생산된다.

'An institution is a self-sustaining system of shared beliefs about how the game is played. Its substance is a compressed representation of the salient, invariant features of an equilibrium path, perceived by almost all the agents in the domain as relevant to their own strategic choices. As such it governs the strategic interactions of the agents in a self-enforcing manner and in turn is reproduced by their actual choices in a continually changing environment.'

각 행위자들은 어떤 영역에서 게임을 한다. 만약 게임에 참여한 행위자들의 선택이 모든 전략의 기대치 중에서 최적의 해(解)라면, 결국 균형 상태로 수렴되는 데, 이는 곧 안정화된 내쉬 균형(Nash equilibrium)을 의미한다. 균형 상태란, 일방적으로 벗어나는 어떠한 행위자들에게도 득이 되지 않는다는 것을 의미한다. 게다가 진화 게임이론 접근법은 참여자들의 한정합리성의 요소들을 도입하여, 행위자들의 경험에 기반한 귀납추리에 초점을 둔다. 그러므로 행위자들은 시간에 걸쳐 계속적으로 이미 수립된 균형 상태를 선택하고, 따라서 균형 상태의 규칙, 즉 제도는 더욱 강화된다. 규칙이 자발적인 것이든 외부로부터 도입된 것이든지 간에, 한 번 제도화된 규칙은 영역 내에서 유지되고, 그들은 다른 영역에서의 새로운 제도의 설계와 진화하는 환경과의 상호작용을 통해서 더욱 더 제도화된다.

3. 관련 영역에 걸친 제도적 연결구조

이제부터 사고의 범위를 하나의 영역에서 사회 전체로 확대해 보자. 한 사회는 동시에 여러 가지의 다양한 영역으로 구성된다. 본 절에서는 Aoki(2001)의 비교제도분석(Comparative Institutional Analysis)에 기초하여, 한 제도가 어떻게 공시적으로 관련 영역들과 제도들 간에 연결되고, 전체적으로 결합되는 지에 대해서 검토한다. 이후, 우리는 개발된 회계의 제도적 연결구조가 어떻게 적용될 수 있는 지 우리나라의 그룹회계실무의 사례를 통해 분석한다.

1) 공시적 연결 구조

Aoki(2001)는 제도들의 연결을 구성하는 데에 행위자들의 전략적인 의도가 있었는지의 여부에 따라 제도화된 연결과 제도적 보완성으로 분류하였다. 우선 제도화된 연결(institutionalized linkage)은 행위자들이 같은 혹은 다른 형태의 영역에 걸쳐서 그들의 선택을 전략적으로 협력하는 상황을 말한다. 이를 통해 행위자들은 그러한 연결 없이는 실현가능하지 않은 새로운 제도를 가능하도록 선택들을 효율적으로 풍부하게 한다. 이러한 형태의 연결을 통해서 외부효과가 나타나게 되고, 이러한 외부효과로부터의 이득은 '경제적 지대(rents)'가 되어 연결과 관련된 모든 혹은 일부의 행위자들에게서 생겨나게 된다. 이렇게 생겨난 경제적 지대는 연결의 계속성에 공헌할 것이다. Aoki(2001)는 이렇게 관련 영역에 걸쳐 제도들에 의한 전략적 연결을 제도화된 연결로서 범주화하였다. 이 상황 하에서 한 영역은 특정한 제도가 다른 영역에서 제도화되는 것을 전략적으로 가능하도록 한다.

한편, 제도들 간의 연결이 영역들 간의 전략적 협력에 의해서만 일어나는 것은 아니다. 왜냐하면, 제한된 선택의 범위, 행위자들의 제한된 인지, 혹은 다른 이유들로 인해서도 가능하기 때문이다. 그러나 한 영역에서의 선택이 관련된 다른 영역에서 제도들에 의해서 매개적으로 영향을 받는 다면, 이는 영역들의 제도들 간에는 상호의존성이 있다고 할 수 있다. Aoki(2001)는 이러한 연결의 형태를 '제도적 보완성'으로 개념화하였다. 한 영역에서 우세한 제도는 다른 영역의 참여자들이 그 제도를 그들의 통제를 넘어선 외부에서 주어진 것으로 인지하는 한, 제도적 환경을 구성한다. 따라서 관련 영역에서 균형 상태를 이루는 제도들 간에는 공시적인 상호의존성이 있다. 이를 '제도적 보완성'이라고 한다. 보완성의 존재는 관련 영역들 간의 전반적인 제도적 배열을 일관되게 구성하도록 하기 때문에, 연결구조 내에서의 개별 제도들이 독자적으로 쉽게 변경되지 못하는 이유가 된다.

결국 전략적 협력의 존재 여부를 떠나서, 관련된 영역에 걸쳐진 제도들 간의 연결구조는 그 자체가 경제적 지대로서의 역할을 하기 때문에, 제도들의 내구(耐久)를 강화시킨다.

2) 회계 관련영역의 확인

Aoki et al. (1996)에 따르면, 기업지배구조는 기업통제와 관련된 권리와 책임의 구조이다. 보다 구체적으로, 주주, 채권자, 종업원, 관련 기업 및 고객 등과 같은 이해관계자들 간의 기업의 경영통제를 둘러싼 권리와 책임의 구조로서 정의된다.

주주들은 기업의 자산에 대한 청구권을 가지는 동시에 기업의 부채에 대한 책임도 져야 한다. 그러나 실무에서 기업의 경영자가 주주를 대신하여 기업의 대표로서 고용이나 판매와 같은 경영 전반의 계약을 수행한다. 이는 어떻게 주주들이 그들의 권리와 책임을 그들이 고용한 경영자에게 위임하는 지를 보여준다. 또한 외부의 투자자들로부터 기업의 경영자를 분리하는 고전적인 대리인 이론의 관점에 기초한 주주와 경영자의 관계를 보여준다. 주주와 대리 경영자 간의 관계에 기초한 기업의 지배구조는 근원적으로 자금의 원천이 외부에 존재한다는 사실에서 기인한다. 환언하자면, 외부에서 자본을 조달하는 것은 필연적으로 경영자에게 수탁책임을 발생시키고, 따라서 자금조달영역 혹은 금융영역은 기업지배구조영역과 관련되어 있다고 주장할 수 있다.

고전적인 대리인이론에서 구축된 기업지배구조에 기초하여, Bushman and Smith (2001)은 효율적인 기업 지배를 촉진하기 위해서 통제 메커니즘에서 재무회계정보가 입력 정보로서 이용되게 된다고 재무회계정보의 역할을 정의하였다. 기업통제메커니즘은 경영자가 외부 투자자들의 이해에 따라서 행동하도록 하는 수단이다. 이 메커니즘에 회계시스템은 기업의 재무상태와 경영성과에 관한 양적인 자료를 측정하는 정보를 생산하고, 생산된 정보는 외부보고시스템에 의해서 공개적으로 회계감사를 통해 그 신뢰성을 높인다. 따라서 재무회계정보시스템은 기업지배구조의 하부시스템으로서 정의되고, 이는 주식가치에 포함되는 정보에 기여함으로써 간접적인 입력 정보뿐만 아니라, 기업통제메커니즘의 직접적인 입력정보를 제공한다(Bushman and Smith 2001; Sawabe 2003). 그러므로 기업지배구조의 영역은 회계의 영역과 연결된다고 할 수 있다.

그러므로 우리는 여기에서 금융 및 기업지배구조와 회계영역에 걸쳐진 제도적 보완성은 회계제도의 내구성을 더하는 경제적 지대를 생산하는 일관된 연결 구조를 구성한다고 주장한다. 다음에서는 우리나라의 그룹회계실무에서의 금융영역, 기업지배구조영역 및 회계영역에서의 제도적 연결구조에 대해서 고려한다.

3) 우리나라 그룹회계실무로의 적용

우리나라의 기업집단은 가족중심의 소유구조 하에서 집단중심의 지배구조로 운영되었고, 지금도 일부는 여전히 그렇게 운영되고 있다. 게다가 기업집단 전체를 통제하기 위해서 상호채무지급보증전략을 채용하였다. 즉, 계열회사들이 다른 계열회사들의 필요자금을 지원하기 위해서 자신들의 자본을 대출보증으로 사용하였다. 그 결과, 같은 기업집단에 속한 계열회사들 간에는 강한 연대감이 형성되었다(Kim 2005). 그러나 이러한 기업 환경에도 불구하고, 우리나라의 재무보고는 제도개혁 이전에는 여전히 개별재무제표 중심이었다. 기업집단들이 하나의 경제 실체로서, 운명공동체로서 운영되었지만, 왜 실제 회계실무는 많은 논란에도 불구하고, 여전히 개별재무제표에만 초점을 두고 있었는가?

우리는 앞에서 검토하였듯이, 제도는 그것이 자생적인 것이든 혹은 외부로부터 유도된 것이든 간에 한 사회의 영역에서 균형 상태를 이룬다고 하였다. 또한 제도는 다른 관련 영역에서 형성된 제도들과 연결을 맺고, 그 연결 자체는 경제적 지대로서 기능하고, 따라서 기존의 제도에 내구성을 제공한다. 이러한 맥락에서 우리는 사고의 범위를 회계영역과 관련된 다른 영역으로 확대하고, 이를 통해 제도 변화 이전의 우리나라 그룹회계실무의 내구성에 대하여 검토하고자 한다.

우리나라의 기업집단은 정부의 산업정책에 의해서 유도되는 경제적 지대를 획득하면서 정부와의 결속에 의해서 형성되었다(Chang 1996; Kim 2005). 한국 경제가 발전하면서[57], 기업집단들은 여러 산업에 걸쳐서 다각화되었다. 정부의 산업정책이 다각화된 산업을 가진 거대 기업집단을 형성하는 데 필수불가결한 역할을 하였다. 예를 들어서, 경제개발 계획 실시 기간 동안에, 정부가 전략 산업을 결정하고, 국가경제를 위하여 해당 산업을 수행할 기업을 선정하였다. 이렇게 한번 선

57_ 본장에서 우리나라의 경제 발전 시기는 정부에 의하여 경제개발 5개년 계획이 시행되었던 25년간(1962년~1987년)을 의미한다. 해당 기간 동안에 우리나라는 연평균 9% 이상의 경제성장률을 기록하였다.

정된 기업들에게는 수출성과에 따라 비례적으로 수출금융이나 우선금리 대출 등과 같은 거의 무제한의 금융지원이 제공되었다. 이후, 정부의 전략 산업이 바뀌는 것에 따라서 즉, 경공업에서 중공업으로 다시 건설업으로 바뀌는 것에 따라서 기업들은 정부의 산업 정책에 의해서 유도되는 경제적 지대를 추구하기 위해서 그들 자신의 기업들을 해당 산업들에 맞게 다각화시켰다. 그 결과, 선정되는 기업들은 부품의 안정된 공급을 위하여 많은 하청업체들과 계열회사들을 거느린 복합적 기업집단으로 성장하였다. 환언하자면, 우리나라의 기업집단, 즉 재벌은 한국 정부의 경제 정책에 따라서 다각화된 사업구조로 발달되게 되었다. 정부가 적극적이고 인위적으로 경제적 지대를 창출하고, 이를 소수의 선택된 기업들에게 배분하였다. 기업집단들은 정부에 의해서 보장된 경제적 지대가 있는 새로운 산업분야에 진출하였고, 그 결과, 계속해서 자신들의 규모를 키워나갈 수 있었다.

그림 6-1. 기업집단의 기업지배구조

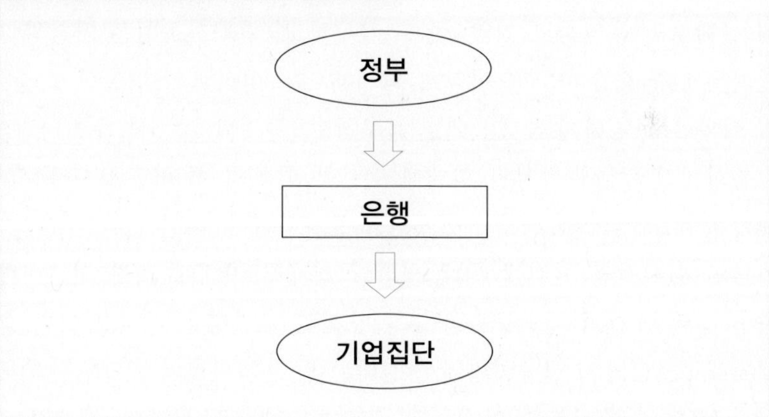

기업집단에 대한 정부의 적극적인 관여는 금융 영역에서 특히 구체화되었다. 우리나라는 국내 자본의 절대적인 부족으로 인하여 관련 설비나 기반 설비를 구축하기 위해서는 외국으로부터 자금을 조달해야만 했다. 동시에, 기업들 또한 내부 자본의 부족을 경험하였다. 따라서 외국으로부터의 자금에 의존할 수밖에 없었는 데, 그 기간 동안, 우리나라 기업들의 신용등급은 매우 낮았고, 따라서 정부로부터의 지급 보증 없이는 스스로 외국의 자금을 확보할 수 없었다. 이러한 상황 하에서, 정부는 은행을 통한 기업집단 통제시스템을 구축하는 데 성공하였다. 정부의 통제시스템 하에서 기업집단은 정부에 의해서 지정된 은행을 통해서 자금을 조달하였다. 그러므로 기업집단의 기업지배구조는 금융영역을 기초로 구축되었다. 한편, 기업집단은 내부적으로 계열회사들을 통제하기 위해서 상호채무지급보증이라는 폐쇄적인 통제구조를 창출하였다. 〈그림 6-1〉은 우리나라 기업집단의 이러한 기업지배구조를 보여주고 있다.

기업집단이 모든 계열회사들에 대한 지배구조를 구축하고, 단일 경제 실체로서 운영하고 있었음에도 불구하고, 회계시스템은 여전히 개별재무제표 중심이었다. 어떻게 회계제도는 이러한 기업집단의 경제적 상황을 반영하지 않았음에도 불구하고, 유지되었는가? 우리나라의 그룹회계실무에서 형성된 회계제도는 두 가지의 특징을 보여주는데, 첫째는 보고 실체와 경제적 실체와의 불일치이다. 다른 하나는 관련영역과의 공시적인 연결에 의해 생산된 경제적 지대에 대한 의존이다. 관련 영역들 간의 제도들은 서로 제도적인 보완성을 가지고 있다. 기업지배구조영역은 금융영역에 연결되는데, 우리나라의 기업집단의 경우, 금융영역은 정부에 의해서 공급된 자금에 의존하였다. 금융은 회계시스템이나 회계제도에서 산출된 회계수치에 기초하여 운영되는 것이 아니라 정치적인 선호에 의해서 운영된 것이다. 그러므로 회계시스템은 일반적으로 예상될 수 있는 본연의 역할, 즉 회계 정보이용자들의 의사결정을 돕는 입력 정보의 제공이라는 본연의 역할에 수행할 필요가 없었다. 따라서 연결구조로부터의 경제적 지대에 의해서 본연의 역할을 하지 못하는 회계제도는 회계투명성에 대한 의구심이 존재하였음에도 불구하고, 유지될 수 있었다. 바꾸어 말하면, 회계제도는 그들의 기능적 역할의 관점에서는 제대로 수행되지 않았지만, 금융과 기업지배구조영역과의 연결에 의해서 창출된 지대에 의존하여 생존할 수 있었던 것이다.

4. 제도 변화에 대한 통시적 연결구조 접근법

1) 제도적 연결구조 내에서의 변화

본 절에서는 제도적 연결구조 내에서의 제도 변화의 메커니즘을 검토한다. 제도가 사회의 행위자들의 행위 선택의 규칙으로 정의되어, 사회의 당연한 규칙으로 받아들여지고 있는 한, 내부의 위기나 외부의 충격에 대응하여 제도 변화를 겪는 동안에도 제도는 무작위로 다른 제도로 이전되지 않는다. 새로운 제도로서의 대안들은 출현하게 되고 시간과 관련 영역에 걸쳐 행위자들에 의한 전략적이고 역동적인 상호작용을 거쳐서 선택되게 된다. 그러므로 사회 내의 제도들은 공시적으로 연결되어 있는 것과 유사하게 통시적으로도 연결되어 있다(Aoki 2001).

Aoki(2001)에 따르면, 제도 변화를 이끄는 제도적 연결로 인한 통시적인 메커니즘으로 다음의 세 가지 유형이 있다[58]. 다른 사적인 거래 영역에 근거를 둔 사회교환 영역에서 새로운 제도가 출현할 경우,

---

58_ Aoki(2001)에 따르면, 통시적 메커니즘들을 유형별로 분리해서 다루는 것이 제도 진화의 복잡한 과정을 분석적으로 이해하는 첫걸음이 되기 때문이라고 한다. 그러나 통시적인 메커니즘은 동시에 혹은 연속적으로 일어나기 때문에, 본질이나 효과를 유형별로 서로 구분하기는 때로는 매우 힘들다고 한다(Aoki 2001).

이러한 관계에서 일어난 제도 변화의 유형을 '사회적 내장(social embeddedness)'이라 한다. 사회적 내장과 관련된 한 영역에서 제도는 시간에 걸쳐 변화할 수 있다. 그러나 그 변화의 속도는 영역의 종류에 따라서 유의적으로 다를 것이다. 결과적으로 기존의 사회적 내장은 새로운 제도적 배합으로의 이전을 저지하거나 촉진할 것이다. 다른 맥락에서 일어날 수도 있고 혹은 경우에 따라서는 새로운 종류의 내장으로 완전히 대체될 수도 있다.

통시적 메커니즘의 두 번째 종류는 '연결게임의 재구성(reconfiguration of linkage games)'이다. 고립된 두 영역이 있다고 하자. 각 영역에서의 경제적 활동들이 시간에 걸쳐 공간적으로 확대되면서, 각 영역에서 독자적으로 발전된 유사한 제도들이 접촉을 시작하게 된다. 그 결과, 각각의 영역에서의 기존의 제도들이 사라지고, 두 영역을 아울러 통치하거나 중재할 새로운 조직이 등장하듯이 새로운 제도가 등장하거나, 혹은 행위자들의 전략적인 상호작용에도 불구하고, 기존의 제도들이 계속 지속될 수도 있다. 따라서 고립된 두 영역이 결합되었을 경우에는 새로운 제도적 배합이 수반되게 된다.

세 번째 중요한 메커니즘은 통시적인 제도적 보완성이다. 서로 보완성을 가지고 있는 영역에서 하나의 영역에서의 변화는, 예를 들어서 정책 개혁, 새로운 법령의 시행, 조직의 새로운 설계, 인적 자원 혹은 기술적 혁신 등의 능력의 축적 등, 관련 영역에 매개적인 변수로 작용하여, 관련 영역 전반에 걸쳐서 제도들의 배합이나 관련 영역에의 새로운 제도 출현을 촉발시킨다. 한 영역에서 시작된 이러한 매개적 변화는 보완적 영역의 게임의 형태에 영향을 끼친다. 이러한 메커니즘을 통해서 한 영역에서의 매개적인 변화는 그들의 영향을 증폭시키고, 결국 관련 영역 전반에 걸쳐 새로운 제도의 출현이나 제도들의 배합을 이끌게 된다.

2) 그룹회계실무에서의 통시적 메커니즘의 응용

본 장은 제도이론을 기초로 우리나라의 그룹회계실무에서의 제도 변화에 대해서 그 과정과 동력들에 대해서 검토하고 있다. 특히 그 제도 변화의 방향은 개별중심에서 그룹중심으로였고, 본 연구는 1997년 경제위기 이후 30대 재벌기업에 도입된 결합재무제표에 초점을 맞추고 있다. 앞에서 우리는 회계제도와 관련된 영역들 간의 공시적 연결구조에 대해서 다루었다. 회계영역과 보완성을 가진 관련 영역을 금융영역과 기업지배구조영역으로 확인하였다. 이제 우리는 제도 변화의 통시적인 메커니즘을 기초로 회계제도의 진화과정에 대해서 검토한다.

우리나라의 기업집단은 정부에 의해서 지원된 자금에 의존하면서 그들의 기업지배구조를 구축하였다. 정부는 과도한 부채를 가지고 있는 재벌들의 재무구조를 개선하기 위하여 여신한도관리제도를 재벌에게 도입하였다. 이 시스템 하에서, 정부는 주요거래은행을 각 재벌에 지정하였다. 이렇게 정부는 기업집단을 통제하는 동시에 경제개발정책을 추진해 나아갔다. 그러나 1990년대에 들어서면서, 금융영역에서 어떠한 변화가 관찰된다. 우리나라 경제 규모가 커지고, 정부는 또한 적극적인 국제화 정책을 펼침에 따라 기업집단들은 그들의 자금조달의 원천을 정부의 여신관리를 받지 않는 외국계 은행이나 비은행 금융기관 등으로 확대하기 시작하였다. 게다가 여신관리 상에는 몇 가지 면제사항이 있었는데, 예를 들어서 기업집단에 의해서 지정된 3개의 핵심기업의 대출, 소유구조가 매우 분산된 기업의 대출 또는 해외지점에 의한 대출과 수출금융 등은 정부의 여신한도관리에서 면제되었다. 〈표 6-1〉은 금융영역에서의 이러한 변화를 보여준다. 매년 말 기준으로 30대 재벌집단의 여신한도관리의 대상이 되는 은행 대출규모는 1986년의 25.3%에서 1990년의 13.5%로 낮아졌다. 반대로, 정부의 관리대상이 아닌 비은행권 금융기관, 즉 단기 금융기관, 상업은행, 보험회사들로부터의 대출이 총 여신규모에서 차지하는 비율은 실질적으로 증가하고 있다. 환언하자면, 기업집단들은 그들의 자금조달의 원천을 정부의 통제가 미치지 못하는 비은행권으로 많은 부분을 이전하였다.

표 6-1. 30대 기업집단 대출의 은행 총대출 및 GDP에서 차지하는 비율(%)

	1986	1987	1988	1989	1990	1991
여신한도관리[1] 대출	25.3	21.6	18.6	14.7	13.5	8.8
총 대출	28.6	26.3	24.2	20.7	19.4	18.9
NBFIs[2] 대출	-	37.9	36.5	42.1	43.6	-
GDP 대비	-	14.6	13.5	14.1	-	-
자기자본비율	17.4	19.8	24.7	23.8	20.8	19.4

1: 주요기업, 주식소유가 분산된 기업, 해외은행지점에 의한 대출, 수출금융으로 인한 대출은 제외
2: Non-Bank Financial Institutions
자료: Nam and Kim(1994)

관련 영역에서의 보완적인 제도나 매개적 변수들의 출현은 관련 다른 영역에서의 새로운 제도의 출현이나 영역들 간의 걸쳐 전반적인 제도들의 재배합을 유도한다(Aoki 2001, Milgrom, Qian and Roberts 1991). 우리나라 그룹회계실무의 경우, 회계영역과 보완적 관계를 가진 금융영역에서의 변화는 기존의 회계제도에도 변화를 자극하였다. Nam (1980)은 최초로 우리나라의 기업집단에 새로운 집단재무제표, 즉 결합재무제표의 도입을 제안하였다. 그의 제안의 근거는 상당히 실무적이고, 현실적인 것이었다. 즉, 기업집단이 미국이나 다른 외국의 자본시장에 진입하기 위해서는 미국의 GAAP에 따라서 연결재무제표를 작성해야 하는데, 미국의 기준에 기초하여 연결재무제표를 작성하는 것은 두 나라의 기업집단 간의 소유구조의 차이로 인해서 적절하지 않을 것이고, 따라서 우리나라 기업집단의 소유구조의 특이성을 반영하여, 각 기업집단에 소속된 모든 계열회사들을 포함하는 새로운 형태

의 연결재무제표를 구상하였고, 이는 기존의 연결재무제표와는 다르다.

이미 검토하였듯이 결합재무제표의 도입을 둘러싼 환경, 즉 금융영역에서의 기업집단의 외국 자본시장으로의 진출이 우리나라의 회계영역에서 결합재무제표의 도입이라는 새로운 제도의 출현을 이끌었다. 이러한 금융영역에서의 확장은 고립된 채 발달해온 다른 영역과의 접촉을 이끌었다. 그리고 영역 간에 걸쳐진 연결 구조는 좀 더 많은 경제적 지대를 획득하기 위해서 보완적인 관련영역들에 걸쳐서 새로운 제도적 재배합을 유도하게 된다. 이러한 맥락에서 우리나라 그룹회계실무회계에서의 새로운 제도의 출현, 즉 개별중심에서 집단 중심으로의 이전은 특히 금융영역에서의 제도 변화에 의해서 촉발된 재배합의 결과로서 간주될 수 있다.

한편, 기업집단은 은행이 직접적으로 그들을 통제하고, 정부가 은행을 통한 자금지원을 통해서 통제하는 기업지배구조를 가지고 있다. 그러나 〈표 6-1〉에서 보여 지듯이 1990년대에 들어서면서부터 기업들의 자금원천은 국내의 시중은행으로부터 정부의 통제를 받지 않는 비은행권 금융기관과 외국의 자금시장으로 이전했다. 이러한 자금조달원천의 변화는 기존에 이미 수립된 기업집단의 지배구조에 균열이 일어나도록 하였고, 특히 외부의 감시와 통제 기능에 문제가 있을 때 이는 심각해진다.

그럼에도 불구하고, 우리나라의 회계시스템은 여전히 개별재무제표중심이고, 연결재무제표는 단지 보완적인 정보로서만 작성되었다. 이러한 회계실무는 기업집단의 실제 지배구조와는 맞지 않았기 때문에 피상적으로만 운영되었다. 기업지배구조와 회계영역 간의 이러한 불일치는 외부 이해관계자를 위한 재무회계의 역할을 심각하게 손상시켰다. 이와 같이 회계영역에서 기대와 결과 간의 차이, 즉 제도적 긴장이 나타나게 되고, 이러한 긴장은 회계영역의 제도 변화에 또 다른 자극이 되었다. 아래의 결합재무제표준칙의 도입부분에서도 보여 지듯이 기업집단과 관련된 기업지배구조의 손상 문제가 회계영역에서의 새로운 제도를 제정할 때 주요 이슈가 되었다는 것을 쉽게 알 수 있다.

> 개인과 그 특수관계인이 실질적 경영지배력을 갖고 있는 기업집단은 계열회사간의 상호채무보증, 사회통념을 벗어나는 자금대차 및 계열회사간의 상호의존적인 거래 등을 통하여 한 계열회사의 위험이 기업집단내 다른 계열회사의 위험과 밀접하게 관련되어 경제적 공동운명체를 형성하고 있다. 결합재무제표는 기업집단을 하나의 경제적 실체로 보고 기업집단 전체의 재무상태, 경영성과, 현금흐름, 계열회사간의 상호채무보증, 상호담보제공, 상호자금대차, 상호출자 및 내부거래내역 등 각 계열회사의 개별재무제표 또는 연결재무제표가 제공하지 못하는 유용한 회계정보를 제공할 수 있다. 이처럼 기업집단 전체에 대한 회계정보가 제시될 때 기업집단 관련 회계정보 이용자는 이를 이용하여 특정 기업집단 소속 계열회사 또는 기업집단 전체에 대한 경제적, 정책적 의사결정을 더욱 합리적으로 할 수 있게 될 것이다.
> (기업집단결합재무제표준칙, 문단 4, 2007)

3) 개별중심에서 그룹중심으로의 회계제도의 진화

앞에서 우리는 결합재무제표의 도입과 같은 그룹회계실무와 관련된 회계제도의 변화를 보완성을 가진 관련영역들 간의 역동적인 상호작용의 결과로서 보았다. 특히, 금융영역에서의 게임의 변화, 즉 외국 자본시장으로의 확대는 회계영역에도 매개적인 변화가 되었고, 회계영역의 게임의 형태에도 영향을 끼쳤다. 두 영역 간의 보완적인 제도적 연결을 통해서 다른 자본시장과의 접촉은 기존의 우리나라의 회계제도를 외부세계에 노출시켰고, 변화하도록 이끌었다. 우리나라의 회계제도는 당시까지 정부의 직접적인 통제 하에서 다른 세계와의 접촉 없이 고립된 채 발전되었지만, 금융영역에서의 자본시장 개방과 더불어, 관련 영역들의 제도들이 외부와 접촉하기 시작하였다. 그 결과, 회계제도는 개별중심에서 그룹중심으로 이전하게 된다. 우리가 여기에서 주목해야 할 것은 만약 결합재무제표를 도입한 주요한 이유가 기업집단의 소유구조의 특이성이었다는 것을 기억한다면, 보다 정확한 제도 변화의 방향은 국제회계기준, 미국 혹은 다른 선진국들의 회계실무에서 작성되는 연결재무제표로의 변화였을 것이다. 다른 영역이나 혹은 다른 보다 더 큰 사회시스템과의 접촉의 결과로서 회계제도 및 관련 영역에 걸친 제도들의 재배합을 이해하기 위해서는 여기에서는 어떤 고립된 사회가 다른 규칙을 가진 보다 더 큰 사회에 노출이 되고, 그 사회와의 상호작용 후에 어떻게 규칙이 변화하게 되는 지에 관해서 검토할 것이다.

이를 위해 우리는 진화게임이론에 기초한 간단한 모델을 생각한다 (Okuno and Matsui 1995, Hujii 2002, Shinoda 2004). 우선 다음의 가치매트릭스를 가진 K-사회를 가정한다.

그림 6-2. K-사회의 가치매트릭스

	규칙G	규칙I
규칙G	2, 2	0, 0
규칙I	0, 0	2, 2

사례1

환경변화 →

	규칙G	규칙I
규칙G	2, 2	0, 0
규칙I	0, 0	1, 1

사례2

K-사회가 환경변화 이전에 선택할 수 있는 회계 규칙에는 규칙 G와 규칙 I의 두 가지가 있다. 〈그림 6-2〉의 사례 1에서 보여 지듯이 규칙 G와 규칙 I는 사회에 대하여 같은 가치를 가지고 있고, 둘 다 내시 균형을 이룬다. 결과적으로 어떤 규칙이 선택되더라도, 선택된 규칙은 해당 사회에서 균형 상태를 나타낸다. 우리는 K-사회가 규칙 I를 선택

하였다고 가정한다. 규칙 I는 내시 균형이기 때문에, 일단 제도가 균형 상태로 사회에서 받아들여지게 되면, 이는 안정된 상태를 유지한다.

이러한 상황에서 어떤 환경의 변화를 모델에 도입해 보자. 이 변화에서 의해서 K-사회가 규칙 I를 선택하였을 때의 가치가 (2, 2)에서 (1, 1)로 줄어들게 되었다. 예를 들어서 우리나라의 경우, 매개적인 변화가 보완적인 연결 구조를 가진 관련 영역들에서 일어나고, 기업지배구조 문제나 그룹회계실무 등에서의 문제를 일으키며, 회계영역에서의 제도적 위기 상황을 이끌었다. 그러나 이러한 변화에도 불구하고, 사례 2에서와 같이 K-사회에서의 게임은 여전히, 두 가지의 내시 균형, 즉 (G, G), (I, I)를 가진 순수한 협력 게임이다. 이전의 역사적인 조건에서, K-사회는 이미 규칙 I를 선택하였고, 이는 사례 2에서도 내시 균형을 유지한다. 내시 균형이라는 것은 한 사회 내에서 누구도 기존의 제도를 다른 균형 상태로 이전시키려 하지 않는다는 것인데, 이는 한 사회에서 이미 수립된 제도는 환경 변화 등으로 인하여 가치가 변했음에도 불구하고, 쉽게 변화하지 않는 관성과 자기유지시스템을 가지고 있기 때문이다.

그렇다면, 어떤 메커니즘에 의해서 이미 수립된 제도를 더 나은 파레토 최적을 가진 균형으로 움직이도록 하는 것이 가능한가? 이제 우리는 K-사회가 다른 외부의 사회에 노출되어, 다른 역사적 조건이나 배경을 가지고 새로운 제도를 발전시킨 또 다른 사회, O-사회와의 상호작용을 시작하였다고 가정하자. 〈그림 6-3〉과 같이 O-사회는 다음과 같은 가치매트릭스를 가지고 있고, 회계제도로서 규칙 G를 선택하고 있다.

그림 6-3. O-사회의 가치매트릭스

	규칙G	규칙I
규칙G	2, 2	0, 0
규칙I	0, 0	2, 2

만약 K-사회와 O-사회의 두 사회가 서로 접촉을 한다면 어떤 일이 벌어지게 될 것인가?

두 사회 전체에 대한 K-사회 집단의 비율을 n(0〈n〈1)이라고 하고, 두 사회의 통합의 정도를 $\beta(0\leq \beta\leq 1)$라고 하자. 〈그림 6-4〉는 두 사회가 만나서 서로 접촉할 확률을 보여준다.

그림 6-4. 두 사회의 접촉 확률매트릭스

	K-사회	O-사회
K-사회	N	B(1-n)
O-사회	Bn	(1-n)

β는 K-사회와 O-사회의 통합의 정도를 보여주는 변수이다. 예를 들어서, 만약 β=0이라면, 이는 두 사회가 서로 완전히 고립된 상태를

말하고, β=1이라면, 두 사회는 완전히 통합된 상태에 있다는 것을 의미한다.

우리는 각 사회에 속한 모든 행위자들이 규칙 G나 규칙 I를 따르는데, 만약 K-사회의 모든 행위자들이 규칙 I를, O-사회의 모든 행위자들이 규칙 G를 따른다면, 우리는 이 상태를 (I, G)로 나타낼 수 있다. 그러므로 우리가 생각할 수 있는 세 가지의 균형 상태는 (I, I), (G, G), (I, G) 이다.

우리가 변화의 초기 단계에 관심이 있다면, 즉, 접촉을 처음 시작했다면, 우리는 (I, G)를 초기 조건으로서 생각할 수 있다. 우선, 규칙 I가 K-사회에 대한 최선의 해가 될 조건은 다음과 같다.

$$n \cdot 1 \geq \beta(1-n) \cdot 2 \rightarrow \beta \leq \frac{n}{2(1-n)}$$

수식에서 왼쪽은 K-사회가 규칙 I를 선택한 경우의 가치를 나타내고, 오른 쪽은 O-사회와의 상호작용의 결과로서 규칙 G를 선택하였을 때의 가치를 나타낸다. 반대로, 규칙 G가 K-사회에 대한 최선의 해가 될 조건은 같은 방식으로 다음과 같다. 〈그림 6-5〉는 하나의 그래프에 두 가지의 조건을 나타낸 것이다.

$$(1-n) \cdot 2 \geq \beta n \cdot 1 \rightarrow \beta \leq \frac{2(1-n)}{n}$$

그림 6-5. n과 β조건 하에서 두 사회에서의 제도적 변화

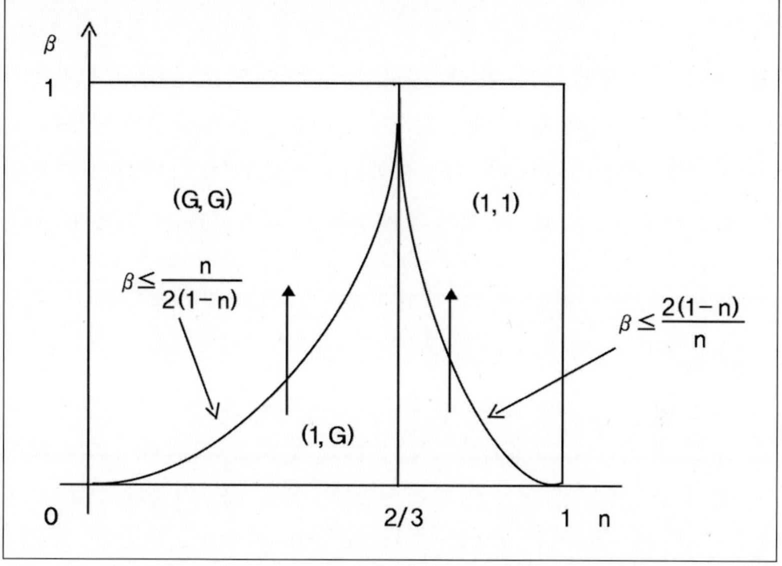

〈그림 6-5〉에서 보여 지듯이, 만약 n〈2/3이라면, K-사회는 β가 증가함에 따라 규칙 G를 따르게 된다. β는 두 사회의 통합 정도를 보여주는 변수이기 때문에, K-사회는 O-사회와의 접촉의 결과로서 결국 기존의 규칙 I를 규칙 G로 변화할 것이다. 반면에, 만약 n〉2/3이라면, 두 사회는 규칙 I를 따르게 된다.

이상의 논리에서 우리는 다음의 결과를 얻을 수 있다. 우선 접촉의 정도, 즉 β가 증가함에 따라 두 사회는 불안정하게 되지만, 마침내 (G, G) 혹은 (I, I) 어느 하나로 균형 상태를 이루게 된다. 둘째, 선택이 (G, G)인가 혹은 (I, I)인가의 문제는 사회의 상대적인 크기, 즉 n에 유의적으로 의존하게 된다. 세 번째, 개방사회에서는 제도의 균형상태는 외부 사회와의 접촉의 정도와 사회의 상대적 크기의 함수이고, 따라서 만약 두 변수의 변화가 있다면, 이는 제도 변화를 일으키고, 또한 변화의 방향을 이끌게 된다.

그러므로 나머지 외부 사회와 비교하여, 상대적으로 작은 크기의 우리나라의 경제가 외부 사회와의 접촉을 통해 개방을 시작하게 되면, 예를 들어 회계제도 등도 더 큰 사회의 규칙들, 예를 들면 국제회계기준이나 미국의 GAAP 등을 따르는 것이 파레토 최적 균형을 이루는 것이 된다. 그러므로 우리나라 그룹회계실무에서의 제도 변화는 개별중심에서 집단중심으로 더 큰 경제적 사회의 규칙을 따르는 결과가 된다.

5. 맺음말

본 장은 우리나라 그룹회계실무의 제도 변화를 체계적으로 이해하기 위하여 제도이론에 기초한 관련 영역들 간의 제도적 연결구조에 초점을 맞추었다. 우선 본장에서는 회계영역과의 관련영역으로 금융과 기업지배구조영역을 확인하였다. 그리고 이러한 공시적인 연결구조에 기초하여, 한 영역에서의 변화가 어떻게 통시적으로 연결 구조에 변화를 가져오게 되는 지에 대해서도 검토하였다. 특히, 금융영역에서의 매개적인 변화, 즉 외국 자본시장으로의 확대는 우리나라 기업집단의 기업지배구조가 손상되도록 하였고, 이러한 금융과 기업지배구조영역 간에 일어난 제도적 갈등은 회계 영역에서의 제도 변화를 이끌었다고 볼 수 있다. 즉 금융영역에서의 외국 시장으로의 노출은 외국 투자자들로 하여금 우리나라 기업집단에 대한 새로운 기업통제구조를 요구하였고, 이를 위한 기업의 가시성을 위하여 새로운 회계제도가 도입되었다.

나아가 본 연구는 제도 변화의 메커니즘을 검토하여 우리나라 그룹회계실무가 어떻게 개별중심에서 집단중심으로의 특정한 방향으로 변화할 수 있었는 지를 이해하도록 모델을 구축하여 살펴보았다. 제시된 모델에서 알 수 있듯이 만약 한 사회에서의 제도 변화가 다른 사회와의 접촉에 의해서 동기화된다면, 그 변화의 방향은 각 사회의 상대적인 크기에 의존한다는 것을 밝히고 있다. 이러한 결과들은 회계제도의 변화과정을 의사결정유용성 접근법과 같이 더 나은 방법이나 더 적합한 실무를 찾은 결과로 보는 것이 아니라, 정치적인 과정으로서 인식할 수 있다는 것을 의미한다. 1990년대의 우리나라 기업집단과 같이 직접적인 국가의 통제에서 개방경제로 진입한 사례를 사용한 모델 분석을 보여줌으로서 본 연구는 경제개발도상에 있는 시장에서의 복잡한 회계제도의 진화과정을 이해하는 데, 많은 공헌을 할 것을 기대된다.

제도적 연결구조내의 회계제도의 변화
-결합재무제표의 도입 사례

제7장

제7장

제도적 연결구조내의 회계제도의 변화
-결합재무제표의 도입 사례

〈개요〉

제도의 변화를 설명하는 개념으로 언급되는 동형화 과정이 관련 제도들과의 보완적 관계에 의해서 독자적인 합리성을 가진 결과로 진행될 가능성이 있다는 가정에서부터 출발하여 회계제도의 변화과정을 검토하고자 한다. 특히 우리나라 결합재무제표의 도입을 사례로 비교제도분석의 기초개념의 하나인 제도적 연결구조(Aoki 2001)의 이론적 모형에서 회계제도 변화를 분석적으로 기술해 간다. 본 장에서는 자본시장, 즉 금융영역에서의 금융제도와 기업지배구조영역 및 회계제도들 간에 제도적 연결구조가 있음을 확인한 후, 1990년 대 이후 우리나라의 금융제도의 변화, 기업지배구조영역과 회계영역 간의 제도적 위기를 지적한다. 1997년의 금융위기를 계기로 회계제도에도 변화가 요구되었을 때, 외부 환경에 동형화 하면서도, 지배적인 회계실무인 연결재무제표를 중심으로 하는 회계제도로 변화하지 않고, 오히려 우리나라의 기업집단의 지배구조를 작성 범위에 반영한 독자적인 연결재무제표, 즉 결합재무제표를 도입하는 것으로 제도적 동형화를 달성하고, 회계제도와 제도적 연결구조에 있는 제도들과의 보완적 관계와 그로부터 발생하는 문제를 해결했다는 것을 밝히고 있다.

1. 문제의 소재 및 연구방법

본 장은 제도이론[59], 특히 비교제도분석의 제도적 연결구조의 개념을 기초로 회계의 제도변화를 검토한다.

비교제도분석은 경제시스템을 제(諸)제도[60]의 총체로서 간주하고, 그 내부에 존재하는 제도들의 배합의 상이(相異)에 따라서 나라별 경제시스템의 상이(相異)를 분석하는 경제학 이론이다(Aoki and Okuno 1996; Aoki 2001). 사회 내부의 제도들은 어느 정도의 정합성을 가진 보완적 관계에 있기 때문에 제도들의 배합에 따라서 독자적인 합리성을 가진 다양한 경제시스템이 존재한다. 그리고 경제시스템 내의 제도의 변화에도 보완적인 관계에 있는 제도들의 존재와 그들의 영향을 받게 되어, 독자적인 합리성에 의해서 다양한 결과에 당도할 가능성이 높다.

본장은 회계제도의 제도적 동형화[61] 또한, 관련 제도들과의 보완적 관계에 의해서 독자적인 합리성을 가진 결과로 진행될 가능성이 있다는 가정에서부터 출발한다. 구체적인 검토에 있어서는 한국결합재무제표의 도입을 사례로 하고, 비교제도분석의 기초개념의 하나인 제도적 연결구조(Aoki 2001)의 이론적 모형에서 회계의 제도 변화를 분석적으로 기술해 간다. 본 장의 검토가 회계제도의 형성과 변화에 관한 새로운 분석도구를 제공함과 동시에 회계제도에 대한 폭넓은 이해에 일조할 수 있기를 기대한다.

59_ 제도이론은 단일이론이 아니고, 몇 개의 계보로 이루어 져 있다. 그 중에서도 회계학 연구에서 자주 사용되고 있는 제도이론에는 대략적인 분류이기는 하지만, 구제도파경제학(Old Institutional Economics: OIE), 신제도파경제학(New Institutional Economics; NIE) 및 신제도사회학(New Institutional Sociology; NIS) 이 있다(Burns 2001). 그러나 최근의 연구에서는 이 세 가지의 접근법이 수렴(convergence)하는 경향에 있으며, 특히 회계의 제도변화에 관해서는 다원적인 연구동향을 보이기도 한다(Sawabe and Yamaji 1999, Burns 2001). 이를테면, 비교제도분석은 제도이론 내에서는 신제도파경제학의 계보로 분류되지만, 외부 환경의 영향을 강조하는 등 제도사회학의 가정을 사용하기도 한다.

60_ 여기에서 말하는 제도는 특정 영역에서 그곳에 속하는 행위자들의 전략적인 행동들을 거쳐서 형성된 행위자들 간에 공유된 규칙으로서 정의된다(Aoki 2001).

61_ 제도이론에 따르면, 조직은 환경의 변화에 의해서 생겨난 정통성, 자원, 생존능력이 보상되도록 스스로의 제도를 더 큰 사회시스템에 순응 혹은 적응시킨다고 주장한다. 그 과정을 '제도적 동형화(institutional isomorphism)'라고 한다.

2. 회계제도에 있어서의 제도적 연결구조

한 사회에 존재하는 제도들은 서로 연결될 가능성이 높다. 그 중에서도 어떤 영역 (domain)[62]에서의 제도의 발생과 유지에 다른 영역의 제도가 관련하는 것을 제도적 연결이라고 하고, 이렇게 연결된 제도들 간의 상호의존적 구조를 '제도적 연결구조'라고 한다. 그 중에서도 한 영역의 제도의 존재나 기능에 의해서 다른 영역의 제도가 보다 강건하게 되어 가는 경우, 양자는 제도적 보완의 관계에 있다고 한다. 이 보완적 관계에 기초한 제도적 연결은 관련하는 제도들 서로에게 편익을 발생시키고, 이로써 제도들에게 강건성과 관성을 제공함으로써 서로를 유지시키는 것이다. 그러나 만약 한 영역에서 제도 변화가 일어나는 경우는, 연결구조에 있는 다른 영역의 전략적 선택에도 영향을 미치기 때문에, 다른 영역의 제도에도 매개적인 변화를 일으킬 가능성이 매우 높다.

회계의 기록과 보고를 하지 않으면 안 되는 회계책임(accountability)은 타인의 자금을 조달해서 사업에 투자하고 있기 때문에 생겨난다 (Ijiri 1976). 자금을 위탁받은 기업은 그 자금을 어떻게 지출해서, 어떻게 수익을 얻었는지를 설명하지 않으면 안 되는 의무, 즉 회계책임을 진다. 회계책임에 기초하여 경영성과와 재무상태 등에 관한 정보들이 회계계산구조를 통해서 계량화되어 알아야 할 권리를 가진 자금제공자에게 회계정보가 제공되는 것이다. 이 때, 경영성과와 재무상태를 계산하는 과정에서 일정 규칙을 따르게 되는데, 이 규칙을 선택하는 것은 관련 이해관계자들 간의 전략적 선택이 된다. 왜냐하면, 회계 규칙에 따라서 계산된 수치로 기업의 업적 성과가 밝혀지기 때문에 이러한 회계 규칙을 둘러싸고 내부의 경영자와 외부 이해관계자들 간의 이

62_ 영역은 사전적으로 특정의 생각이나 활동의 공간을 의미한다. 비교제도분석에서의 영역(a domain)은 자연인 혹은 조직과 같은 경제주체의 집합 및 계속적인 기간에 있어서 각각의 경제주체가 선택할 수 있는 물리적으로 실현가능한 행동의 집합으로 구성된다(Aoki 2001).

해가 대립하기 때문이다. 또한 이것으로부터 확인할 수 있는 것은, 기업의 자금조달이 이루어지는 금융영역과 회계영역이 밀접하게 관련하고 있는 것이다. 따라서 기업의 자금조달에 깊이 관여하고 있는 금융제도는 회계제도와 보완적 관계에 있다고 말할 수 있다.

한편, Aoki, Okuno and Sekiguchi(1996)는 기업지배구조를 주주, 채권자, 종업원, 관련기업, 고객 등 기업의 다양한 이해관계자들 간의 경영에 관한 권리와 책임의 구조로서 정의하였다. 회계는 기업의 경영성과와 재무상태에 관한 양적인 자료(data)를 회계수치로 만들고, 회계감사를 받은 다음, 이 수치들을 외부보고시스템을 통해서 시장에 제공하는 것이다. 기업외부에 보고되는 회계수치는 기업지배구조에서 자원제공자로 하여금 기업의 경영에 대한 효율적 지배가 가능하도록 하는 입력 '정보'로서의 역할을 한다(Bushman and Smith 2001). 따라서 회계영역과 기업지배구조영역 또한 서로 의존하고 있다고 말할 수 있을 것이다. 게다가 자금조달을 통해서 기업의 경영에 대한 지배의 권리가 외부이해관계자에게 주어지기 때문에, 금융영역에서의 금융제도와 기업지배 메커니즘에도 상호보완성이 존재한다. 이상으로 자본시장, 즉 금융영역에서의 금융제도와 기업지배구조영역 및 회계제도들 간에 제도적 연결구조가 있음을 확인할 수 있다.

3. 사례연구 – 기업집단결합재무제표의 도입

1) 결합재무제표의 도입경위

결합재무제표는 두 개 이상의 기업들이 특정 개인에 의해서 지배되고 있는 경우, 기업들 간의 내부거래를 상쇄하고, 각각의 개별재무제표를 수평적으로 결합한 재무제표이다. 기업집단결합재무제표는, 특히 그 작성 범위를 결정할 때에 주식지분비율뿐만이 아니라 개인과 그 특수관계인[63]의 실질 경영지배력을 고려하여 기업집단을 하나의 경제 실체로 간주하는 것에 그 특징이 있다. 같은 기업집단에 속하는 계열 회사들 간의 상호출자 및 내부거래를 상쇄한 후에 기업집단 전체의 재무상태, 경영성과, 현금흐름에 관한 재무제표가 작성되고, 계열회사들 간의 상호채무보증, 상호담보제공, 상호자금대차, 상호출자 및 내부거래내역이 주석으로 공시된다. 기업집단에 따라서는 부채비율의 증가나 매출액 및 당기순이익의 감소 등이 초래될 수 있어, 기업집단에게 있어서는 엄격한 기준의 적용이 될 것으로 예상되었다.

1997년 금융위기를 전후로 IMF나 세계은행으로부터 자금지원의 조건으로서 기업부문 구조개혁의 과제였던 회계제도의 개선이 요구되었다. 이러한 요구에 정부가 응하는 형태로 회계제도의 개혁이 추진된 것이 기업집단결합재무제표 도입의 결정적인 요인이 되었다. 그러나 우리나라의 그룹회계실무에 결합재무제표의 도입이 논의된 것은 이 때가 처음이 아니다.

1991년에 기업집단, 소위 재벌이 계열회사들과 해외의 본·지점을 이용해서 내부거래로 자금조달이나 재무상태를 위장하고 있다는 것이 드러나며, 사회문제가 되었고, 그룹회계실무에 관한 개혁의 필요성이 제기되었다[64]. 연결재무제표작성의 의무화를 앞둔 1992년에도 학계를 중심으로 기업집단연결재무제표의 도입이 주장되어, 실질적으로 모든 계열회사들을 결합할 수 있는 한국형 기업집단연결재무제표의 도입이 제안되었다. 당시의 연결재무제표에도 실질지배력기준의 도입이 결정

63_ 결합재무제표의 범위는 해당기업집단에 속하는 모든 국내계열회사, 합명회사, 합자회사, 유한회사, 주식회사 및 모든 해외계열회사를 포함한다. 그 범위를 결정하는 때에 특히 기업집단의 소유경영자 개인과 그의 가족의 지배에 초점을 맞춘다. 예를 들어서 동일인이 단독으로 혹은 동일관련자와 합쳐서 해당회사의 발행주식 총수의 100분의 30이상을 소유하고 있는 경우의 최다출자자의 회사를 대상으로 하지만, 이 규정에 있어서의 동일관련자는, 배우자, 8촌 이내의 혈족과 4촌 이내의 인척으로 한 친족을 말한다(한국기업집단결합재무제표 준칙 2007).

64_ 한국회계학회·한국공인회계사회, '회계제도개선을 위한 심포지움', 한국매일경제신문, 1991년 10월 4일.

되었지만, 연결재무제표자체는 국제적 관행에 따라서 실질지배력기준이 아닌 주식지분비율 50%이상의 기준만으로 작성되고 있기 때문에, 실질지배력기준의 기업집단연결재무제표를 더하여 도입하자는 제안이 있었다[65]. 그러나 이러한 논의는 재계의 반발로 백지화되었다. 1996년에도 공정거래위원회가 기업의 투명성 강화를 목적으로 다시 기업집단연결재무제표의 도입을 추진하였으나, 재계와 관련경제관련부처의 반발로 백지화되었다[66]. 1996년 OECD가입을 계기로, 가입조건이 된 자본시장의 완전개방을 앞둔 1997년에 기업집단의 부도, 금융위기와 기업들의 방만한 차입경영이 문제가 되어, 다시 결합재무제표의 도입이 논의되기 시작하였다. 1997년 7월에 우리나라 정부가 발표한 금융개혁추진법안 중에는 총자산기준으로 30대 기업집단을 대상으로 2000년부터 기업집단결합재무제표를 도입하는 것이 포함되어 있었다.

그 와중에 1997년 12월 3일에 IMF와 정부는 자금지원의 조건에 우리나라 기업회계기준의 개선을 포함하는 조건으로 교섭을 타결하였다. 그 중에서도 기업지배구조에 관련하는 회계제도의 개혁의 부분에 대해서 다음의 문구의 형태로 IMF와 정부는 연결중심의 재무제표공시에 일단 합의하였다.

> "...회계기준과 공시규제는 국제 관행을 만족하도록 보강한다...독립적인 외부감사, 완전한 회계공시 및 대기업 혹은 기업집단에 의한 연결재무제표의 작성을 포함하여 일반적으로 인정된 회계원칙에 따르는 회계기준을 채용한다."
> (IMF, Republic of Korea, IMF Stand-by Arrangement, December 5, 1997)

그러나 1998년 1월 당시의 차기대통령당선자인 김대중 씨가 IMF

65_ 한국회계학회, '기업집단연결재무제표도입방안에 대한 심포지움', 한국매일경제신문, 1992년 9월 16일.
66_ 한국매일경제신문, 1996년 10월 14일.

총재와 회담하면서, 우리나라 정부는 재벌을 보호하지 않는다는 외국인 투자가를 염두에 둔 발언이나 우리나라 기업의 회계정보의 신뢰도 향상을 위해서 결합재무제표의 도입을 약속하는 등 대기업에 대한 구조조정을 촉진하기 위한 특별법을 입법하겠다고 발언하였다. 이에 따라 결합재무제표의 도입도 종전의 2000년부터 1999년으로의 조기 실시하는 것으로 예정이 앞당겨졌다[67]. 그리고 1998년 2월에 IMF와 정부는 우리나라의 그룹회계실무에 기업집단결합재무제표를 도입하는 것에 관하여 다음과 같이 합의하였다.

> "...기업집단에 대해서 계열회계를 포함하는 결합재무제표의 작성을 요구한다." (Memorandum on the Economic Program, IMF, Korea letter of Intent, February 7, 1998)

우리나라의 재계는 결합재무제표의 도입에 반대 의사를 분명히 하는 한편, 기존의 개별재무제표과 국제회계기준에 따른 연결재무제표를 활용하도록 재촉하였다. 그러나 1998년 3월, 마침내 결합재무제표의 도입을 포함하는 금융개혁관련 법률시행령이 확정되어 같은 해 10월에 증권선물위원회에서 제정되었다. '독점규제 및 공정거래에 관한 법률시행령'의 규정에 따라서 공정거래위원회가 전년도의 총자산을 기준으로 결합재무제표의 작성의 대상이 되는 30대 기업집단을 매년 지정하게 된다. 만약 연결재무제표에서 기업집단의 계열회사들의 총자산의 80%이상이 제시될 수 있는 경우에는 결합재무제표의 작성 대상에서 면제된다. 이 와중에 우리나라의 그룹회계실무에서의 연결재무제표는 보완적 재무제표로서 자리잡게 되었다.

이상으로 우리나라 기업집단을 대상으로 하는 결합재무제표의 도입 경위에 대해서 간단하게 살펴보았다. 1997년의 경제위기를 계기로

67_ 한국매일경제신문, 1998년 1월 12일.

IMF의 자금지원의 조건으로서 회계의 제도 변화가 진행된 것은 카타스트로프(catastrophe)적인 제도 변화[68]로서 생각되어 진다 (Kim 2006). 그러나 기업집단에 대한 연결중심의 재무제표의 작성요구가 결합재무제표로 전환한 것은, 단순히 외부환경으로부터의 압력에 순응 혹은 적응한 결과만이 아니라 우리나라 특유의 해결방식으로 당도한 결과일 가능성이 높다. 다음 절에서는 이러한 변화과정에서 어떠한 요인이 작용하였는지를 회계영역의 제도적 연결구조를 기초로 검토한다.

2) 기업집단의 형성, 정부의 금융지원 및 개별재무제표중심의 회계제도

우리나라 기업집단은 정부의 보호 하에서 정부의 산업정책에 의해서 창출된 경제적 지대를 획득하면서 성장하였다(Chang 1996, Kim 2006). 즉, 산업정책을 실행하기 위해서 선정된 기업에게는 막대한 자금지원이 이루어졌다. 특히 국내 자본의 축적이 없었던 우리나라는 필요한 자금을 정부의 지급보증으로 외국으로부터 조달하여 기업에 할당하는 등, 금융제도는 완전히 정부에 의해서 통제되었다. 게다가 정부는 각 기업집단에게 주요거래은행을 지정하고 이를 통해서 감독하였다. 한편, 기업집단은 산업정책에 따르며 사업을 다각화 하고, 복합기업 집단화되었다[69]. 그리고 집단 내부의 계열회사들이 통제할 수 있도록 상호채무보증과 상호출자로 '연동식 소유구조(interlocking ownership)'를 만들었다[70]. 이와 같이 기업집단은 계열회사들을 모두 연결하여 단

68_ 제도는 행위자들 간의 균형 상태를 나타내기 때문에 용이하게 변하지 않는다. 그러나 역사적 사건과 같은 카타스트로프가 변화의 자극기제로 작용하여 제도가 변화하는 것을 카타스트로프적인 제도변화라고 한다(Aoki 2001, Shinoda 2004; 2007).

69_ 정부의 산업정책이 경공업, 중공업 및 건설업으로 변화하는 것에 따라서, 그것에 의해서 발생하는 경제적 지대를 획득하면서 기업은 대기업화되고, 결국에는 다업종 기업집단인 복합기업집단(conglomerate)화 되었다.

70_ Kim(2003)은 재벌의 소유구조에 대해서 분석하였다. 그 결과에 따르면, 재벌은 소유경영자를 중심으로 그의 가족, 가족소유의 자선단체, 계열회사들의 최고경영자로서 구성되어 있는 친족그룹을 조직하고 그들이 그 재벌집단의 핵심 기업들에 대하여 지배력을 가진다. 핵심 기업들은 지주회사와 같이 작용하면서 대부분의 계열회사들을 직접 혹은 간접적으로 지배하고 있는 것으로 나타났다. 그는 이와 같은 재벌의 소유구조를 '연동식 소유구조(interlocking ownership)이라고 명하였다.

일 경제 실체와 같은 운영되는 지배구조를 구축했음에도 불구하고, 회계제도는 1992년에 연결재무제표가 의무화될 때까지 개별재무제표 중심이었다. 왜 회계제도는 기업집단의 실질 경제 실체가 반영되지 않는 개별재무제표 중심의 공시제도인 채로 머물렀는가?

정부는 기업집단의 가장 중요한 이해관계자였다. 그러나 정부가 우리나라의 경제 발전을 위해서 추진한 경제 정책은 수출을 통한 규모의 경제였기 때문에, 기업의 자금지원은 기업의 수출성과에 기초하여 배분되었다(Kang 1998, Kim and Kim 2001). 제도적 연결구조의 틀에서 파악한다면, 금융영역과 기업지배구조의 메커니즘의 관계를 연결하는 것이 회계제도에 의해서 산출되는 회계정보가 아니라 수출성과였던 것이다. 그러므로 이러한 연결구조 내에서는 회계제도가 담당할 역할은 거의 없었다고 해도 과언이 아닐 것이다. 즉 기업집단의 외부이해관계자에 대한 회계책임은 매우 낮았다는 것이 제도적 연결구조로부터 확인할 수 있다. 회계의 재무보고의 기초가 되는 회계책임이 알 권리를 가진 외부이해관계자, 여기에서는 정부로부터 경시된 것으로부터 우리나라 기업의 경제 실체와 회계제도의 불일치(inconsistency)가 있었던 것으로 여겨진다.

3) 제도적 연결구조로부터의 회계제도의 변화

1990년대에 들어서면서, 경제규모의 확대와 함께 외환 및 자본시장을 포함하는 금융시장의 개방과 자유화에 대한 압력도 커지게 되고, 이에 정부는 1988년에 금융기관의 대출금리 자유화정책을 발표하는 등, 금융시장의 자유화를 목적으로 관련정책을 실시하기 시작하였다. 그리고 외환관리제도의 규제도 완화되어 사실상의 자유화가 꾀해져서, 1992년 1월부터는 증권시장이 외국인투자자들에게 개방되었다. 더 나아가 한국정부는 OECD의 가입을 추진하였다. 자본시장의 전면 개방을 조건으로 하는 OECD의 가입조건에 맞추기 위해서 자본시장의 개방정책을 적극적으로 실시한 결과, 1996년에 그 가입을 이루게 되었다. 그러나 이와 더불어 기업집단의 가장 중요한 외부이해관계자인 정부의 지배, 통제능력(governance)은 약해지기만 하였다. 이를 계기로 기업집단은 비은행금융기관도 계열회사로서 소유하기 시작하는 등, 자금조달의 다각화를 도모하기 시작하였다.

한편, 기업집단의 내부에서는 계열회사들 간의 내부거래, 특히 상호채무보증이 빈번하게 이루어졌다. 국내의 자본축적이 빈약하여 국내의 외부시장으로부터의 자본이 쉽게 조달되지 못한 경우는, 상호채무지급보증을 통한 내부자금시장에서의 거래비용이 외부시장 보다 낮다. 그러나 만약 그것이 비효율적으로 자금배분이 이루어졌다면, 회계정보를 통해서 그 사실을 공시되지 않는 한, 외부의 이해관계자들에게는 심각한 정보의 비대칭성의 문제를 가져오게 된다. 우리나라 재벌의 상호채무지급보증에 관해서 분석을 행한 Jin(2000)의 연구결과를 보면, 첫째, 지배주주의 지분이 적은 계열회사가 다른 계열회사의 지급보증에 사용되고 있다. 둘째, 상장기업은 비상장기업과 비교하여 지급보증의 규모가 크다. 셋째, 부채비율이 높은 기업이 지급보증에 사용되고 있다. 우리나라의 기업집단은 지배주주와 경영이 분리되어 있지 않기 때문에, 첫 번째와 두 번째의 결과로부터는 다른 외부주주와의 대리인 문제가, 세 번째의 결과로부터는 외부채권자와의 대리인 문제가 심각하다는 것을 알 수 있다. Yoon(2004)은 1997년부터 1998년까지의 5대 기업집단의 내부자금거래에 관한 조사를 통해 기업집단의 내부자금거래가 수익이 안정적인 기업에서 수익의 변동이 심한 기업으로 이루어지고 있음을 알렸다. 또한, Kang, Park and Chang(2005)의 연구에서도 1997년부터 2003년까지의 기업집단 내 계열회사들 간의 내부거래를 분석한 결과, 상호채무보증은 계열기업들 간에 상호자금지원의 수단으로서 사용되고 있는 것이 확인되었다.

이상으로부터 1997년 금융위기 이전의 우리나라의 기업집단에는 내부의 경영주체와 외부 이해관계자들 간의 심각한 대리인 문제, 즉 자금을 제공하는 측으로부터의 지배에 문제가 심각하게 있었음을 확인할 수 있었다. 기업집단 내의 계열회사들 간에 내부거래나 부당한 자금지원이 빈번하게 이루어지고 있음에도 불구하고, 이러한 사실에 관한 정보 공시가 당시의 회계제도에서는 외부 이해관계자들에게 이루어지고 있지 않았던 것이다. 이러한 사실로부터 외부의 자본시장이나 금융기관 등은 기업집단에 대한 지배능력을 잃고 있었다고 할 수 있다.

1990년대에 들어서면서부터는 자본시장의 개방에 따라 기업의 자금조달과 관련하는 금융제도가 변화하였다. 그것은 정부와 재벌 소유경영자를 정점으로 한 지금까지의 기업집단에 대한 기업지배구조에 균열을 초래하는 변화이기도 하다. 또한 이는 이미 수립된 제도적 연결구조에 있는 회계영역에도 '제도적 위기'를 가져오는 것이 된다. 1997년의 금융위기를 계기로 회계제도에도 변화가 요구되었을 때, 외부 환경의 요구에 단순하게 순응, 혹은 적응하도록 지배적인 회계실무인 연결재무제표를 중심으로 하는 회계제도로 변화하지 않았다. 오히려 우리나라의 기업집단의 지배구조를 작성 범위에 반영한 독자적인 연결재무제표, 즉 결합재무제표를 도입하는 것으로 제도적 동형화를 달성하고, 회계제도와 제도적 연결구조에 있는 제도들과의 보완적 관계와 그로부터 발생하는 문제를 해결하도록 스스로 동형화를 진행하였던 것이다.

4. 맺음말

1997년의 금융위기와 같은 역사적 사건을 자극 장치(trigger)로 해서 행해진 우리나라 그룹회계실무에서의 제도 변화는 국제적으로 인정된 실무, 즉 연결재무제표를 중심으로 하는 회계제도로 이행하는 것처럼 보였다. 그러나 과정에서 우리나라 경제가 가지고 있던 독자적인 문제를 독자적인 방법으로 해결함으로써 변화한 것도 있다. 본 장에서 검토된 기업집단결합재무제표가 바로 그 일례로서 들 수 있을 것이다. 여기에서 논의된 것과 같이 회계제도는 그것이 속한 사회의 관련영역들 간에 걸쳐 형성된 제도적 연결구조의 내에서 변화해 간다.

거시적 회계정책과 회계의 사회적 역할
-외화환산회계기준 변경 사례

제8장

제8장

거시적 회계정책과 회계의 사회적 역할
-외화환산회계기준 변경 사례

〈개요〉

거시적 회계정책은 각국의 공공 부문에서 행해지는 것으로, 회계기준의 설정, 개정 혹은 폐지와 같은 회계규제를 의미한다. 이러한 거시적 회계정책은 사회에 끼치는 영향력이 매우 큼에도 불구하고, 이의 정책결정과정이나 이에 영향을 끼치는 사회 내 광범위한 요인들에 대한 연구는 그다지 많지 않은 게 현실이다. 이에 본 연구는 1997년 전후의 외화환산회계기준을 둘러싼 우리나라의 거시적 회계정책에 주목하여, 이의 전개과정을 검토하고자 한다. 특히 거시적 회계정책의 전개과정에 영향을 미치는 사회 내 광범위한 요인을 분석하고자 하기 위하여 회계기준 선택에 관한 제도적 관점, 특히 제도적 연결구조(Aoki, 2001)를 이론적인 기초로 검토한다.

연구 결과, 회계기준의 변화는 사회 내의 관련 영역 및 제도와의 관련성을 토대로 그 변화를 이해하는 것이 보다 논리적이라는 것을 알 수 있었다. 특히 외화환산회계기준의 경우, 외화자금조달과의 관련, 변동환율제도의 도입 등이 외화환산회계기준의 변경을 촉진한 계기가 되었으며, 이는 나아가 회계의 가시성으로 인하여 우리나라 주요 기업의 막대한 외화차입금의 문제를 노출시키며, 우리 경제시스템의 문제를 독자적으로 해결하려 한 결과였음을 알 수 있었다. 이러한 사례연구를 통하여 우리는 사회에서의 회계기준의 역할과 기능에 대한 새로운 이해를 가지게 될 것으로 기대된다.

1. 문제의 소재 및 연구방법

회계는 이익과 같은 개념을 측정하고 보고하기 위하여 일정한 처리방법을 선택한다. 이 때, 어떠한 회계처리방법을 선택할 지를 결정해야 하는 데, 이를 회계정책이라고 한다. 회계정책은 행위 주체의 수준에 따라서 미시적 회계정책과 거시적 회계정책으로 나뉘는데, 미시적 회계정책은 회계기준이 인정하는 범위 내에서 기업이 어떠한 회계처리방법을 선택할 것인가와 관련한다. 반면, 거시적 회계정책은 각국의 공공 부문에서 행해지는 것으로, 회계기준의 설정, 개정 혹은 폐지와 같은 회계규제를 의미한다(澤邊 2005). 회계정보는 기업의 이해관계자, 즉, 주주, 채권자, 경영자 등의 경제적인 부(富)에 직접적이고 다양한 영향을 끼치기 때문에(김형주, 1987), 규제당국이 어떠한 처리방법을 회계기준으로 선택하는 가와 같은 거시적 회계정책은 사회 내의 합의를 기초로 이루어지지 않으면 안 되는 사회적 선택이다(Solomons 1978; 김광윤과 강승모 1997; 藤井, 2007; 이선복 2010 등).

한편, 우리나라의 거시적 회계정책은 사회의 상황에 맞추어서 매우 유연하게 변화해 왔다(고승희, 1988). 예를 들어, 1997년의 외환위기를 전후해서는 재무보고의 목적을 기업 외부의 정보이용자의 의사결정에 유용한 회계정보를 제공하는 것이라고 명시하면서도, 일관된 지침도 없이 '외화환산손익71에 관한 처리 및 보고에 관한 회계기준(이하 외화환산회계기준)'을 매년 변경하기도 하였다.

거시적 회계정책은 사회에 끼치는 영향력이 매우 큼에도 불구하고, 정책적 시사점을 제시하는 연구를 제외하면 이의 정책결정과정이나 이에 영향을 끼치는 사회 내 광범위한 요인들에 대한 연구는 그다지

71_ 외화거래와 관련한 계정과목에는 외화환산손익과 외환차손·익이 있다. 외화환산손익이란 외화표시채권이나 채무의 결산기말 평가를 위한 환산에서 발생하는 미실현손익을 말한다. 외화자산의 회수 또는 외화로 표시된 부채의 상환 시에 환율 변동으로 인하여 발생하는 손실 또는 차익은 외환차손·익이라고 한다. 외화환산회계기준은 미실현손익인 외화환산손익의 회계처리 및 보고에 관한 것으로 본 연구 또한 이것으로 범위를 한정한다.

많지 않다(Hopwood, 2000; 徳賀, 2002). 이에 본 연구는 1997년 전후의 외화환산회계기준을 둘러싼 우리나라의 거시적 회계정책에 주목하여, 이의 전개과정을 검토하고자 한다. 체계적인 검토를 위해서 회계기준 선택에 관한 제도적 관점, 특히 제도적 연결구조(Aoki, 2001)를 이론적인 기초로 검토하고자 하는데, 이는 거시적 회계정책의 전개과정에 영향을 미치는 사회 내 광범위한 요인을 분석하고자 하기 때문이다. 특히 첫째, 왜 그러한 기준 변경이 요구되는 지, 우리 사회가 요구한 회계기준의 목적이 무엇이었는지를 살펴본다. 둘째, 회계기준은 어떻게 그러한 사회의 요구에 응하였는지에 대해서 정리한다. 이러한 사례연구를 통하여 우리는 우리 사회에서 회계기준이 어떠한 역할과 목적을 지녔는지에 대해서 알 수 있을 것이다.

따라서 본 연구는 정책적 시사점을 주기 보다는 사회 내의 회계현상을 설명하는 기술(記述)적인 연구가 될 것이다. 이 연구는 사회 내의 회계의 역할과 회계현상을 보다 포괄적으로 이해하는 데 도움이 될 것으로 기대된다. 특히, 자본시장의 국제화를 배경으로 한국과 일본을 비롯한 많은 국가들이 회계기준의 국제화 문제에 직면하고 있다. 국제회계기준을 도입할 경우, 재무정보의 국가 간 비교가능성은 강조될 수 있지만, 자국의 제도적 환경과 특수한 요인들은 무시된다(최종윤과 이상화, 2006). 일본의 경우, 국제회계기준의 전면도입을 유보한 채, 국제회계기준위원회의 위원국으로 참여하여 국제회계기준의 제정에 참여하면서, 상호 승인과 같은 형태로 국제회계기준과의 정합성을 유지하고 있다(이선복, 2010). 즉, 자국의 회계기준 제정 시에 관련 법규와 경제 상황을 고려할 수 있는 여지를 남겨두고 있는 것이다. 한편, 우리나라는 2011년부터 국제회계기준을 전면 도입하였고, 이에 따라 공공 부문에서 행사해 온 회계규제를 독자적으로는 사실상 할 수 없게 되었다(최종윤과 이상화, 2006; 이선복 2010). 이러한 시점이나마, 이제까지 우리 사회에 있어서 거시적 회계정책이 어떠한 역할을 해 온 것인지를 파악하고자 하는 본 연구의 시도는 매우 의미 있다고 할 것이다.

2. 회계기준의 선택과 사회적 역할

1) 제도적 관점에서의 회계기준의 선택

회계기준의 선택에 관한 연구들은 주로 대리인 이론이나 기술적, 정치적 및 제도적 관점에 이론적 기초를 두고 있다(Ansari and Euske, 1987; Carpenter and Feroz, 1992). 대리인 이론은 회계기준의 선택을 경제적으로 합리적인 이해관계자들이 자기 이해를 극대화하기 위해 선택한 결과로서 설명한다. 기술적 관점은 회계기준을 조직의 생산성과 효율성을 향상시키기 위한 도구로 설명하는 반면, 정치적 관점은 경쟁적인 이해관계자들이 자신들의 목표를 달성하고 이를 정당화시키기 위해 서로 대립과 협상을 한 결과로 본다. 제도적 관점은 회계기준을 사회 내 이해관계자들의 합의를 기초로 하는 규칙, 즉 제도(institution)[72]로서 정의하고, 특정 회계기준의 선택에는 이를 둘러싼 거시 사회학적 환경요인이 결정적인 영향을 끼친다고 설명한다.

Ansari와 Euske(1987)는 미국 군수산업 공기업들의 원가회계 정보공시와 관련한 회계기준의 선택과정을 검토하였다. 그 결과, 해당 회계기준의 선택에는 이해관계자들의 정치적인 영향력과 기업 외부로부터의 요인 등이 중요하게 작용한 반면, 이로 인하여 조직의 효율성이 향상되었다라고 할 만한 증거는 발견되지 않았다고 보고하였다. Carpenter와 Feroz(1992)는 1975년에 미국 뉴욕 주정부가 재정 위기를 계기로 외부 재무 보고목적을 위하여 일반적으로 인정된 회계원칙(Generally

72_ 제도이론의 각 계보에 따라서 제도에 대한 구체적인 정의는 다르지만, 일반적으로 제도는 사회에 존재하며 당시의 그 사회 사람들에게 당연하게 받아 들여 지고 있는 규칙으로서 정의된다.

Accepted Accounting Principles; 이하 GAAP)을 도입하기로 결정한 과정을 상기의 네 가지의 관점을 기초로 검토하였다. 그들은 Ansari와 Euske(1987)의 연구와 마찬가지로, GAAP의 도입은 주정부의 재무관련 부문의 정통성 회복을 위한 것이며, 예산과정에서 일어날 수 있는 정치적인 이해 또한 도입과정에 중요한 영향을 미쳤다고 보고하였다. 그러나 GAAP 도입으로 인하여 주정부의 경영실무가 크게 개선될 것이라던 당초의 기대를 충족할 만한 기술적인 증거들은 발견하지 못한 것으로 나타났다. 이후, 그들은 제도적 관점을 기초로 뉴욕, 미시간, 오하이오, 델라웨어 등의 4개 주로 사례를 확대하여, 미국 주정부의 GAAP 도입과정 및 이의 영향요인에 대하여 조사하였다(Carpenter and Feroz, 2001). 그 결과, 회계기준의 선택과정에는 회계법인과 같은 전문가 단체의 회계 및 감사의 참여 여부, 당선된 관료들의 정치적 이해나 정치적 리더십의 변화가능성, 조직적 각인[73] 등과 같은 외부의 요인들이 GAAP 도입에 중요하게 작용한 것으로 나타났다. 또한 경제적 의존도 역시 의사결정 과정에 중대한 영향을 미쳤다고 보고하였다.

이와 같이 회계기준의 선택과정에는 이해관계자들의 합의 및 합의에 영향을 끼치는 사회 환경적 요인이 중요함을 알 수 있다. 다음에는 제도적 관점을 체계적으로 이해하기 위해서 회계기준 선택과 관련된 제도이론에 대해서 살펴본다.

2) 제도이론 및 제도적 연결구조

제도이론[74]은 1980년대 이후 회계학 연구에 도입된 이래,[75] 기업의

73_ 조직적 각인(organizational imprinting)이란, 조직이 어떤 특정 실무를 조직의 합리적인 의사결정이나 설계에 의해서 받아들이는 것이 아니라, 그렇게 하는 것이 당연하다고 생각하기 때문에 그 실무를 채택하고 받아들이는 과정을 말한다(Scott, 1987; Carpenter and Feroz, 2001).

74_ 제도이론은 하나의 통일된 이론이 아니라 제도를 연구대상으로 하지만, 제도의 정의, 가정 및 분석도구 등에 있어서 엄밀하게 차이가 있는 여러 이론들의 계보로 구성되어 있다.

75_ 1980년대 이후, 다양한 이론들이 회계학 연구에 도입되면서, 회계에 대한 접근법도 다양하게 전개되고 있다. 회계는 전문지식이 필요한 경영 기술이고, 가치중립성을 유지해야 한다는 기존의 전

관리회계시스템이나 회계기준을 하나의 제도로 간주하고, 이의 선택 및 변화의 과정을 이론 분석적으로 기술하는 데 주로 사용되고 있다. 회계학 연구에서 자주 사용되는 제도이론에는 구(舊)제도경제학(Old Institutional Economics), 신(新)제도경제학(New Institutional Economics) 및 신(新)제도사회학(New Institutional Sociology)이 있다(Burns, 2001). 구(舊)제도경제학은 행동심리학을 원용하여 이변과 누적적 변화에 의한 사회 진화를 논한 경제이론에 의거하는 반면, 신(新)제도경제학은 제한된 합리성 하의 효용극대화를 논한 경제학에 의거한 제도이론에 의하여 구성된다. 후자가 경제 분석 시에 미시경제학이나 게임이론 등과 같은 새로운 개념과 도구를 채택하는 것으로부터 전자와 구별하여 신(新)제도경제학이라고 한다. 신(新)제도사회학은 조직을 외부환경 및 다른 조직들과의 공생관계로 연결되어 있다고 가정하고, 따라서 조직이 어떠한 제도를 선택하려고 할 때에 조직 외부의 이해관계나 목적, 행위 등 제도적으로 연결되어 있는 사회적 문맥을 매우 중요하게 고려한다. 그러나 최근 들어 엄격히 구분되던 이 세 가지의 접근방법이 이론적으로 수렴하며, 특히 회계기준의 변화에 관한 연구에서는 다원적인 연구동향을 보이고 있다(Sawabe and Yamaji, 1999; Burns, 2001; 金, 2009). 이러한 다원적인 연구동향의 특징(金, 2009)에는, 첫째, 제도의 형성과 변화에 있어서 외부환경적 요인뿐만 아니라, 조직 내부의 동기, 예를 들면 경제적 의존성 등도 함께 분석하게 되었다. 둘째, 한정 합리성을 가진 개인을 의사결정의 행위주체로 가정하게 되었다. 마지막으로 제도 선택에 있어서 외부의 유력한 제도에 완전히 순응하기 보다는 조직이 처한 제도적 환경이나 상황에 따라서 여러 가지의 결과가 나타날 수 있다는 제도의 다

통적인 회계관에서 다양한 이해관계자의 이해 조정을 목적으로 하는 복합체로서의 회계로 그 관점이 확대되고 있다(Miller et al., 1991). 회계를 하나의 제도로 간주하여, 이의 형성과 변화를 설명하기 위하여 도입된 제도이론 또한 이러한 연구동향의 하나라고 할 수 있다.

양성을 인정하게 되었다.

이러한 다원적인 특징을 가진 대표적인 분석도구로 비교제도분석을 들 수 있다. 비교제도분석은 하나의 경제시스템을 제(諸)제도의 배치로 간주하고, 배치의 차이로부터 각국의 경제시스템의 상이를 분석한다(青木, 1996). 이에 따르면, 하나의 시스템 내에 배치된 다양한 제도들 간에는 어느 정도의 정합성이 있는데, 이러한 정합성은 제도들 간의 보완적인 관계를 형성하고, 이를 기초로 각국의 경제시스템은 독자적인 합리성을 가지게 된다는 것이다. 이와 같이 하나의 경제시스템 내의 관련 영역 간에 존재하는 제(諸)제도의 상호의존적 관계를 '제도적 연결구조'(Aoki, 2001)라고 한다. 만약 사회 내 한 영역에 변화가 발생할 경우, 이는 해당 영역뿐만 아니라, 제도적 연결구조에 있는 다른 영역의 제도 변화 및 새로운 제도 선택에도 영향을 끼칠 것으로 생각된다(Aoki, 2001).

이상의 검토를 토대로, 우리는 회계기준을 제도로서 간주하여 우리나라의 외화환산회계기준의 사례로 거시적 회계정책과정을 분석하고자 한다. 특히 회계기준의 선택의 영향요인과 회계기준의 역할을 체계적으로 분석하기 위하여 제도적 연결구조의 개념을 기초로 관련 영역의 변화가 회계기준에 어떠한 영향을 끼쳤고, 어떻게 회계기준이 응하였는지에 대하여 검토한다.

3) 회계기준의 이원적 역할

회계는 경제적 자원을 수탁 받은 측에서 이를 위탁한 이해관계자에게 경영성과나 재무상태를 설명해야 하는 의무에서 시작된다(Hoskin, 1996). 사실, '이익'과 같은 개념은 질적이고 추상적인 개념이지만, 회계의 가치평가시스템을 통해서 화폐단위로 측정·평가되고, 기록되어, 공시됨으로서 비로소 사회는 이를 인식할 수 있게 된다. 이를 회계의 가시성이라고 한다(Meyer, 1986; Hoskin and Macve, 1988; Miller, 1994). 특히 외부보고를 위한 재무회계의 경우, 기업의 경영성과나 재무상태를 수치로 측정하고 요약하기 위해서는 일정한 규칙, 즉 회계기준을 따르게 된다. 전통적인 회계기준의 역할은 〈그림 8-1〉의 ①과 같이 기업을 외부에 설명 가능하도록 보여 주는 것이며, 이는 가치중립적으로 생각되어져 왔다.

한편, Quattrone(2004)은 회계는 인간이 의식의 중심점으로서 스스로 행위를 결정하면서, 동시에 자신이 행한 행위를 확인할 수 있기 때문에 가능하다고 하였다. 예를 들면, 영유아는 사회 작용을 통해서 의식의 주체로서의 '나는~'과 남이 인식하는 객체로서의 '나를~'이 있다는 사실을 깨닫게 된다. 그리고 자신을 남에게 설명하는 과정에서 발견하게 된다(Roberts, 1996; Quattrone, 2004). 따라서 기업의 회계기준의 역할은 〈그림 8-1〉의 ②와 같은 이원적 관계를 상정할 수 있다. 회계기준은 기업을 외부에 설명 가능하도록 보여 주는 역할(①)을 하지만, 이와 동시에 기업으로 하여금 보여 지는 모습에서 자기 자신을 발견하도록 하는 것이다(②). 이러한 과정을 통해서, 조직이 변화해서 보이는 결과가 바뀌기도 하지만, 반대로 보여 지는 결과로 인하여 조직도 변화할 가능성이 있는 것이다(Hopwood, 1987; Quattrone, 2004).

그림 8-1. 회계기준의 이원적 역할

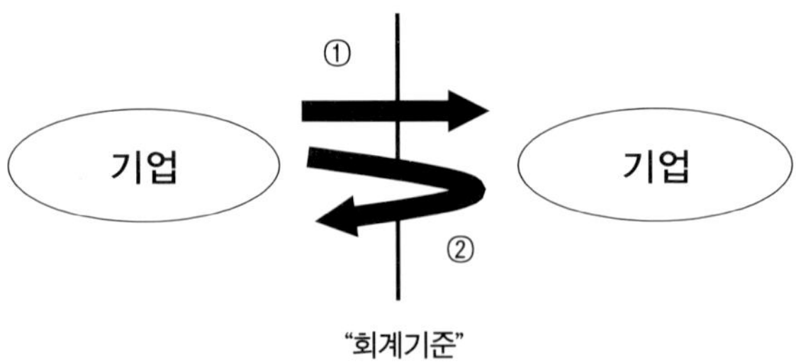

회계는 단순한 기법이 아니라, 회계의 가시성으로 인하여 조직의 실체 창출에 결정적인 역할을 한다. 즉, 회계의 가시성을 토대로 '다른 이들은 우리 기업을 어떻게 보는 가'와 같은 발상으로, 기업은 회계를 자신들의 외견을 만드는 절차로서 회계를 파악하고, 시장이나 외부관계자들은 회계에 의해서 구축된 그 합리적인 외견에 의해서 기업을 인식하게 된다(Cooper, 1980; Hopwood, 1984; Richardson, 1987; Carruthers, 1995). 기업을 외부에 보여 주는 것을 수동적인 역할(①)이라고 한다면, 기업을 외부에 합리적으로 보이도록 해야 한다는 것은 회계기준의 능동적인 역할(②)이라고 할 수 있을 것이다.

회계기준은 각 시대로부터 기대되는 회계의 기능이 시대 상황에 따라 변화하기 때문에, 이를 둘러싼 여러 가지 요인에 의하여 변화를 요구받고, 실제로 이에 환경 적응적으로 변화한다(藤井, 2007). 한편으로는 회계기준에 의해서 보여 지는 모습에서 기업은 스스로를 발견할 수 있기 때문에, 기준 자체가 기업 또는 회계와 관련된 여러 가지 환경에 영향을 주는 환경 형성적 행동도 가능하다. 일례로, 일본은 1990년대에 금융상품과 관련하여 시가평가를 실시하는 회계기준을 도입하였다. 이러한 정책 결정이 이루어 진 데에는 국제적인 환경변화에 적응하기 위해서 도입을 주장한 측면도 있었고, 시가평가의 도입으로 금융상품의 부외손익(含み損益)을 없애고, 일본의 기업통치 구조를 개혁하기 위한 측면도 있었다. 전자는 환경 적응적 행동의 결과이고, 후자는 환경 형성적 행동의 결과이며, 양자가 모두 시가평가 회계기준의 제도화를 요구하는 형태가 되었다. 그리고 이러한 회계기준의 변화는 일본의 주식소유구조를 변화시켜 기업통치 구조의 개혁시킨 계기가 되었다고 생각되어진다(澤邊, 2005). 이는 회계기준의 변화를 매개로 국제적인 환경변화가 일본의 기업통치 구조라는 경제실체의 변용을 가져온 것이다. 우리는 우리나라의 거시적 회계정책의 선택과정을 통해서 우리 사회가 회계기준에게 어떠한 역할을 요구했는지를 파악할 수 있을 것이다.

3. 환율변동과 외화환산회계기준의 전개

본 연구를 위한 자료는 1997년의 외환위기를 전후하여 이루어진 우리나라 외화환산회계기준의 개정과 관련하여 발표된 논문, 연구보고서 및 문서들과 관련 신문기사 등을 검토하여 수집하였다. 특히 신문기사의 경우, 우리 사회에 있어서 회계가 가진 공적인 특성으로 인해 회계기준의 변화나 환율제도와 같은 이슈가 신문지상에 면밀히 보도되고 있고, 신문 기사 내에는 관련 이해관계자들의 인터뷰 등이 소개되어 환경적 요인을 확인하는 데 중요한 증거를 제공해 주었다.

1) 변동환율제도와 외화환산손익의 회계처리

표 8-1. 1달러당 원화 환율의 추이

(단위: 원, %)

	1995년	1996년	1997년	1998년	1999년	2000년
환 율	775.70	844.90	1,695.00	1,204.00	1,138.00	1,264.50
증감율	-1.6	8.9	100.6	-29.0	-5.5	11.1

우리나라는 1990년 3월에 시장평균환율제도를 채택하고, 환율의 일일 변동허용폭을 점차 확대하다가, 1997년 12월에 일일 변동허용폭을 폐지하고, 변동환율제도로 완전히 이행하였다. 〈표 8-1〉은 1997년의 변동환율제도로의 완전 이행 전후 6년간의 12월 말 결산일 현재의 1달러당 환율을 나타낸 것이다. 이를 보면, 1995년 말에 1달러당 775원이었던 환율은 1996년 말에는 1달러당 844원으로 8.9% 상승하였다. 1997년 말에는 무려 1달러당 1,695원이 되었고, 이는 전년 대비 100.6%나 상승한 것이다. 즉, 환율의 일일 변동허용폭이 확대됨에 따라 환율의 변동성이 커졌고, 변동환율제도로 완전히 이행된 1997년 말에 이르면, 그 변동성이 최대가 됨을 확인할 수 있다.

외화 거래를 하고 있는 기업이 자국에서 재무제표를 작성, 보고하기 위해서는 외화로 이미 측정한 항목을 자국통화 혹은 보고통화로 그 척도를 전환해야 한다. 이를 환산이라고 한다. 외화를 환산하는 방법에는 다음의 두 가지 방법이 있는 데, 하나는 발생 시의 환율(Historical Rate, 이하 HR)을 그대로 적용하여 결산시점까지의 환율변동의 영향을 인식하지 않는 방법이고, 또 다른 하나는 결산일의 환율(Current Rate, 이하 CR)을 적용하여 환율변동의 영향을 인식하는 방법이다.

변동환율제도를 채택하고 있는 경우, 시간의 경과에 따라 환율이 변화하기 때문에 외화거래를 하고 있는 기업은 외화 금액에 대한 환율변동 리스크를 항상 부담하게 된다(문창권, 1995). 회계 실무에서는 환율변동에 따른 리스크 평가의 의미로 외화 환산 시, CR을 적용하는 것이 일반적이다. 이 경우, 기업은 결산기말에 환율 변동에 따른 외화환산손익을 인식하게 된다. 예를 들어, 달러표시 외화차입부채를 지닌 기업의 경우, 원화가치의 하락으로 인하여 환율이 상승하게 되면, 외화차입부채 금액이 증가하면서 외화환산손실이 발생하게 된다. 원화가치의 상승으로 환율이 하락하게 되는 경우에는 외화차입부채가 감소하면서 외화환산이익이 발생하게 된다.

당시 우리나라는 변동환율제도로의 이행으로 인하여 환율의 변동성이 커짐에 따라 외화환산손익의 규모 또한 커지게 되었다. 따라서 변동환율제도 도입 이후에 우리나라 회계 규제 당국이 행한 거시적 회계정책 중 가장 관심을 모았던 것이 바로 외화환산회계기준이었다고 해도 과언이 아닐 것이다. 구체적으로는 변동환율제도 도입 후 커진 환율의 변동성으로 인하여 결산기말의 환산과정에서 발생하는 외화환산손익을 어떻게 처리하고 보고할 것인가에 대한 논의가 그 핵심이다. 다음에는 우리나라 환율의 변동성이 극심했던 1996년부터 1998년까지 행해진 외화환산회계기준 변경의 경과를 검토한다.

2) 환율변동에 따른 외화환산회계기준 변경

1996년 이전의 우리나라 외화환산회계기준은 외화환산손익을 손익계산서상의 영업외손익 항목으로 분류하여 당기손익에 직접 반영하도록 하였다. 그러나 1996년에 들어서면서 원화 가치 하락의 영향으로 환율이 상승하자, 외화차입금이 있는 기업에서는 막대한 외화환산손실이 예상되었다. 1996년의 우리나라 12월 결산 상장기업의 외화환산손실 규모는 2조 8,689억 원으로 추정되었다. 〈표 8-2〉는 우리나라 주요 기업의 외화환산손실 금액을, 〈표 8-3〉은 우리나라 주요 기업의 세전이익 대비 외화환산손실 금액의 비율을 나타내고 있다. 〈표 8-2〉와 〈표 8-3〉을 보면, 우리나라 주요 기업의 외화환산손실 금액과 이의 세전이익 대비 비율이 1996년에 들어서면서 매우 커졌음을 알 수 있다.

표 8-2. 우리나라 주요 기업의 외화환산손익의 추이

(단위: 백만 원)

기업명	1995년	1996년*	1997년**	1998년	1999년	2000년
한국전력	48,012	51,742	1,465,653	25,655	31,283	435,710
삼성	14,381	344,551	3,465,600	67,989	106,595	237,838
Hynix	819	132,838	1,264,912	343,310	13,832	390,319
대한항공	0	295,045	2,399,791	0	0	280,999
SK	14,316	42,283	1,484,546	36,298	21,117	452,873
현대자동차	5,228	60,691	725,863	5,265	16,752	193,832
현대중공업	0	0	430,398	28,699	19,656	64,366
STX	469	46,156	410,646	0	5,782	65,865
LG	856	22,232	251,264	96,159	5,437	47,151
KIA자동차	2,610	44,084	316,475	183,051	51,694	65,501

* 자본조정항목으로서 보고된 외화환산손익금액을 포함함

** 이연자산항목으로서 보고된 외화환산손익금액을 포함함.

표 8-3. 우리나라 주요 기업의 세전이익 대비 외화환산손익비율의 추이

(단위: %)

기업명	1995년	1996년	1997년	1998년	1999년	2000년
한국전력	3.7	6.5	173.1	1.66	1.48	16.7
삼성	0.5	164.2	2255.9	16.55	2.65	2.9
Hynix	0.1	164.0	-689.2	-23.65	7.62	-17.6
대한항공	0.0	-111.6	-603.8	0.00	0.00	-36.8
SK	10.4	42.0	5081.5	21.25	4.23	203.7
현대자동차	2.5	66.5	1556.7	-15.87	3.38	24.8
현대중공업	0.0	0.0	173.1	16.14	4.23	-29.4
STX	3.7	720.7	-538.3	0.00	0.01	-112.1
LG	0.7	227.2	1541.2	10.04	1.04	10.1
KIA자동차	22.6	342.0	-83.0	-2.75	28.33	17.7

이에 기업 측은 한국상장기업협의회 등을 통하여 증권관리위원회[76]에 다음의 세 가지 대안을 제시하며, 외화환산회계기준의 변경을 요구하였다. 즉, 장기외화자산 및 부채로부터 발생하는 외화환산손익을 당기손익에 직접 반영하지 않는 대신에, 첫째, 자본조정항목으로 분류하거나 둘째, 이연자산 및 이연부채로 분류하도록 허용할 것 혹은 셋째, 적용환율을 CR이 아닌 HR로 변경할 수 있도록 해 줄 것을 요구하였다. 우리나라 경제연구소 등도 자체 보고서 등을 통하여 기업이 외화환산손실을 손익계산서가 아닌 대차대조표의 자본조정항목으로 보고할 수 있도록 회계기준의 개정을 요구하였다. 결국 당시 우리나라의 회계규제 당국이었던 증권관리위원회는 1996년 12월 27일에 장기화폐성외화자산 및 부채의 환산으로부터 발생하는 외화환산손익의 회계

76_ 당시의 우리나라 기업회계기준은 1980년 12월 31일에 제정·공포된 '주식회사의 외부감사에 관한 법률' 제13조에 의거하여 증권관리위원회가 재무부장관의 승인을 받아 정하였다.

처리를 손익계산서의 당기손익항목으로 분류하거나 혹은 대차대조표의 자본조정항목으로 분류하는 두 가지 방법 중에서 기업이 선택할 수 있도록 회계기준을 다음과 같이 변경하고, 이를 1996년 회계연도부터 적용하도록 하였다.

> "화폐성외화자산 및 화폐성외화부채를 대차대조표일현재의 적절한 환율로 환산한 가액을 대차대조표액으로 한다. 그리고 발생하는 손익은 외화환산손실 혹은 외화환산이익의 과목으로 당기손익으로 처리한다. 다만, 장기화폐성외화자산 및 장기화폐성외화부채와 관련하여 발생하는 외화환산손실과 외화환산이익은 이를 상계하여 그 차액을 외화환산차 혹은 외화환산대의 과목으로서 자본조정에 기록하는 것이 가능하다."
>
> (기업회계기준 제 74조 1항, 3항 1996년 12월 27일 개정)

증권관리위원회는 새로운 기준을 통해서 외화환산손실을 자본조정항목으로 분류함으로써 외화환산손실의 미반영으로 늘어난 세전이익에 대해서는 외화환산손실은 잠재적 비용이라는 이유로 사외배당에서 제외하도록 하였다. 그 결과, 1996년의 장기외화부채가 있던 389사 중의 약 40%인 136사가 외화환산손실을 자본조정항목으로 보고하였다.

그러나 1997년에 들어 환율은 전년대비 100%이상 상승하며, 원화가치는 더욱 폭락하였다. 〈표 8-2〉, 〈표 8-3〉을 참고하면, 우리나라 주요 기업의 외화환산손실의 규모가 전년도에 비해 더욱 더 막대해졌음을 알 수 있다. 1996년에 개정된 회계기준에 따르면, 장기화폐성외화자산 및 부채의 외화환산손익은 손익계산서의 비용으로 처리되어 당기손익에 반영되거나, 대차대조표의 자본조정항목으로 처리된다. 그러나 환율이 상승하여 원화가치가 하락한다면, 어느 방법을 선택하여도 자본은 감소하게 되고, 부채는 증가하게 된다. 이는 곧, 기업의 부채비율 악화를 의미하는 것이다.

1997년 10월에 우리나라 재계는 전국경제인연합회의 발표를 통하여 대외신용도를 문제 삼아 직전년도에 개정한 외화환산회계기준을 다시 변경해주도록 요구하였다. 즉, 적용환율을 CR에서 HR으로 변경하여 환율변동으로 인하여 발생하는 외화환산손익을 재무제표 본문에 공시하지 않는 대신, 주석에서 이를 설명하는 것으로 기준의 변경을 요구한 것이다. 그러나 회계규제 당국은 국제회계기준에서 인정하지 않는 독자적인 회계처리방법을 사용하도록 하는 이러한 요구는 오히려 우리나라 기업의 대외신용도를 악화시킬 가능성이 있다는 이유로 거부하였다. 그럼에도 불구하고, 한국상장기업협의회는 증권감독원[77]에 외화환산손실을 이연자산의 과목으로 계상하여, 이를 수년간에 걸쳐서 분할 상각할 수 있도록 하는 개정안을 제출하였다. 증권관리위원회의 회계기준심의회[78]는 개정한지 1년밖에 지나지 않은 회계기준을 또 다시 개정하는 것은 어렵다는 반응을 보였지만, 결국 1997년 12월 15일에 외화환산회계기준을 다음과 같이 변경하였다. 즉, 1년 이상의 장기화폐성외화표시부채의 외화환산손실은 이연자산으로 처리한 후, 상환만기까지 분할 상각할 수 있도록 하고, 이를 1997년 회계연도의 12월 결산법인부터 적용할 수 있도록 하였다. 증권감독원은 "해당 회계기준변경이 개별기업에 국한하는 것이 아니라, 기준변경 자체를 공표하여 회계투명성을 보강한 것이다. 실현되지 않은 손실을 일시에 비용으로서 인식하는 것도 회계의 연속성 확보에 장애이다"라며 변경의 취지를 밝혔다. 그러나 결국 외화환산기준은 1998년 12월에 국제회계기준과의 정합성을 이유로 장기 화폐성 외화자산 및 외화부채의 환산으로 인한 외화환산손익을 손익계산서상의 영업외손익의 항목으로 분

77_ 증권감독원은 증권관리위원회의 지시 및 감독을 받아, 유가증권 발행인의 등록, 유가증권 신고, 증권거래법에 따라 검사를 받아야 할 기관에 대한 검사, 상장법인 관리, 등록법인·상장법인의 기업분석 및 기업 내용 공시, 유가증권 시장 밖에서 일어나는 유가증권의 매매거래 감독, 기타 정부 대행업무와 정부로부터 위임받은 업무 등을 주요 임무로 하였다. 1999년 1월 2일의 금융감독기구의 설치 등에 관한 법률에 의해 금융감독원에 통합되었다.

78_ 증권관리위원회는 1981년에 회계제도자문위원회를 설치하고 회계학 교수와 공인회계사들을 위원으로 위촉하였다. 회계제도자문위원회는 1997년에 회계기준심의위원회로 그 명칭을 변경하였다.

류하고, 당기손익에 직접 반영하도록 변경되었다. 1998년에 들어서면서부터는 환율의 변동 폭이 줄어들고, 1998년 말의 환율은 1달러당 원화 환율이 전년도에 대비하여 오히려 하락하며, 원화가치가 상승하였다. 〈표 8-1〉을 보면, 1998년 말의 환율은 1달러당 1,204원으로 전년대비 29%나 감소하였다. 따라서 외화차입금을 가진 기업에서는 외화환산이익이 발생하게 되어 당기순이익에 직접 반영할 수 있게 된 것이다. 1999년에도 원화가치의 상승은 계속되어 외화차입금이 많은 기업의 경우, 막대한 외화환산이익이 예상되었다.[79] 외화환산이익에 의한 기업의 수익성 호전은 막대한 외화차입금을 보유하며, 우리나라 기간산업 및 수출산업에 종사하고 있는 주요기업에게도 마찬가지였다. 다만, 환율의 변동성으로 인하여 발생하는 외화환산이익 또한, 외화환산손실이 미실현손실인 것과 마찬가지로 미실현수익임에도 불구하고, 당시 외화환산이익의 손익계산서 직접 반영에 대한 반발은 전혀 없었음에 주목할 필요가 있다.

4. 외화환산회계기준의 변경요인과 역할

1) 외화자금조달과 외화환산회계기준

회계기준의 선택이나 변경과 같은 거시적 회계정책은 단독으로 실시되지 않는다. 따라서 다른 영역의 제도 변화의 영향 등을 체계적으로 고려하여 검토하지 않으면 안 된다. 여기에서는 앞서 살펴본 외화환산회계기준의 전개를 외화차입, 환율제도 등의 관련된 영역에서의 변화를 기초로 검토한다.

우리나라 정부가 경제발전을 위하여 추진한 정책은 수출을 통한 규

79_ 예를 들어 당시의 한국전력은 외화표시부채를 99억 달러 정도 보유하고 있었는데, 만약 환율이 100원 하락한다면, 9,900억 원의 당기순이익이 늘어나는 것이다.

모의 경제였다(장지상, 1996). 경제발전계획을 수립하고, 이를 실행하기 위하여 기업을 선발하고, 선발된 기업에게는 정부의 보호 하에 수출성과에 기초하여 자금을 배부하였다(Kang, 1998; Kim and Kim, 2001; 장지상, 1996; 金, 2006). 당시 국내 자본의 축적이 빈약했던 우리나라는 필요한 자금을 정부의 지급보증 하에 외국으로부터 자금을 조달하는 등 특히 외국 자본에 대한 의존도가 높았다. 그러던 중, 1996년의 OECD가입을 계기로, 자본시장의 자율화 정책 중에 하나로 변동환율제도를 도입, 실시하게 되었다. 이러한 환율제도의 변화는 환율의 변동성을 크게 하여 외화차입금으로부터 발생하는 환산손익의 변동성도 크게 하였다. 이러한 변화로 수출산업 및 기간산업에 종사하는 우리나라 주요기업들이 보유한 외화차입금으로부터 막대한 외화환산손실이 예상되게 된 것이다. 금융 영역의 이러한 제도 변화는 결국, 제도적 연결구조에 위치한 회계제도에까지 영향을 끼치며, 주요기업의 요구대로 외화환산회계기준이 변경되기에 이른 것이다. 1996년의 외화환산회계기준 변경 직후 실린 어느 신문사설에서는 기업결산에 대하여, "우선 적자를 면하도록 하자"는 제목으로 우리나라 회계규제당국이 기업의 이익을 늘리는 것에 총력을 다 해야 한다고 강조하였다.[80] 해당 사설은 "환율의 상승과 주가하락으로 인한 평가손실은 기업 회계담당자를 힘들게 하는 요소였지만, 정부가 회계기준을 바꾸어 줌으로써 그 부담을 줄여 주었다"고 적고 있다. 외화표시자산 및 부채를 환산하는 경우, 원칙적으로 외화환산손익을 계상해야 하지만, 원화가치가 하락한다면 만성적인 외화수요를 가진 우리나라 주요기업은 장부상 막대한 손실을 기록해야 하고, 이 손실로 인하여 나아가 우리나라 기업들의 해외자금조달이 어렵게 된다는 것이다. 우리나라의 회계규제당국은 이러한 기업회계실무의 어려움을 고려하여 기업회계기

80_ 매일경제신문, 1996년 12월 30일.

준의 일부를 개정하였으나, 외화환산손실을 자본조정으로 대차대조표에 직접 반영한 만큼 늘어나게 된 이익에 대해서는 사외배당에서 제외시켰다고 밝히고 있다. 그러나 1996년의 외화환산회계기준의 변경에도 불구하고, 원화가치는 더욱 하락하여 기업 측에 막대한 외화환산손실이 발생하고, 이를 자본조정항목에 부(-)의 항목으로 반영함으로서, 자본침식이 예상되자 기업 측은 이를 자본에서 이연자산으로 보고할 수 있도록 요구하였다. 이들은 재무제표의 악화로 인하여 대외신용도가 하락하고, 외화조달에 불리하게 될 것이며, 따라서 우리나라 정부의 정책적 배려가 필요하다고 주장하였다. 1997년 말 매일경제신문은 사설을 통해서 "우리나라 대기업 중에서 외화차입금이 없는 기업이 없고, 그 대부분의 기업이 중요한 기간산업 혹은 주력 수출업종에 종사하고 있다. 따라서 회계 상으로라도 그들을 도와주는 것이 수출촉진이나 국내 물가안정에 긍정적인 영향을 줄 수 있을 것이라는 것을 금방 알 수 있다"며 외화환산회계기준의 변경을 재촉하였다.[81]

외화환산손실의 보고방법에 관한 외화환산회계기준의 변경으로 인한 거시적 회계정책은 2002년 8월에 한국회계기준의 국제회계기준에 따른 전면개정에 의해서 끝났지만, 그 결과는 여기에서 끝나지 않는다. 변동환율제도 하에서는 환율변동으로 인한 외화환산손익 금액의 변동성이 커지게 되며, 이의 당기손익에 미치는 영향력이 대단함을 인식하기 시작한 것이다. 즉, 근본적인 원인은 바로 외화차입금의 존재에 있음이 회계시스템을 통하여 사회에 드러나게 되었고, 이를 근본적으로 해결하지 않으면 안 된다는 인식을 가지기 시작한 것이다. 환율변동으로 인하여 우리나라 주요기업이 가지고 있던 과다한 외화표시부채의 보유와 이로 인한 환리스크 문제가 회계시스템을 통하여 우리사회에 명확하게 드러나게 된 것이다. 이는 우리나라 기업의 실태를

81_ 매일경제신문, 1997년 12월 12일.

명확히 하고, 문제해결을 촉진시키는 계기를 제공하였다. 〈표 8-4〉는 우리나라 주요기업의 부채총액에 대한 외화차입금의 비율을 나타낸 것으로, 이를 보면 1995년도의 우리나라 10대 주요기업의 부채총액 대비 외화차입금의 평균비율은 14.8%였으나, 2000년에는 그 비율이 7.1%로 확연히 줄었음을 확인할 수 있다.

표 8-4. 우리나라 주요기업의 부채총액 대비 외화차입금비율의 변화

(단위: %)

기업명	1995년	1996년	1997년	1998년	1999년	2000년
한국전력	22.5	18.4	15.9	11.1	10.3	7.7
삼성	12.2	17.3	19.2	10.3	7.6	4.0
Hynix	23.0	27.2	28.2	20.9	15.0	8.5
대한항공	13.8	11.3	6.8	4.6	3.2	3.1
SK	6.2	7.5	8.4	4.1	1.5	1.3
현대자동차	5.7	8.5	13.5	11.2	8.0	4.3
현대중공업	4.6	8.8	14.1	1.6	0.8	0.8
STX	47.3	42.2	40.1	35.7	33.9	31.9
LG	6.1	7.4	10.9	9.3	8.3	4.3
KIA자동차	6.4	4.7	8.0	3.4	5.5	5.4
평균	14.8	15.8	16.5	11.2	9.4	7.1

1996년, 우리나라가 OECD가입 시에 국제회계기준 도입의 요구가 있었음에도 국제회계기준을 따르지는 않았다. 특히 외화환산회계기준의 경우, 우리나라의 외화자금조달, 환율제도 변경 등의 영향에서 야기된 외화환산손익의 처리를 둘러싸고, 거시적 회계정책을 통해 독자적으로 문제해결을 하려고 했던 결과이다. 그리고 이는 회계시스템을 통해서 화폐단위로 측정, 평가, 기록 및 공시되어 드러남으로써, 즉 회

계의 가시성에 의해서 우리나라 주요기업의 자본조달의 문제를 명확히 하며, 이를 해결하도록 재촉하게 된 계기가 되었음을 확인할 수 있다.

2) 외화환산회계기준의 이원적 역할

1996년부터 1998년까지에 걸쳐서 행해진 외화환산회계기준 변경의 경과에 대하여 살펴보았다. 검토의 결과, 일련의 회계기준 변경에는 다음과 같은 두 가지 특징이 있음을 확인할 수 있었다. 첫째는 환율상승으로 원화 가치가 하락하여 막대한 외화환산손실이 예상되는 경우에만 해당 회계기준 변경의 요구가 있었다는 것이고, 둘째는 정부당국이 우리나라 회계기준의 신뢰성 상실에 대한 우려를 표명했음에도 불구하고, 사회적 합의의 산물인 회계기준이 변경되었다는 점이다.

외화환산손익의 보고방법의 차이는 경제이론 상으로는 주가 등에 대해서 중립적이다. 외화환산손익 자체는 환율변동에 따른 리스크 평가의 의미를 가지기 때문에 정보가치를 가질 가능성이 있지만, 보고방법의 차이는 재무비율에는 영향을 주더라도, 기업의 실제 현금흐름에는 영향을 미치지 않는다. 조성표와 박기찬(2003)은, 1996년 개정안에 따른 외화환산손익의 보고방법의 차이에 기인하는 정보효과에 대해서 검증하였다. 연구의 결과, 외화환산손실 자체는 기업의 주가와 부(-)의 관계를 보이지만, 외화환산손실을 당기손익에 직접 반영하든, 자본조정으로 보고하든 보고방법에 대한 시장 반응에는 차이가 없었다고 보고하였다.

그렇다면, 외화환산손익의 보고방법에 대한 기준 변경을 가져온 근거는 무엇인가? 시장은 중립적이다 하더라도, 기업이 시장은 중립적이라고 생각하지 않고, 행동에 나설 가능성이 있다. 이는 기업이 회계기준의 변경으로 인한 결과가 비록 이론적으로 중립적이라고 하더라도, 기업의 행동 그 자체에 영향을 끼칠 가능성 있음을 나타낸다. 즉, 회계기준의 변경에 의해서 기업의 자본구조의 변용에 영향을 끼칠 가능성이 있는 것이다. 회계기준은 기업과 시장을 합리적 시스템의 전제적 조건으로서 보여 주는 역할, 즉 수동적인 역할과 합리적 시스템으로 보이도록 해야 한다는 능동적인 역할이 있다. 우리나라 외화환산회계기준의 변경과정에서 기업과 사회가 회계기준은 '이렇게 변해야한다'는 의견을 제시하고 논의한 것은, 우리 사회가 후자, 즉 회계기준의 능동적인 역할을 인식하고 있었다는 것이 된다.

외화환산회계기준을 둘러싼 일련의 회계정책은, 국제적인 환경변화에 순응하기 위해서 변경환율제도의 도입 등으로 우리나라가 환경 적응적 행동을 한 결과인 동시에, '외화환산손익'의 인식으로 인하여 외화차입금에 의존해 온 우리나라 주요기업의 자본구조 상의 문제를 폭로하는 결과를 가지며, 나아가 이를 개혁하게 하는 결과를 가져오기도 하였다. 이는 회계기준이 회계를 둘러싼 여러 가지 요인에 의하여 영향을 받기도 하지만, 한편으로는 회계기준 자체가 기업 또는 회계와 관련된 여러 가지 환경에 영향을 줄 수도 있다는 환경 형성적 행동의 결과로 볼 수 있을 것이다. 이상으로 외화환산회계기준의 전개과정을 체계적으로 연구한 결과, 회계기준의 변경을 매개로, 국제적인 환경변화가 우리나라 기업의 자본 구조 실태의 변용을 가져온 것 같이 보인다. 이는 우리 사회가 회계기준의 능동적인 역할을 인정한다는 것을 의미한다고 할 수 있을 것이다.

4. 맺음말

회계기준은 사회의 일정한 목적을 달성하기 위한 수단으로서, 당시의 사회 구성원 간에 합의된 제도이다(藤井, 2007). 회계기준에 관한 연구가 인과관계에 기초한 학문적 연구가 되기 위해서는 그 기준이 어떠한 것인지 혹은 어떠한 기준이 가장 타당한 것인지에 대하여 설명하기 보다는 특정한 회계기준이 어떻게 해서 존재하게 되었는지 혹은 왜 그 기준이 당시의 사회적 합의에 의해서 받아들여졌는지에 관한 것이어야 한다(斎藤 2010).

본 연구는 1996년부터 1998년까지의 우리나라 외화환산회계기준의 변경 사례를 이용하여 제도적 연결구조를 기초로 거시적 회계정책의 전개과정을 체계적으로 파악하고, 우리나라 사회에 있어서의 회계기준의 역할에 대해서 이해하고자 하였다. 연구 결과, 회계기준의 변화는 사회 내의 관련 영역 및 제도와의 관련성을 토대로 그 변화를 이해하는 것이 보다 논리적이라는 것을 알 수 있었다. 특히 외화환산회계기준의 경우, 외화자금조달과의 관련, 변동환율제도의 도입 등이 외화환산회계기준의 변경을 촉진한 계기가 되었으며, 이는 나아가 회계의 가시성으로 인하여 우리나라 주요 기업의 막대한 외화차입금의 문제를 노출시키며, 우리 경제시스템의 문제를 독자적으로 해결하려 한 결과였음을 알 수 있었다.

전통적으로 회계는 '기업 활동을 비추는 거울이다'라고 일컬어져 왔다. 그러나 최근 명백히 드러나는 것은 회계가 기업 활동이나 사회의 모습을 바꾸어 가는 회계의 능동적 성격이다. 일련의 회계기준의 변경을 기초로 우리나라 사회에서 회계기준의 역할이 무엇이었고, 우리나라 사회에 무엇을 가져왔는지에 대해서 살펴보았다. 자본시장의 국제화와 더불어 회계기준의 국제화 또한 마찬가지다. 경제적 환경의 변화 및 국제회계기준 등의 외적 환경에 대응하여 회계기준도 변경한다. 그러나 실질적인 현금흐름의 변화를 가져오지 않는 회계기준의 변경, 예를 들어 외환환산손익의 보고방법을 둘러싼 회계정책은 경제적 활동에 실질적인 영향을 끼치는 것과 같은 상황의 환경결정론적인 틀에서는 적절히 설명될 수 없다. 회계기준을 변경해야 한다고 믿는 현실 인식은 회계가 환경에 의해서 결정되는 것뿐 만 아니라, 필요에 따라서는 회계가 환경을 형성한다는 환경 형성 기능에 대해서도 고찰할 필요가 있음을 시사하고 있다.

본 연구는 1990년대 외화환산회계기준의 변경사례만을 중심으로 설명하였다. 그러나 2008년의 금융위기 발생 시에도 이와 유사한 회계기준 의사결정 과정이 발생하였다. 미국의 경우에는 시장에서 정상적 거래가 이루어지지 않을 경우에는 주식 평가손실을 반영하지 않을 수 있도록 하였다. 우리나라의 경우에도 당기손익에 반영하도록 되어 있는 투자목적 유가증권의 평가손익을 12월말 대신 6월말의 주가를 기준으로 하고, 3분기부터는 재분류를 허용하여 평가손익을 선택적으로 반영할 수 있도록 하였다. 이러한 회계기준의 변경 사례가 경제 위기 및 침체 등의 거시 경제적 관점에서 변경된다면, 회계정보의 기간별 비교가능성을 저해하고, 기업의 경제적 실질을 제대로 반영하지 못하여 시장 참가자들에게 오히려 잘못된 판단을 유발하는 문제점 등도 발생시킬 가능성이 있음을 지적할 필요가 있다.

제9장

회계의 제도변화의 있어서의 회계책임개념의 전개

– IASB/FASB 개념구조 공동프로젝트를 중심으로

제9장

회계의 제도변화의 있어서의 회계책임개념의 전개

-IASB/FASB 개념구조 공동프로젝트를 중심으로

〈개요〉

본 장은 회계를 사회 내의 제도로서 파악하여 그 변화의 과정을 회계책임 개념에 기초하여 고찰한다. 특히 회계목적을 둘러싼 이해관계자들 간에 행해지는 조정과정에 주목한다. 이 과정을 관찰함으로써 회계기준의 설정을 둘러싼 이해관계자들의 제도 변화의 동력과 그 특징을 밝히는 것이 연구의 목적이다. 구체적으로 IASB/FASB 개념체계 공동프로젝트 단계A, "재무보고의 목적"을 둘러싼 이해관계자들 간의 조정과정을 관찰하면서, 회계제도의 변화과정을 검토한다. 검토의 결과, 현재 및 장래의 폭넓은 자본제공자를 재무보고의 최우선이용자로서 지정하고 있는 등 최근의 회계제도는 회계주체가 복잡한 수탁관계를 기초로 한 회계책임의 네트워크의 중심(Ijiri 1975)에 있다는 것을 반영하고 있는 것으로 생각할 수 있다.

1. 문제의 소재 및 연구방법

우리나라에도 2011년부터 국제회계기준을 전면 도입하는 등, 전 세계적으로 회계기준이 수렴(convergence)되는 등 복잡한 측면[82]을 수반하고 있어 회계학 연구에 있어서도 회계시스템의 변화에 대한 종합적인 연구가 필요하다고 생각되어진다(Hujii 2009). 본 장에서는 회계의 제도변화를 종합적으로 이해하기 위한 시도로, 다음의 두 가지의 측면에서 회계제도의 변화를 검토하고자 한다. 우선, 재무회계는 인간행위의 결과(Asaba, 1996; 1994)라는 것에서부터 이의 구체적인 표현인 회계규칙을 '제도[83]'로서 파악하는 것이다. 회계규칙을 경제주체들의 전략적인 상호작용을 통해서 형성된 사회의 제도로서 파악함으로써 회계제도의 변화를 회계규칙의 설정과 이의 실무로의 보급이라는 연속된 하나의 과정으로서 파악할 수 있는 관점이 제공되기 때문이다(Hujii 2009)[84]. 두 번째의 측면으로는 회계제도에 관한 종합적 및 구조적 파악을 위해서 회계책임개념에 의거하는 점이다. 경영자는 외부의 이해관계자들과의 수탁관계에 기초하여 위탁된 자금을 운영하여 관리하는 책임, 즉 수탁책임(stewardship)을 진다. 그리고 자금 운영 결과를 설명할 책임, 즉 회계책임의 다하기 위해서 외부보고를 행하는 데에, 회계의 규칙인 회계기준을 따르지 않으면 안 된다. 바꿔 말하자면, 회계보고는 수탁책임이라는 목적을 달성하기 위해서 회계기준에 준거해서 이루어지므로, 재무보고의 목적과 회계기준을 논리적으로

82_ Hujii(2009)는 최근의 회계기준의 수렴(convergence)이 개개의 회계기준이나 개념체계 등의 발표, 설정 및 변경하는 국면, 새롭게 설정, 변경된 회계규칙을 실무에 적용하는 국면이나 자본시장의 인프라로서의 회계시스템을 글로벌한 관점으로부터 선택, 설계하는 국면 등의 세 가지 국면을 수반하고 있다고 주장하였다.

83_ 여기에서 제도라는 것은 일반적으로 일컬어지는 공권력에 의해서 정해지는 법제도 등이 아니라 사람들에게 당연한 것으로 받아들여지고 있는 사회의 규칙으로서의 경제학적 의미로 사용되고 있다.

84_ 경제주체의 전략적인 상호작용을 통해서 당연한 것이라고 누구에게도 받아들여지게 된 규칙, 즉 일반적으로 인정된 규칙만이 사회의 규칙 즉, 제도로서 성립한다는 이러한 관점은 회계제도의 생성, 보급, 및 변화의 프로세스를 일체로 하는 것으로서 하나의 일관된 관점에서 분석, 검토하는 것을 가능하도록 한다(Hujii 2009).

연결해 주는 개념이 회계책임 개념이기 때문이다.

본 장은 상기의 두 가지의 측면에서 회계의 제도변화를 고찰하는데, 그 중에서도 회계목적을 둘러싼 이해관계자들 간에 행해지는 조정과정에 주목한다. 이 과정을 관찰함으로써 회계기준의 설정을 둘러싼 이해관계자들의 제도 변화의 동력과, 그 특징을 밝히는 것이 연구의 목적이다. 보다 구체적인 논의에 있어서는, IASB/FASB의 기준설정의 Due process를 들어서, 그 중에서도 IASB/FASB 개념체계 공동프로젝트 단계A, "재무보고의 목적과 질적 특성"의 "재무보고의 목적"을 둘러싼 Discussion Paper(2006), 각계의 반응(comment letters 2006)과 IASB/FASB의 대응(Exposure Draft 2008)을 검토한다. 본 장의 고찰은 회계제도의 설정 및 변화과정에 대한 종합적인 이해를 심화할 수 있는 데에 공헌할 것으로 기대된다.

2. 회계의 제도화와 이해관계자들 간의 조정

제도는 제도이론, 특히 비교제도분석의 정의에 따르면 '사람들이 정치, 경제, 사회, 조직 등의 영역에서 전략적인 상호작용을 하는 동안에 부상해서 누구에게나 당연하게 받아들여진 자기구속적인 규칙(Aoki 2001)'으로서 정의된다. 따라서 관련된 사람들에게 당연하게 받아들여지고 있는 규칙만이 사회의 제도로서 인정된다. 개인의 의사들이 조합되어 사회적으로 바람직한 결과를 가져오도록 제도가 변화하지만, 이 때 의사결정의 조화를 도모하여 바람직한 결과를 가져오게 하기 위해서 정보를 공유하고 이용하는 과정, 즉 조정과정을 거치게 된다(Aoki 등 1996). 기본적으로 규칙은 경제 주체들의 상호작용을 통해서 자생적으로 형성되고 제도화된다는 비교제도분석의 이러한 제도에 대한 관점은 회계기준에 대한 '일반적으로 인정된 회계원칙(Generally

Accepted Accounting Principles; GAAP)'의 사상에도 응용할 수 있을 것이다(Hujii 2009).

회계시스템에 의해서 기업의 '것(things)'의 가치정보가 나타나지만, 이를 위해서는 그 '것'이 '재(properties)'로 변환되어야 하고, 이를 통해서 이해관계자들 간의 이해가 드러나게 된다. 회계시스템을 통해서 현저히 드러나게 된 이해(利害)가 각 이해관계자들, 예를 들면, 주주, 채권자, 정보제공기관, 규제기관, 경영자, 감사인 등에게 미치는 경제적 영향은 서로 다르기 때문에, 시스템이 따라야 하는 규칙, 즉 회계기준을 설정할 때에는 이해관계자들 각각이 스스로의 목적을 맞춰서 의견을 제시하고, 이를 조정하기 위해서 교섭을 반복한다. 따라서 기업을 둘러싼 이해정보의 측정과 전달의 규칙이 되는 회계기준은 기업을 둘러싼 이해관계자들 간에 합의된 제도가 된다. 한편, 회계규칙을 사회적으로 합의된 제도로 간주하는 경우, 그 규칙은 기업환경 및 경제 환경, 기업의 자본소유관계의 변화 등을 영향을 받게 되는데 (Asaba 1969; 1994, IASB/FASB 2006), 역사적으로 본다면, 특히 기업에 관한 이해관계자들은 계속 확대되어 왔다고 할 수 있다. 이해관계자들은 자신들의 목적에 맞춰 새로운 제도화로 향해서 서로의 주장을 조정하지만, 결국은 자신들의 목적에 맞는 회계정보가 이용될 수 있도록 서로 다른 목적을 양립시킴으로써 어느 편에도 모순되지 않도록 선택할 가능성이 높다. 그러므로 회계규칙에는 어느 정도의 애매함이 발생하게 된다(Satoh 2003). 환경의 변화에 따라서 무엇이 가장 좋은가를 생각하지 않으면 안 되고(Asaba 1994), 따라서 회계기준은 항상 진화[85]의 가능성을 가지게 되는 것이다.

85_ 여기에서 진화는 경제학적인 의미로서 사용되고 있다. 경제학적 진화란, 어떤 조직이 환경으로부터의 압력 (즉, 환경에 적응할 것인가, 아니면 자연 도태할 것인가 등의 압력)을 받으면 그 조직은 스스로 환경에 최적화된 행동을 하도록 되고, 일정의 방향으로 변화해 가는 것을 의미한다. 변화는 특별한 의미없이 어떤 상태에서 다른 상태로 변하는 것을 의미하는 것이기 때문에 진화는 변화의 특수한 형태로 생각되어진다(Hujii 2007). 특히 제도의 진화란 어떤 상태로부터 보다 나은 상태로 바뀌는 발전 혹은 개선이 아니라, 환경에 보다 맞은 상태로 진행해 가는 것을 의미한다.

3. 회계목적과 회계책임개념

회계책임(accountability)은 일반적으로 '종업원, 대리인 혹은 그 외의 주체가, 위탁된 권한에 기초하여 행한 행위의 전말에 대해서 통상 정기적으로 충분한 보고를 행할 의무(Cooper and Ijiri 1983; Hujii 2006)'로 정의된다. 회계책임은 타인으로부터 자금을 조달해서 사업에 투자하는 것, 즉 수탁관계를 기초로 해서 발생한다(Ijiri 1975). 기업경영을 위탁받은 경영자는, 위탁한 주주에 대해서 그들에게 귀속하는 이익의 금액과 자본의 상태를 밝혀야 하는 수탁책임(stewardship), 즉 자금의 관리책임을 명확하게 해서, 위탁자에게 설명하지 않으면 안되는 회계책임을 지게 된다(Nakamura, 1994). 그리고 회계책임으로부터 해방되기 위해서는 회계보고를 해야 한다. 회계책임을 이행할 때에 수탁자인 경영자는 출자자 등에 대해서 기업의 경영성과와 재무상태를 보고하기 위해서는 일정한 규칙, 즉 회계기준을 따르게 된다. 회계책임은 수탁책임이라는 회계의 목적을 부여하는 개념이지만, 설명의무를 부여하는 개념이기도 하기 때문에 회계보고를 위해서는 준거하지 않으면 안되는 개념이다.

그러나 회계행위의 의무로서의 회계책임은, 회계의 기초개념이기도 하면서도 아직까지 명확한 정의가 없고(Munro and Mouritsen 1996), 특히 누구에게 대해서 무엇을 설명하면, 회계책임을 이행한 것이 되는지, 혹은 해방되는 지와 같은 회계책임의 범위와 대상에 관한 명확한 정의가 없다.

APB의 Statement No. 4(1970, p. 18) 에서는, 기업에 있어서의 회계 사상(事象)을 첫째, 교환(Exchange) 즉, 기업과 기타의 실체간의 쌍방향적인 인도(引渡)와 둘째, 일방향적인 인도(引渡)으로 분류하였다(Chen 1975)[86]. 교환의 경우, 기업이 어떤 거래처와 재화나 용역을

86_ Ijiri(1983)는, 회계목적을 의사결정유용성과 회계책임으로서 분류하고, 전자는 이용자만이 지향되

서로 주고 받는 것으로 거래가 행해지는 것으로 이미 거래가 완결되었기 때문에, 기업 측에는 해당거래처에 대해서 완수해야할 의무가 발생하지 않는다. 그러나 일방향인도의 경우에는 인도받은 자원에 관해서 현재 돌려주지 않은 상태로, 어떤 형태로든 무언가 돌려주지 않으면 안 되는 의무가 발생하기 때문에 기업과 해당거래 상대 간에는 수탁관계가 성립한다. 이 수탁관계에 기초하여 기업은 회계책임을 이행하지 않으면 안 되고, 위탁자에게 설명을 함으로써, 비로소 회계책임으로부터 해방되게 된다. 일방향적으로 이전된 자원에서 성립된 수탁관계에서 정의된 회계책임의 범위는 한정된 것이 아니고, 일방향적으로 인도된 자원의 이전관계에 의해서 여러 수탁관계에 있게 된다. 만약 기업을 넓은 범위의 수탁관계에 위치하면, 기업이 이행해야 할 회계책임의 범위는, 주주(shareholder)에서 채권자, 종업원 게다가 고객 등을 포함하는 다수의 이해관계자들(stakeholders)까지 넓혀지게 된다(Benston 1982; Mouck 1994; Coy and Pratt 1998; Stanton and Stanton 2002). 회계책임의 범위에 확대되는 것에도 불구하고, 여전히 공통된 점은 일방향의 자원 이전이 있었다는 회계사상, 즉, 과거의 출자 등과 같은 기업의 수탁관계의 존재이다.

그렇다면, 이러한 수탁관계를 기초로 기업은 무엇을 설명해야 하는가? 회계책임의 설명대상이 되는 것은 역시, 설명의 상대를 결정하고 나서 특정하는 것이 타당할 것이다. 기업이 회계행위를 통해서 설명하는 회계책임의 범위가 되는 상대는 기업을 둘러싼 환경과 수탁관계를 정의하는 사회상황에 의해서 변하는 것이고, 사회의 문맥에서 정해지는 것이 된다(Gray, Rob, Dey, Colin, Owen, Dave, Evans, Richard,

---

어 있다는 의미로 일방향적(unidirectional)인 것으로, 후자는 이용자와 경영자의 양자의 이해를 중시한다는 의미에서 쌍방향적(bidirectional)인 것으로 표현하고 있다. 그러나 여기에서는 기업에 일어나는 회계 사상, 즉 상대와의 자원과 의무의 흐름을 의미한다. 교환(exchange)은, 기업과 다른 실체간의 서로의 자원의 흐름(reciprocal transfers)을 의미한다. 일방향적 인도(non-reciprocal transfers, transfers in only one direction)는 다른 실체로부터 기업에 자원이 이전된 채, 아직까지 변제되지 않는 경우를 말한다.

Zadek and Simon 1997). 따라서 회계책임의 범위와 대상은 사회상황과 함께 변화하는 것이 된다. 그리고 회계책임에 기초하여 행해지는 회계행위에 의해서 명백히 드러나게 된 경제적인 이해(利害)에 의해서 회계주체와 이해관계자간에서 제도화된 회계규칙도 가변적으로 되어 사회상황과 함께 변화하게 된다. 즉 수탁관계에 의해서 새롭게 정해지게 된 이해관계자가 요구하는 회계목적을 만족하기 위해서 측정과 전달이라는 회계의 기본적인 기능도 변화하는 것이 되기 때문에 회계기능을 정하는 회계제도도 변화한다.

이상으로 회계책임이 경제 환경의 변화나 기업의 자본소유관계의 변화라는 회계제도에 있어서는 외생적인 요인이 회계목적을 매개로 해서 회계의 제도변화에 반영된다는 회계의 제도변화를 종합적으로 검토할 수 있는 개념이라는 것을 확인하였다.

4. IASB/FASB 재무보고의 개념체계 공동프로젝트 단계 A, '재무보고의 목적'을 둘러싼 전개

1) IASB/FASB 개념체계 공동프로젝트에 대한 각계의 문제제기

IASB/FASB 개념체계 공동프로젝트는 2004년에 발족하여, 단계 A '재무보고의 목적과 질적특성'에 관해서는 2006년에 Discussion Paper(이하, IASB/FASB 2006)과 2008년에 Exposure Draft(이하 IASB/FASB 2008)가 발표되었다. 해당 프로젝트에 대한 양 위원회의 공통된 목적은 회계기준을 일관성 있는 원칙으로 명확하게 하기 위한 기초를 닦는 것이다. 일관성 있는 재무보고의 목적은 개념체계의 기초이다. 그것은 개념체계의 다른 측면, 즉 질적 특성, 재무제표의 요소, 보고실체의 정의, 인식과 측정, 표시와 공시 등이 그 재무보고의 목적으로부터 논리적으로 유도되기 때문이다(IASB/FASB 2008, OB1).

IASB/FASB(2006)는 회계목적에 관해서 '일반목적 외부재무보고의 목적은, 현재 및 장래의 투자자, 여신자 및 그 외의 사람들이 투자, 여신, 그 외의 유사한 자원배분에 관한 의사결정을 행하는 데에 유용한 정보를 제공하는 것에 있다(OB2)'라고 하고, '이 목적을 달성하기 위해서 재무보고는, 투자자, 여신자 및 그 외의 사람들이 보고 실체의 장래의 현금유입 및 현금 유출(실체의 장래 현금흐름)의 금액, 시기 및 불확실성을 평가하는 데에 도움이 되는 정보를 제공해야 한다. 이와 같은 정보는 보고 실체의 순현금유입창출능력과 투자자 및 여신자에의 수익제공능력을 평가하기 위해서는 불가결하다(OB3)'라고 말하고 있다. 여기에서 주목할 것은, 수세기에 걸쳐서 회계의 주목적이었다고 해도 과언이 아닌 수탁책임(O'Connell 2007)을 회계의 주목적으로부터 제외시키고, 자원배분에 관한 의사결정을 행하는데 유용한 정보제공을 하는 것을 단일의 회계 목적으로서 들었다는 것이다. 그리고 회계의 설명을 보고받는 측, 즉 회계정보의 이용자에 관해서는 현재 및 장래의 투자자, 여신자 및 그 외의 사람들이라는 폭넓은 이용자를 들고 있다. 즉 회계가 설명해야할 내용은 회계의 보고실체의 장래 현금흐름을 평가하는 데에 도움이 되는 정보인 것이다. 그러나 수탁책임을 회계목적으로부터 제외한 것에 관해서는, '경영자를 교체할 것인가 재임할 것인가의 결정, 경영자에게 어느 정도의 보수를 줄 것인가의 결정, 경영자의 경영방침이나 그 외의 사안에 관하여 주주총회에서 어떻게 투표를 할 것인가의 결정은 또한 본 개념체계에 있어서 사용되고 있는 넓은 의미에서의 자원배분의사결정을 행하는 때의 잠재적인 검토사항이다. 따라서 문단 OB2에서 제시된 재무보고의 목적은, 경영자의 수탁책임을 평가하는 데에도 유용한 정보를 제공하는 것을 포함하고 있다(OB28)'라고 말하고 있다. 수탁책임의 설명목적을 이행하도록 하는 회계정보는 해당목적을 이행하도록 하는 회계정보에 포함되어 있다고 말하며, 수탁책임으로부터 해방되기 위해서의 정보제공이라는 목적을 자원배분에 관한 의사결정유용성이라는 해당목적에 포섭되는 부차적인 회계목적으로서 자리매김한 것이다(Hujii 2009).

이러한 IASB/FASB(2006)의 제안에 대해서 무려 179통에 이르는 의견서(comment letters)가 보내졌다. 그 중에서도 4대 회계법인을 포함한 많은 의견서들에서 해당목적과 폭넓은 회계정보이용자의 설정에 반대의견이 표명되었다.

우선 의견서들 중의 86%가 당초 IASB/FASB(2006)의 자원배분에 관한 의사결정유용성을 재무보고의 단일목적으로 하는 것에 이의를 표시하였다(Comment Analysis, IASB/FASB 2007). 게다가 의견의 대부분이 수탁책임에 대한 설명의무를 독립한 별개의 재무보고의 목적으로 자리매김하도록 요구하였다. 그 근거로 수탁책임이라는 회계목적이 가지는 역사적(historical) 회계정보와의 유기적인 관계를 들고 있다. 즉, 기업과 기본적인 수탁관계를 맺고 있는 주주는 기업의 소유자이기도 하기 때문에 단순히 증권투자에 관한 의사결정에 유용한 정보만이 아니라, 소유자로서의 권리를 행사하기 위해서의 정보도 필요하다는 것이다. 그러기 위해서 재무제표는 회계기간에 있었던 기업의 역사적인 기술을 요약하고 보고하지 않으면 안 된다(Deloitte 2006, p. 1-2). 바로 수탁책임이 과거의 업적에 연결하는 재무보고의 기본목적이라는 것을 지적하였다(KPMG 2006, p. 3). IASB/FASB(2006)는 회계목적을 자원배분결정에 유용한 정보를 제공하는 것이라고 하여, 보고 실체의 장래 현금흐름에 관한 정보를 들고 있다. 그러나 Ernst & Young (2006)은 의견서에서, 많은 (나라들) 법제도에 있어서는 재무보고는 단순히 투자증권을 구입해야 하는가, 매각해야 하는가, 계속해서 보유해야 하는가, 혹은 여신을 실시해야 하는가 등의 의사결정에 유용한 정보를 제공하는 것 외에도 소유자로서의 주주가 기업지배구조의 일환으로서 경영자의 수탁책임의 추궁을 가능하도록 하는 것도 포함하고 있다는 사실을 등한시하고 있다는 것을 지적하였다. 그리고 다른 회계법인들과 마찬가지고 과거의 업적에 관하여 경영자의 수탁책임을 묻기 위해서는 과거의 정보가 필요하고, 그 정보를 요구할 수 있는 수탁책임을 별도의 회계목적으로 해야 한다고 제안하였다(Ernst & Young 2006, p. 5-6; PWC 2006, p. 7). 주요국의 회계기준위원회들도 수탁책임에 대한 설명을 별도의 재무보고의 목적으로 해야 하며(ASB 2006, ASCG 2006), 수탁책임을 평가할 수 있는 과거의 거래와 회계 사상에 관한 정보의 필요성을 지적하였다(ASBJ 2006, ASB 2006, ASCG 2006). 또한 국제증권거래위원회(IOSCO)나 런던증권거래소(LSE)도 의견을 내고 투자자는 장래 현금흐름에 관한 정보도 필요하지만, 경영자를 평가하기 위해서 과거의 정보도 필요하다는 것을 지적하여 수탁책임에의 설명의무를 회계의 기본목적으로서 들었다.

한편 IASB/FASB(2006)가 회계정보의 이용자로서 지정한 현재 및 장래의 투자자, 여신자 및 그 외의 사람들이라는 폭넓은 이용자에 관해서도 많은 의견이 제시되었다. 회계정보의 폭넓은 이용자 간에는 정보의 욕구(needs)에 차이가 있고, 회계정보가 그 모든 폭넓은 이용자의 정보 욕구를 만족시킬 수 있을 지에 대해서 의문을 제기하였다(Deloitte 2006, p. 2-3, Ernst & Young 2006, p. 5). PWC는 폭넓은 이용자에게는 우선순위를 두어야 하고, 현재 및 장래의 자본시장참가자가 최우선이용자가 되어야 한다는 대안을 제시하였다(PWC 2006, p. 5). 또한 ASB, LSE, AAA도 폭넓은 정보이용자 설정에 의문을 제기하며, 실무적 사용을 고려한다면 최우선이용자를 설정해야 하며 그 때에는 기업의 소유자인 현재의 주주를 최우선이용자로서 설정해야 한다는 것을 지적하였다.

상기의 의견서의 주요한 논의를 정리하면, 우선, 자원배분에 관한 의사결정유용성을 재무보고의 단일목적으로 하는 것에 대한 반대이다(Comment Analysis, IASB 2007). 다음으로 원래의 목적에 더하여 수탁책임을 별도의 재무보고의 목적으로 두어야 한다는 것, 이는 수탁책임 목적을 달성하기 위해서는 역사적인 회계정보를 제공해야 하기 때문이라고 요구하는 의견이 많았다. 그리고 회계행위의 상대로서 제안된 폭넓은 이용자에 대해서는 그 범위를 제한해야 하고, 최우선이용자의 지정을 요구하였다.

2) IASB/FASB 개념체계 공동프로젝트의 새로운 전개

IASB/FASB는 IASB/FASB(2006)에 관한 의견서들의 의견을 반영하여 2008년에 공개초안인 IASB/FASB (2008)을 공표하였다. 그 중에서도 재무보고의 목적은 새롭게 수탁책임이 더해져서 다음과 같이 제안되었다. '일반목적 재무보고의 목적은, 현재 및 장래의 투자자, 여신자 및 그 외의 채권자가 자본의 제공자로서 의사결정을 행하는데 유용한 정보를 제공하는 것이다(OB2).' 여기에서 의미하는 자본제공자가 행하는 의사결정이라는 것은, '특정 실체에 자원을 배분할 것인가, 어떻게 배분해야 하는가(즉 자본을 제공해야 하는가, 만약 한다면 어떻게 제공해야 하는가)라는 의사결정과 그 실체는 자본제공자의 투자를 보전 및 증대할 수 있는가, 어떻게 할 수 있는가와 같은 의사결정을 포함한다. 이러한 의사결정을 할 때에 자본제공자는 실체의 순현금흐름의 창출능력과 자본제공자의 투자를 보전해서 증대할 수 있는 경영자의 능력을 평가하는 것에 관심을 가진다(OB9).' 즉, 의사결정유용성을 상위의 회계목적으로 하고, 자원배분에 관한 의사결정과 수탁책임의 평가라는 두 가지의 하위의 회계목적을 양립시킨 것이다.

회계정보의 이용자에 관해서는 의견서들의 지적에 따르는 것처럼 최우선이용자를 지정하였다. 하지만, IASB/FASB (2008)은 최우선이용자로서 현재 및 장래의 투자자, 여신자 및 그 외의 채권자를 자본제공자(capital providers)로 명명하며, 지정하고 있다(OB6). 최우선이용자는 기존의 주주(shareholders)만이 아니라, 이해관계자(stakeholders)로 지정하는 등 여전히 폭 넓은 이용자를 상정하고 있다(BC1.22).

왜 투자자, 여신자 및 그 외의 채권자가 최우선이용자로서 지정되었는가. IASB/FASB(2008)는 기업실체와 자본제공자와의 관계에 관해서 다음과 같이 설명하고 있다. 즉, '기업실체는 자본제공자부터 경제적 자원을 그의 청구권과 교환으로 획득하였다. 그의 청구권에 기초하여 자본제공자는 기업의 경제적 자원에 관한 일반목적 재무정보에 가장 중요하고 직접적인 욕구(needs)를 가진다(OB6).' 즉, 회계 행위의 최우선이용자인 자본제공자의 조건이 여전히 기업실체로의 자원의 일방향인도라는 회계 사상에서 성립되는 수탁관계가 전제라는 것이 알 수 있다. 이러한 수탁관계에 따라서 기업이 회계책임을 이행하기 위해서 회계를 행하는 것으로, 회계책임이 회계목적과 회계기능 간의 유기적인 관계를 연결하는 기본 논리인 것을 다시 한 번 확인할 수 있다. 그 외의 채권자에 관한 설명의 부분 (OB6(c))에서는 이러한 수탁관계를 보다 선명하게 확인할 수 있다. '종업원, 매입거래처나 고객은 자본제공자는 아니지만, 혹시 만약에 채권의 형태로 자본을 제공할 것인가와 같은 의사결정이 이루어지는 한, 자본제공자로서 간주한다. 예를 들어서 일부의 지불이 이연된 급여와 교환으로 인적자원을 제공한 종업원이나 스스로의 매출액을 재촉하기 위해서 채권을 늘인 매입거래처는 자본제공자로서 볼 수 있다. 실체에 의해서 제공되는 상품과 서비스를 선불한 고객도 자본제공자가 될 수 있다(OB6(c))'고 하고 있다.

그러나 기존의 수탁관계가 이미 존재하는 과거로부터의 수탁관계였던 것에 비교하여 IASB/FASB (2006)이나 IASB/FASB (2008)에서는 자본제공자는 현재 뿐만 아니라 장래의 자본제공자까지 상정하고 있어 장래에 발생할지 모르는 잠재적인 수탁관계까지 회계책임을 이행해야 하는 대상 범위를 확대하고 있다는 것을 확인할 수가 있었다.

5. 맺음말

회계를 둘러싼 환경 요인의 영향이 회계목적을 매개로 전개하는 회계제도의 변화프로세스를 보다 종합적으로 검토하기 위해서 회계책임 개념에 의거하여 검토하였다. 구체적인 검토 자료로는 IASB/FASB 개념체계 공동프로젝트 '재무보고의 목적과 질적 특성', 특히 '재무보고의 목적'을 둘러싼 개정작업을 들었다.

IASB/FASB(2008)에서는, 현재 및 장래의 폭넓은 자본제공자를 재부보고의 최우선이용자로서 지정하고 있다. 이것은 현재의 복잡한 수탁관계를 기초로 기업이 복잡한 회계책임의 네트워크의 중심(Ijiri 1975)에 있다는 것을 반영하고 있는 것으로 생각할 수 있다. 기존의 회계책임 개념이 특정한 범위는 일방향의 자원의 이전이 있다는 회계사상, 즉 과거 사실에 대한 기업의 회계책임이었다. 이에 반해 IASB/FASB(2006)과 IASB/FASB(2008)는 장래에 성립될 지도 모르는 잠재적인 자본제공자까지 수탁관계에 채용함으로써 그 범위에 가상적인 수탁관계까지 더하여 회계책임을 기업에게 청구하고 있는 것은 주목해야 할 점이다.

회계책임 개념에 의거하면, 회계목적에는 기업에 대한 사회의 욕구가 반영되어 그 목적을 매개로 회계규칙이 설정되는 것으로부터 회계목적과 회계기준 간에는 내적정합성dl 유지된다. 회계책임은 여러 가지의 계약관계로부터 성립하고, 또한 영향을 받는다. 전통적으로 회계책임은 자금조달을 통해서 발생한 수탁관계에 의해서 성립하지만, 각 시대의 기업환경에 의해서 그 수탁관계도 다양하게 되고, 회계책임의 범위도 확대되고 있다. 여러 다양한 수탁관계로부터 발생한 설명책임을 일반화된 회계규칙을 통해서 획일적으로 이행하기 위해서 재무회계가 이루어진다.

그러나 각각의 목적의 근거로 이용되고 있는 회계정보는 서로 다른 정보욕구를 가진 이해관계자들을 만족시키기 위하여 어느 쪽에도 모순이 없도록 하는 것으로부터 애매모호함이 생기게 된다(Saito 2003). 만약 기업을 둘러싼 환경을 넓히면, 회계제도의 환경인 수탁관계도 확대되는 것이 되어, 거기에서 요구되는 회계정보도 확대될 것이다. 그런데 여기에서 고려해야 하는 것은 일반목적 재무제표의 회계정보로 기업의 여러 가지 계약관계의 각각에 대하여 회계책임을 이행하는 것이 과연 가능한가라는 것이다. 다수의 이해관계자를 상정하는 경우, 회계정보의 모호성만이 증가하는 것은 아닌가라는 의문을 품지 않을 수 없다. 게다가 회계책임의 범위가 기업 대 다수의 이해관계자에게까지 확대된다면, 그 정보의 애매모호함으로 인해 역으로 기업의 회계책임이 희박화될 가능성이 있음을 지적하지 않을 수 없다. 회계는 사회의 제도라는 점에서 항상 무엇이 가장 좋은 것인가를 생각해야 하지만, 인간행위의 결과인 것으로부터 부분적으로는 최적이지만, 전체적으로는 최적이 아닐 가능성이 남아 있다.

회계책임 이론은 근대회계이론의 핵심이었다. IASB/FASB의 논의를 근대의 회계책임 개념으로 정리하는 것이 가능한가라는 문제는 별개로 하고, 지금까지의 회계목적과 회계기준의 관계를 유기적이고 논리적으로 관련시킨 회계책임으로 최근의 국제회계기준의 논의를 정리해 보는 것은 회계제도의 변화가 통시적으로 어떠한 변화를 추구하고 있는가, 혹은 회계책임 개념 자체가 현재 어떠한 의미를 가지고 있는 것인가를 밝히는 것으로 충분한 학술적 의의가 있다고 생각되어 진다.

재무보고의 목적과 이익개념의 이원화 구조의 전개

-IASB/FASB 공동프로젝트를 중심으로

제10장

제10장

재무보고의 목적과 이익개념의 이원화 구조의 전개
–IASB/FASB 공동프로젝트를 중심으로

〈개요〉

본 장은 회계시스템 내의 기초개념과 개별 기준 간에는 논리적 관련성이 있다는 가정 하에 관련 개념 및 기준의 개정과정을 검토하여 국제회계기준의 재무보고의 목적과 이익의 이원화 구조의 논리적 경로를 이해하고자 한 것이다. IASB/FASB 공동프로젝트 "재무보고를 위한 개념체계 Phase A: 재무보고의 목적"과 IAS 제 1호, "재무제표 표시 중 손익보고의 방법"의 개정과정 중에 제시된 토의자료, 공개초안, 최종안 및 각계의 의견서 등을 검토하고, 관찰된 재무보고의 목적과 포괄손익계산서 내의 이익개념의 이원화의 전개과정을 분석하여 그 배경과 기대 역할, 원인 등에 대하여 논의한다.

검토의 결과, 기존의 주주자본을 기초로 형성된 수탁책임회계가 여전히 이해관계자들에게 남아있는 한편, 기업의 복잡하고 다양한 이해관계의 영향으로 제공되는 자본의 정의가 주주자본이 아닌 기업 귀속 자산 혹은 자원으로 확대되어 포괄이익의 보고 및 미래의 경제적 효익으로 정의된 자산의 평가를 중시하는 이익측정의 방법이 보고실체의 미래의 현금흐름 예측이라는 목적을 달성하고자 하는 수단으로 더해지며, 이원적 구조가 구축되었음을 확인할 수 있었다. 특히 본 연구는 기준의 결과뿐만 아니라 이의 개정과정의 검토를 통하여 그 맥락을 파악함으로써, 보고이익의 이원화, 즉 당기순이익과 포괄이익의 측정 및 보고에 관한 회계기준이 재무보고의 목적과의 논리적 정합성을 토대로 관련 이해관계자들과의 의사소통을 거친 조정의 결과임을 확인하였다.

1. 문제의 소재 및 연구방법

국제회계기준위원회(IASB)와 미국 재무회계기준심의위원회(FASB)는 양자의 회계기준 통합을 목적으로 노르워크 합의(Norwalk Agreement)를 2002년 9월에 체결하고, 현재 여러 분야에 걸쳐 공동 프로젝트를 진행 중이다. 특히 양 위원회는 구체적인 회계기준 개정에 앞서, 개념체계의 개정을 위한 공동프로젝트를 2004년에 발족하고, "A단계: 재무보고의 목적과 질적 특성"을 완료하여 이를 2010년 9월에 개정하였다. 개정과정에서 "수탁책임 평가"의 재무보고 목적에의 포함여부에 관한 논의는 특히 주목할 만하다. 이를 테면, 기존의 개념체계에서는 재무보고의 주목적이었던 수탁책임 평가는 IASB/FASB의 공동 프로젝트가 처음 제시한 2006년의 토의자료에서 재무보고의 목적에서 제외되었다가, 의견서 제출 등의 의견 수렴 과정을 거치면서 결국 2010년 최종 개정안에서 보고실체의 미래현금흐름 예측에 유용한 정보의 제공과 함께 다시 재무보고의 주목적으로 양립되게 되었다.

개념체계의 이러한 일련의 과정은 국제회계"기준"의 개정에도 영향을 끼쳐, 특히 현재 진행 중인 업적보고 프로젝트의 개정과정에서는 포괄손익계산서상의 "당기순손익"의 보고 및 그 중요성의 강조가 두드러진다. 특히 국제회계기준은 원칙주의 회계(principles-based accounting)를 표방하고 있어 회계시스템 내에서 개념체계는 회계기준을 제정 또는 개정함에 있어서 준거해야 할 재무보고의 목적 및 기초 개념을 제공하는 역할을 하기 때문이다. 결과적으로 양위원회는 업적 보고와 관련된 공동 프로젝트를 진행하면서 당기순이익과 포괄이익이라는 각기 다른 접근법에 근거한 이익의 개념을 포괄손익계산서에 포함시키는 이익의 이원화 구조를 채택하고 있다.

본 연구의 목적은 사회적 합의의 산물, 즉 사회의 제도[87]인 회계기

87_ 여기에서의 제도는 제도론에 기초하여 사회 내의 관련 구성원들에게 당연하게 받아들여지고 있는

준이 이익의 이원화 구조라는 결과를 채택하게 된 이유를 해명하는 것이다. 이를 위하여 이익의 이원화와 이를 지지하고 있는 개념체계 재무보고의 목적을 둘러싼 제정과정[88]을 면밀히 분석하여 어떻게 이익보고 및 재무보고의 목적이 이원화되게 되었는지, 이는 어떠한 논리의 지지에 의한 것인지에 관하여 분석하고자 한다. 이를 위하여 본 연구는 각 공동 프로젝트의 의사소통과정을 바탕으로, 재무보고의 목적 및 이익 보고의 이원화 구조의 전개과정을 검토한다.

우리나라는 2011년부터 국제회계기준을 전면 도입하였다. 국제회계기준이 우리나라 회계실무 및 경제 전반에 미칠 영향을 고려해 볼 때, 이에 관한 연구는 필수 불가결하다할 것이다. 그러나 이제까지 이에 관한 국내의 연구들을 살펴보면, 국제회계기준 도입으로 인한 국내기업 회계실무에 대한 영향(박경호 등, 2009; 이영한 등, 2009; 송인만 등, 2010; 이승태, 2010; 서란주와 조성표, 2011; 문현주, 2011; 박석재와 임재희, 2011)이나, 가치관련성 혹은 시장반응에 관한 연구(한봉희, 2006; 전규안 등, 2007; 최성호 등, 2011; 최국현과 손여진, 2011; 권영도 2012) 및 국제회계기준의 국내 적용의 실무적 문제점과 대책을 논의한 것(임석식 등, 2009; 정유석, 2010) 등이 대부분이었다. 국제회계기준 자체는 이미 논의가 끝난 결과물에 불과하기 때문에 해당 기준의 맥락을 파악하지 않은 채, 그 결과만을 따라 그대로 실

"규칙"으로 정의한다. 일단 제도로서 받아들여진 규칙은 구성원들 간의 이해관계의 균형을 의미하기 때문에, 쉽게 바뀌지 않는다. 그럼에도 불구하고 외부 환경의 변화 등으로 이해관계의 균형이 깨어지게 되면, 제도가 변화하게 되는데, 이 때, 이해관계자들은 자신들이 원하는 결과를 달성할 수 있도록 변화가 진행되는 동안 자신들의 의견을 제시하여, 상호 의견을 교환하고 정보를 공유하는 과정을 경험하게 된다(Aoki, 2001). 따라서 사회의 한 제도인 회계기준의 개정과정에서도 각 이해관계자들에 의해서 제시되는 의견서에는 해당 회계기준으로 인하여 기대되는 기능이나 경제적 영향 등이 잘 나타나게 된다.

88 국제회계기준의 제정과정은 국제회계기준위원회의 조사연구팀의 조사 연구 활동에 의하여 다루어야 할 의제를 먼저 설정한다. 의제가 설정되면 연구를 통하여 토론서를 만들어서 의견을 수렴하기도 하는데 이는 필요에 따라 이루어지는 선택적인 절차이다. 그다음은 공개초안을 마련하여 다양한 의견을 수렴하는 것이다. 토론서 또는 공개초안이 마련되어 의견을 주로 수렴하는 이해관계자는 주요 회계법인 및 각국의 회계기준 제정기구 등이다. 의견수렴과정을 거쳐 최종적으로 IASB가 기준서를 의결하고 공표한다(송인만 등, 2012).

무에 적용시킨다면, 이것만으로는 국제회계기준을 이해한다고 할 수는 없을 것이다. 따라서 본 연구와 같이 국제회계기준의 논리적 경로를 이해하고자 하는 시도는 매우 의미가 있을 것으로 생각된다.

본 연구는 재무보고 목적 및 이익 보고의 제정과정을 체계적으로 요약, 검토하여 이의 논리적 경로를 분석함으로써 국제회계기준의 도입으로 인한 경제적 영향의 분석을 시도하고 있는 실증적 연구와 더불어 국제회계기준에 대한 기초적인 이해와 전개를 파악하는 데 도움이 될 것으로 기대된다.

본 연구의 구성은 다음과 같다. 우선 1절은 서론이다. 2절에서는 회계기준 이해를 위한 연구의 기초를 제시한다. 3절과 4절에서는 IASB/FASB 공동프로젝트 "재무보고를 위한 개념체계 Phase A: 재무보고의 목적"과 IAS 제 1호, "재무제표 표시 중 손익보고의 방법"의 개정과정 중에 제시된 토의자료, 공개초안, 최종안 및 각계의 의견서 등을 검토한다. 5절에서는 이상의 검토를 통하여 관찰된 재무보고의 목적과 포괄손익계산서 내의 이익개념의 이원화의 전개과정을 분석하여 그 배경과 기대 역할, 원인 등에 대하여 논의한다. 6절에서는 결론 및 시사점을 제시한다.

2. 회계기준 연구를 위한 이론적 기초

1) 개념과 기준의 체계적인 구조로서의 회계시스템

회계는 일정한 구조를 갖춘 기록 및 계산의 기술적 체계이며, 사회의 목적을 달성하기 위한 합목적적 시스템이다(Hujii, 2007). 시스템의 사전적 정의는 필요한 기능을 실현하기 위하여 관련 요소를 일정한 법칙에 따라 조합한 집합체이다. 시스템의 내부 요소간의 정합성은 상호보완적인 구속력을 강화시켜 결과적으로 시스템 전체를 안정시킨다. 따라서 회계가 시스템으로서 제 기능을 안정적으로 수행하기 위해서는 개별 회계기준과 이를 지지하는 기초 개념 간의 정합성이 높은, 수미일관된 논리의 체계적인 구조를 갖추어야 한다.

그림 10-1. 회계시스템의 구성요소간 보완적 관계

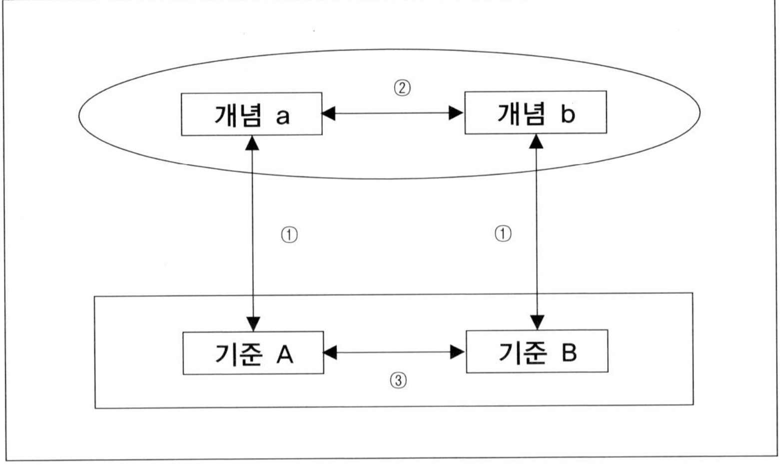

회계시스템의 내부 요소간의 정합성을 도식화하면, 〈그림 10-1〉과 같다. 본 연구에서는 기초개념과 기준 간(①)의 정합성[89]을 고려한다. 이러한 정합적인 관계는 논리로서의 체계성과 안정성을 의미한다. 개념과 기준간의 상호보완성이 높기 때문에, 회계시스템은 구조적으로 안정되고, 외부의 자극에도 쉽게 흔들리지 않게 된다.

그러나 회계기준의 안정적 측면에서 회계시스템 내의 기초개념과 기준 간에 정합성이 있어야 한다고 해서, 기초개념과 정확히 일치하는 유일한 회계기준이 존재하고 이를 찾아야 한다는 의미는 아니다. 개념

89_ 본 연구에서 언급되지는 않지만, 개념과 개념 간(②)의 정합성도 고려되어져야 한다. 왜냐하면 개념과 기준 간(①)의 정합성이 높고, 개념과 개념 간(②)에 정합성이 존재한다면, 이는 곧 개별 기준 간(③)의 정합성을 의미하기 때문이다.

과 기준간의 정합성은 양자 간의 관계와 영향에 대해서 가장 모순 없이 합리적으로 설명할 수 있는지에 관한 해석의 문제이다. 만약 회계시스템 구조 내에 모순이 존재한다면, 이는 곧 제도 내에 긴장을 유발시켜, 변화의 가능성을 내포한다. 반면, 모순이 없다면, 이는 곧 제도로서의 안정을 의미한다. 따라서 회계시스템의 개념과 기준의 내부 요소간의 논리적 관계에 관한 검토는 회계 기준의 앞으로의 전개를 예측하는 데에도 도움이 될 것이다.

2) 회계시스템에서의 개념체계의 역할

회계의 개념체계는 회계기준을 지지하는 기초개념을 제공함으로써, 개별 기준간의 정합성을 높여 회계시스템 내의 제도적 보완성[90]의 역할을 추구하는 것으로 생각되어진다(Hujii, 2007). 예를 들어, FASB의「재무회계개념체계」는 그 서문에서 개념체계를 "수미일관된 기준을 이끌고, 재무회계 및 재무제표의 성질, 기능 및 한계를 규정하는 상호관련된 제 목적과 제 원리의 정합적 체계(FASB, 1976)"로 정의하고, 이는 회계기준 설정주체의 지침이 된다고 밝히고 있다(FASB, 1976).[91] 국제회계기준위원회 또한, 개념체계를 "수미일관된 회계기준을 도출하기 위해서 재무보고의 기본목적 및 기본원리를 정합적으로 규정한 체계(IASC,[92] 1989)"로 정의하였다. 그러므로 회계시스템을 개별 기

90_ 현실에서 존재하는 여러 제도 간에서는 하나의 제도의 존재나 기능이 다른 제도의 존재나 기능에 의해 보다 강건한 것이 되는 관계가 자주 관찰된다. 제도론에서는 이와 같은 복수의 제도간의 보완관계를 "제도적 보완성"이라고 한다. 현존하는 시스템 내 구성요소 간에는 어느 정도의 제도적 보완성이 작용하고 있다. 해당 작용에 의해서 시스템이 안정되어, 기대 기능을 일정기간에 걸쳐서 효과적으로 발휘하는 것이 가능하다.

91_ 회계기준은 사회 제도의 하나로서, 관련 이해관계자들의 합의에 의해서 성립된다. 그러나 이의 경제적 영향으로 인하여 관련 이해관계자 집단에 의한 로비활동 등 회계의 정치화 문제가 일어나기도 한다(Solomons, 1978). 1970년 중반 이후에 특히 심화된 회계의 정치화 문제를 해결하기 위하여 미국의 FASB는 회계기준의 설정방식을 종래의 단편적 접근방법(piecemeal approach)에서 개념적 접근방법으로 전환하기로 하고, 이 전환의 지도 원리적 지침으로서 1978년에 재무회계개념체계를 설정하여 발표하였다.

92_ 국제회계기준위원회는 IASC(International Accounting Standards Committee)에서 2000년에 IASB(International Accounting Standards Board)로 그 명칭을 변경하였다.

준과 기초개념, 즉 개념체계로 구성되었다고 가정한다면, 시스템으로서 기대되는 기능을 안정적으로 수행하기 위하여 개별 기준과 개념체계는 서로 간의 정합성을 갖춘 체계적인 구조일 것으로 기대할 수 있다. 환언하면, 기준과 개념체계가 정합성을 갖출 때 비로소 회계시스템은 그 기능과 역할을 안정적으로 수행할 수 있을 것이다.

이와 같이 사회의 목적을 달성하기 위한 수단으로서의 회계는 구성요소간의 정합적인 관계를 토대로 체계적이고 안정적인 구조를 갖추고 있는 동시에 시대의 환경적 변화에 따라 새로운 역할을 수행하기 위해서 변화하는 가변성도 가지고 있다. 따라서 회계시스템 내의 개념체계는 시대를 초월한 보편적인 성질이 아닌 시대가 원하는 정보의 가치에 따라서 변화하고, 회계기준 또한 절대적인 해답이 아니라, 그 상황에 맞는 합리적 해석으로 선택 가능하다. 이해관계자가 느끼는 정보가치는 시대의 요구나 사회적 환경에 따라 변화하기 때문에, 만약 사회가 요구하는 회계정보의 가치가 바뀐다면, 이는 회계의 목적에 직접적으로 영향을 끼칠 것이며, 이 목적을 달성하기 위해 회계정보를 산출하는 회계기준 또한 변화하게 될 것이다.

다음 장에서는 이익의 이원화 구조를 채택하고 있는 회계기준이 어떠한 논리의 지지에 의한 것인지를 이를 지지하고 있는 개념체계의 재무보고의 목적을 둘러싼 제정과정의 분석을 통하여 알아본다.

3. 개념체계 내 재무보고 목적의 전개

국제회계기준은 재무제표 작성 및 재무보고를 위하여 준수해야 하는 규칙으로 회계기준의 목적은 개념체계의 목적을 따른다. 이에 본 장에서는 IASB/FASB의 공동프로젝트로 진행된 "재무보고를 위한 개념체계" 내의 "재무보고의 목적"을 확인한다.

2002년 9월에 IASB와 FASB는 양자 간의 회계기준의 통합이라는 공동의 목표에 합의하고, 노르워크 합의(Norwalk Agreement)를 체결하였다. 본 합의 하에 양 위원회는 기준의 수렴을 위한 첫 단계로 개념체계의 개정과 관련한 공동프로젝트를 2004년에 발족하였다.[93] 해당 공동프로젝트 하에서 2006년에 "A단계: 재무보고의 목적과 질적 특성"의 토의자료(Discussion Paper 2006)를, 2008년에는 공개초안(Exposure Draft 2008)을 발표하고, 2010년 9월에 A단계의 프로젝트를 완료하고 개념체계의 해당 부분을 개정하였다.

양 위원회는 회계기준을 일관성 있는 원칙에 명확히 기초하기 위하여 개념체계를 개정하기로 하였으며, 그 중에서도 우선 개념체계의 기초인 재무보고의 목적의 개정에 착수하였다고 밝히고 있다. 이는 재무보고의 목적으로부터 개념체계의 나머지 측면 즉, 질적 특성, 재무제표의 요소, 보고실체의 정의, 인식과 측정 및 표시와 공시 등이 논리적으로 유도되기 때문이다(Exposure Draft, 2008; OB1). 여기에서는 IASB/FASB의 "A단계: 재무보고의 목적"의 전개과정을 검토한다.

1) 토의자료(2006)

양 위원회는 2006년에 발표한 토의자료에서 재무보고의 목적을 "현재와 잠재적인 투자자, 대여자 및 기타 이해관계자들이 투자, 신용 및 유사한 자원배분의 의사결정에 유용한 정보를 제공하는 것(OB2)"으로 명시하였다. "재무보고는 이러한 목적을 달성하기 위하여 투자자, 대여자 및 기타 이해관계자들이 기업 실체의 미래 현금유입 및 현금유출(즉, 순현금유입액)의 금액, 시기 및 불확실성을 평가하는 데 도움

93_ IASB와 FASB는 개념체계의 개정을 위하여 8단계의 공동 프로젝트에 착수하였다. A단계: 재무보고의 목적과 질적 특성은 2010년 말에 완료되었으나, B단계: 재무제표 요소와 인식, C단계: 측정, D단계: 보고실체 등의 세 단계는 진행 중이고, E단계: 표시와 공시, F단계: 목적과 위상, G단계: 비영리법인으로의 적용, H단계: 남겨진 문제들 등은 아직 착수되지 않고 있다.

을 주는 정보를 제공해야 하며, 이러한 정보는 기업 실체의 순현금흐름의 창출능력과 투자자 및 대여자를 위한 수익제공능력을 평가하는 데에 필수적이다(OB3)"라며, 재무보고의 목적을 재무보고 이용자의 미래현금흐름의 예측에 도움을 주는 정보를 제공하는 것이라고 밝히고 있다.

여기서 주목해야 할 점은 수세기에 걸쳐서 회계의 주목적(O'Connell, 2007)이었다고 해도 과언이 아닌 "수탁책임의 평가"를 회계의 주목적에서 제외시키고, 이용자의 자원배분 의사결정을 위한 미래현금흐름 예측에 관한 정보의 제공을 단일 목적으로 제안하였다는 것이다. 이에 관하여 위원회는, 재무보고의 목적은 재무제표뿐만 아니라 재무보고에 의해서 제공되는 정보도 모두 포함할 수 있을 만큼 충분히 포괄적이어야 하는데(BC1.4), 경영자를 대체하거나 재임명 혹은 보상 등에 필요한 정보는 넓은 의미에서 이용자가 자원배분 결정시에도 고려하는 사항이고, 따라서 토의자료의 재무보고의 목적(OB2)이 경영자의 수탁책임을 평가하기 위한 정보를 내포하고 있기 때문에(OB28; BC1.35),[94] 수탁책임의 평가의 목적을 재무보고의 목적에서 제외시켰다고 설명하고 있다.[95]

재무제표 등의 회계정보를 의사결정에 이용할 재무보고의 이용자에 관하여는 경영자를 제외한 지분 투자자, 대여자, 공급자, 종업원, 고객, 정부 등의 광범위한 이용자로 설정하고 있다(OB6). 위원회는 당시의

94_ IASB/FASB의 토의자료, 공개초안 등은 목차의 머리글자를 사용하여 문단번호를 분류하고 있다. 예를 들면, 재무보고의 목적에 관한 토의자료(2006)의 경우, P는 Preface(서문), S는 Summary(요약), IN은 Introduction(도입), OB는 Objective(목적), BC는 Basis for Conclusions(결론에 대한 근거), AV는 대안적인 견해(Alternative view)를 나타낸다.

95_ 이 결정에 대하여 두 명의 IASB 위원이 반대하였다고 토의자료는 밝히고 있다. 그들은 수탁책임의 평가를 독립된 별도의 재무보고 목적으로 할 것을 제안하였다(AV1.1). 이들은 토의자료에서 미래 경제적 효익의 흐름을 예측하는데 관련 있는 정보와 수탁책임 평가를 위한 정보가 관련이 있다고 설명하고 있으나, 그러한 정보가 수탁책임 목적을 위한 정보를 완전히 제공하지는 않는다고 지적하였다. 수탁책임은 일반적으로 미래의 거래나 사건 혹은 현금흐름에 관한 정보보다는 과거에 대한 결과, 역사적인 기술을 강조하므로 서로의 정보의 초점이 다르며, 따라서 투자자를 위하여 수탁책임과 의사결정 유용성은 양립 가능한 목적이며, 서로 다른 정보를 요구하기 때문에 이를 별도의 목적으로 제시하여야 한다고 주장하였다(AV1.4).

IASB의 개념체계가 재무제표의 주이용자를 기존의 보통주주로 정하고 있는 것과 관련하여, 기존 보통주주의 정보욕구는 다른 이해관계자들과 본질적으로 동일하기 때문에 재무보고의 이용자를 기존의 주주(shareholders)가 아닌 보다 광범위한 현재 및 잠재적인 이해관계자(stakeholders)로 확대하였으며, 이는 앞으로의 기준 설정이 주주뿐만이 아니라 다른 모든 이해관계자들의 정보욕구를 충족시킬 수 있도록 노력해야 한다는 것을 의미한다고 밝히고 있다. 다만, 어떻게 정보욕구가 동일한지에 대한 언급은 토의자료에서 제시되지 않았다.

2) 토의자료에 대한 의견서들

IASB/FASB가 제시한 토의자료(2006)에 대하여 4대 회계법인 및 각국의 회계기준위원회를 비롯한 관련 이해관계자들로부터 179통에 이르는 의견서가 제출되었다. 의견서들의 주요 논점은 토의자료(2006)가 제시한 재무보고 목적의 완전성에 대한 의문과 재무보고 이용자의 범위에 관한 것으로 요약할 수 있다.

우선 의견서의 약 86%가 당초 토의자료(2006)가 제시한 자원배분에 관한 의사결정의 유용성이라는 재무보고의 단일 목적에 이의를 제기하였다(IASB Comment Analysis, 2007). 이들은 수탁책임 목적이 반드시 별도의 재무보고의 목적이 되어야 한다고 주장하였다. 예를 들어, 4대 회계법인은 위원회에 제출한 각자의 의견서에서 경영자의 수탁책임을 평가하기 위해서는 역사적인 회계정보의 제공이 이루어져야 하며, 따라서 재무보고의 내용에 과거의 거래와 업적에 관한 내용을 포함시키기 위한 근거로서 수탁책임의 평가는 반드시 독립된 재무보고의 기본 목적이 되어야 한다고 의견을 제시하였다(Ernst & Young, 2006; PwC, 2006 등). 다시 말하면, 주주는 재무보고의 이용자인 동시에 기업의 소유자이기도 하기 때문에 지분증권의 투자나 처분에 관한 의사결정뿐만이 아니라 경영자의 수탁책임을 평가하는 것과 같은 소유자로서의 권리 행사도 하게 되는데, 이를 위해서는 경영자의 과거 업적에 관한 정보가 필요하게 된다. 따라서 재무제표는 회계기간 동안 있었던 보고 실체의 역사적인 기술을 요약한 정보를 제공하지 않으면 안 되며, 이러한 보고 내용 제공의 근거를 위하여 수탁책임은 반드시 재무보고의 기본목적이 되어야 한다는 것이다(Deloitte, 2006; KPMG, 2006). 주요국의 회계기준위원회들도 단일 목적에 반대하며 수탁책임을 별도의 재무보고 목적으로 해야 한다고 주장하였는데(ASB, 2006; ASCG, 2006), 왜냐하면 경영자의 수탁책임을 평가할 수 있는 과거의 거래와 사건에 관한 정보의 제공이 필요하기 때문이라고 지적하였다(ASBJ, 2006; ASB, 2006; ASCG, 2006). 국제증권거래위원회(IOSCO), 런던증권거래소(LSE) 등도 투자자는 미래 현금흐름에 관한 정보도 필요하지만, 경영자를 평가하기 위해서는 과거의 정보도 필요로 한다는 점을 지적하며 수탁책임을 회계의 기본목적으로 해야 한다는 주장을 담은 의견서를 제출하였다.

한편 재무보고 정보의 이용자에 관하여도 기존 보통주주과 다른 이해관계자들의 정보욕구는 본질적으로 동일하다는 위원회의 견해에 많은 의견서들이 이견을 제시하였다. 즉 회계정보 이용자들의 정보 욕구는 서로 다르며(Deloitte, 2006), 따라서 이들의 정보 욕구를 모두 고려하여 만족시키는 것은 불가능하기 때문에, 실무적인 점을 고려하여 이용자들 간에 우선순위를 둘 것을 제안하였다(PwC, 2006; Ernst & Young, 2006). 그러나 최우선 이용자가 누가 되어야 하는 지에 대해서는 의견서마다 차이가 있었는데, 예를 들어 PwC(2006)는 현재 및 잠재적 자본시장이 최우선 이용자라고 하는 반면, ASB(2006), LSE(2006), AAA's FASC(2006) 등은 수탁책임 평가라는 재무보고의 목적을 강조할 경우에는 가장 리스크가 큰 자본을 제공한 현재의 보통주주가 되어야 한다고 제안하였다.

3) 공개초안(2008)과 이에 관한 의견서들

IASB/FASB는 2008년에 공개초안을 발표하고, 재무보고의 목적을 다음과 같이 변경하였다. 즉, 우선 "일반 목적 외부재무보고의 목적은 현재 및 잠재적 투자자, 대여자 및 기타의 채권자가 자본 제공자로서 의사결정을 하는 데에 유용한 정보를 제공하는 것으로(OB2)", 이용자의 의사결정에 유용한 정보 제공을 최상의 재무보고 목적으로 제시하였다. 그리고 "자본 제공자가 행하는 의사결정에는 해당 실체에 자원을 배분할 것인가, 한다면 어떻게 배분할 것인가, 다시 말해 자본을 제공할 것인가, 한다면 얼마나 제공할 것인가와 같은 의사결정과 자본제공자의 투자를 보전 또는 향상시킬 수 있을 것인가, 어떻게 할 수 있을 것인가와 관련된 의사결정을 포함한다. 이러한 의사결정 시, 자본제공자는 해당 실체의 순현금흐름 창출능력과 자신의 투자를 보전하고 향상시킬 수 있는 경영자의 능력을 평가하는데 관심을 가지게 될 것이다(OB9)"라며 그 의사결정의 내용을 밝히고 있다. 즉 자본 제공자의 의사결정에 유용한 정보의 제공을 최상의 목적으로 제시한 후, 의사결정을 첫째, 이용자의 자원배분 결정을 위한 실체의 순현금흐름 창출 능력의 예측을 위한 의사결정(OB10)과 둘째, 경영자의 수탁책임 평가를 위한 의사결정(OB11)으로 제시하여 두 가지의 기본 목적을 양립시켰다. 수탁책임 평가를 기본 목적에서 제외하였던 애초의 토의자료(2006)와는 달리 2006년의 각계의 의견을 반영하여 이를 미래 순현금흐름 예측과 함께 재무보고의 기본 목적으로 양립시킨 것이다.

재무보고의 이용자에 관해서도 의견서들의 의견을 따라 "자본 제공자(capital providers)"라는 용어를 사용하여 최우선 이용자 집단을 지정하였다. 최우선 이용자 집단에는 현재 및 잠재적인 지분 투자자, 대여자 및 기타 채권자들이 포함되며, 이들이 최우선 이용자 집단으로 지정된 이유는 공통의 정보욕구를 가지기 때문이라고(OB6) 공개초안은 밝히고 있다.

이와 같은 공개초안(2008)의 내용에 대해서 142통의 의견서가 제출되었다. 의견서들의 내용을 살펴보면, 우선 수탁책임 평가를 재무보고의 기본목적에 포함시킨 것에 대한 지지와 함께 최우선 이용자 집단 지정과 기업실체의 관점의 채택에 관한 의견으로 그 논점을 요약할 수 있다. 우선 대부분의 의견서가 공개초안(2008)이 이전의 토의자료(2006)보다 그 내용이 개선되었다고 평가하였다. 특히 수탁책임의 평가를 미래 현금창출능력의 예측과 함께 재무보고의 기본 목적으로 한 것에 대한 찬성 의견이 지배적이었다(Ernst & Young, 2008; PwC, 2008; Deloitte, 2008). 즉, 두 가지 목적이 양립됨으로써 실체의 경제적 활동의 미래뿐만 아니라 과거의 측면에 관한 내용도 재무보고에 포함할 수 있는 근거가 마련되고, 이에 기초한 재무보고의 내용은 자본 제공자의 의사결정에 목적 적합할 것으로 평가하였다(ASCG, 2008). 그러나 여전히 많은 의견서들이 위원회가 재무보고의 목적에서 수탁책임의 평가를 충분히 강조하고 있지 않는 반면, 미래 현금흐름 예측을 위한 정보 제공의 역할만을 지나치게 강조하고 있다고 지적하였다. 특히 실무에서는 기존의 회계 이익과 장부 금액에 기초하여 기업에 대한 가치평가모델을 사용하고 있음에도 불구하고 미래 현금흐름에 대한 이러한 지나친 강조는 불필요하다고 지적하였다.

현재 및 잠재의 자본 제공자들을 최우선 이용자 집단으로 지정한 데 대해서는 대부분의 의견서가 동의를 표시하였다(Deloitte, 2008; PwC, 2008; KPMG, 2008 등).[96] 그러나 여전히 최우선 이용자 집단 내부의 각각의 정보 욕구가 서로 다름에도 불구하고 공개초안(2008)은 이들의 다양한 정보 욕구를 지나치게 단순화시켰다고 주장하며, 기

96_ 자본제공자라는 용어의 사용이 자칫 주식투자자만으로 좁게 해석될 수 있는 오해의 소지가 있기 때문에 자금제공자(funding providers)라는 대체적인 용어의 사용을 제안하는 의견도 있었다(KPMG, 2008).

존의 IASB의 개념체계처럼 최우선 이용자 집단을 가장 높은 위험의 자본을 투자하고 있는 현재의 보통주주로 지정해야 한다고 제안하는 의견들도 있었다(ASCG, 2008; ASBJ, 2008). 최우선 이용자 집단 내에서도 이용자 간의 정보 욕구가 충돌할 가능성이 있으며 따라서 현재의 보통주주가 잠재적인 보통주주나 다른 청구권자들보다 우선되어야 한다고 주장하는 의견도 있었다(AAA, 2008).

4) 최종안(2010)

IASB/FASB는 이상의 과정을 거쳐 "재무보고를 위한 개념체계, A단계: 재무보고의 목적과 질적 속성"을 완료하고 2010년에 최종안을 발표하였다. 최종안은 우선, "재무보고의 목적은 현재 및 잠재적인 투자자, 대여자 및 기타 채권자들이 보고 실체에게 자원을 제공하기 위하여 의사결정을 하는 데에 유용한 재무정보를 제공하는 것(OB2)"으로, 공개초안(2008)과 동일하게 이용자의 의사결정에 유용한 정보의 제공을 최상의 목적으로 명시하고 있다. 그리고 정보 이용자의 자원배분 의사결정과 경영자의 수탁책임을 평가하는데 유용한 정보를 제공하는 것, 이 두 가지를 재무보고의 하부 목적으로 제시하였다. 즉, 자원배분의 의사결정을 위하여 "현재 및 잠재적인 투자자, 대여자 및 기타 채권자들은 보고 실체의 미래 순현금유입액의 예측에 도움이 되는 정보가 필요하다(OB3)"며 미래 순현금흐름의 예측을 위한 의사결정에 유용한 정보를 제공하는 것을 재무보고의 목적으로 하는 동시에, "현재 및 잠재적인 투자자, 대여자 및 기타 채권자들은 보고 실체의 경제적 자원 및 청구권에 대한 정보와 경영자가 이를 얼마나 효율적이고 효과적으로 운용하여 그들의 책임을 이행하였는지에 대한 정보가 필요하다(OB4)"며, 경영자에 대한 수탁책임의 평가를 위한 정보를 제공하는 것 또한 재무보고의 기본 목적으로 양립시키고 있다.[97]

재무보고의 이용자에 관하여는 공개초안(2008)대로 "현재 및 잠재적인 투자자, 대여자 및 기타 채권자 등의 자본제공자"를 최우선 이용자 집단으로 지정하고(OB5), 경영자는 재무보고의 이용자에서 제외시키고 있다(OB9). 최종안(2010)이 경영자나 규제 당국을 제외시키고, 자본제공자를 최우선 이용자로서 지정한 것은 일반 목적 재무보고는 보고 실체에 자원을 제공하지만 의사결정을 위해 필요한 정보의 제공을 실체에게 직접적으로 강제할 수 없는 이용자들을 위한 것이기 때문이라고 설명하고 있다.

재무보고가 제공할 내용은 보고실체의 경제적 자원과 그의 청구권, 그리고 자원 및 청구권의 변동에 관한 정보가 되어야 한다고 밝히고 있다. 특히, 경제적 자원과 그 청구권의 변동은 발생회계에 의해서 산출된 재무성과와 과거 현금흐름에 의해 반영된 재무성과, 그리고 재무성과로서부터 유래되지 않는 거래로부터의 변동으로 구분해야 한다고 하고 있다. 따라서 보고실체의 재무성과는 포괄이익과 그의 구성요소가 가장 중요한 정보(BC1. 31)이며, 경제적 자원과 그의 청구권의 식별과 측정 없이는 재무적 성과는 제공될 수 없다(BC 1. 32)고 하여 손익의 개념과 측정에 관하여 자산부채접근법에 기초함을 개념체계에서는 분명히 밝히고 있다. 특히 자산의 가치변동에 대하여 경영자에게는 수탁책임이 있기 때문에 자산부채접근법에 기초하여 측정된 손익에 대하여도 경영진은 회계책임이 있다고 기술하고 있다. 즉, "경영자는 기술적, 사회적 변화와 인플레이션이나 디플레이션 등과 같은 경제적으로 불리한 요인으로부터 가능한 한 실체의 경제적 자원을 보호해야 한다(OB4; OB27)."이는 당기순이익 혹은 기간손익 뿐만 아니라 포괄이익에 의하여도 경영자의 성과평가가 가능함을 제시하였다고 볼 수 있다.

97_ 다만, 토의자료(2006) 및 공개초안(2008) 등에서 사용된 수탁책임(stewardship)이라는 용어의 번역 상의 어려움을 이유로 최종안(2010)의 본문에서는 사용하지 않기로 하였다고 밝히고 있다(BC1.28).

이상에서 검토한 IASB/FASB의 공동프로젝트 최종안(2010)과 기존 IASC의「재무제표의 작성과 표시를 위한 개념체계(1989)」를 비교하면 다음과 같다. 우선, 재무보고의 목적에 관하여 기존의 개념체계(1989)는 이를 광범위한 정보이용자의 경제적 의사결정에 유용한 기업의 재무상태, 경영성과와 재무상태 변동에 관한 정보를 제공하는 것이라고(OB12)하고, 이와 같은 목적을 달성하기 위하여 기업의 현금 및 현금성자산의 창출 능력과 그 시기 및 확실성에 대한 평가를 위한 정보(OB15)와 경영진의 수탁책임 혹은 회계책임 평가(OB14)를 위한 정보를 제공해야 한다고 하고 있다. 이는 최종안(2010)의 재무보고의 목적과 거의 동일함을 알 수 있다. 그러나 개념체계의 개정과정에서 IASB/FASB가 처음 제시한 토의자료(2006)에서는 수탁책임의 평가가 목적에서 제외되었지만, 각계의 의견서를 통한 반발로 다시 포함되었음을 확인하였다. 한편, 기존의 개념체계(1989)는 재무제표를 이용하는 광범위한 정보이용자의 존재를 확인하면서도(OB9), "투자위험을 감수하고 기업에 자본을 제공하는 투자자의 정보수요를 충족시키기 위해서 제공되는 재무제표 정보는 또한 그 밖의 이용자의 정보수요도 상당 부분 충족시킬 것(OB10)"이므로, 재무제표의 최우선 이용자를 기존 보통주주(shareholders)에 한정시켰다. 그러나 최종안(2010)은 최우선 이용자를 "자본 제공자"로 언급하며, 현재 및 잠재적인 투자자, 대여자 및 기타의 채권자 등의 광범위한 이해관계자(stakeholders)로 재무보고의 이용자의 범위를 확대시켰음을 확인할 수 있다.

4. 손익 보고의 전개: IASB/FASB 공동 프로젝트

IASB와 FASB는 업적보고에 관한 공동 프로젝트를 2004년 4월에 착수하여, 현재 해당 프로젝트는 A, B, C의 세 단계로 나누어, A단계에서는 재무제표의 구성과 기간, B단계에서는 재무제표 내의 정보 표시와 공시, 그리고 C단계에서는 중간재무제표의 공시 및 표시에 관한 것을 다루고 있다.[98] 여기에서는 이 중에서도 B단계의 손익보고 방법에 관하여 검토한다. 왜냐하면 이 부분이야말로 재무보고의 목적을 달성하기 위하여 회계시스템이 제공할 수 있는 가장 중요한 정보인 이익의 측정 및 보고방법을 구체화하는 기준이기 때문이다. IASB와 FASB는「B단계: 재무제표 내의 정보의 표시와 공시」에 대하여 2008년 10월에 토의자료, 2010년 7월에 Staff Draft of Exposure Draft를 각각 발표하여 관련 입장을 밝히고 있다.

1) 토의 자료(2008) 및 의견서들

IASB/FASB는 2008년의 토의자료에서 재무제표의 목적과 원칙을 다음과 같이 제시하였다. 우선 제시된 재무제표의 목적은 첫째, 재무제표 간의 서로 밀접한(cohesive) 관계가 보여 지도록 보고 실체의 활동을 공시하는 것과 둘째, 보고 실체의 미래 현금흐름의 금액, 시기 및 불확실성을 평가하는 데 유용하도록 정보를 구분 표시하는 것, 마지막으로 이용자가 실체의 재무 약정 충족 여부를 평가할 수 있도록 유동성 및 재무적 유연성 등을 보여주는 것이다.

한편 손익의 보고 방법에 있어서는 현행 IAS 1호(2007),"재무제표의 표시"가 포괄손익계산서를 하나의 보고서 혹은 두 개의 보고서로 작성할 수 있도록 하고 있는 것에 대하여 하나의 포괄손익계산서 내에 포괄이익과 구성요소를 표시하도록 하고 있다(3.24). 이에 따르면, 자산의 공정가치 평가로 인한 실현수익과 미실현수익 모두가 하나의 포괄손익계산서에 표시되게 되는데, 다만 구분해서 표시하도록 하여(3.29), 기간 손익(profit/loss: IFRSs) 혹은 당기순이익(net income:

98_ 양 위원회는 2005년 12월에 A단계를 완수하여, 2007년 9월에 개정된 IAS 1호를 발표하였다.

US GAAP)의 중간합계가 포괄이익과 함께 공시되게 된다. 특히 주목할 점은 기간 손익 혹은 당기순이익의 포괄손익계산서 공시 근거에 대하여 위원회는 경제, 경영의 실무자들이 "관습"적으로 당기순이익을 유용한 성과측정치로 간주하기 때문이라고 설명하였다. 즉, 위원회는 기간 손익 혹은 당기순이익의 공시가 논리적인 기초에 근거하기 보다는 회계 관습을 계승하는 측면이 강하다고 생각하고 있음을 알 수 있다.

토의자료(2008)에 대하여 227통에 이르는 의견서가 제출되었다. 이 중에서도 손익의 보고방법과 관련하여 제시된 의견들은 우선, 하나 혹은 두 개의 보고서로 선택할 수 있었던 현재의 포괄손익계산서를 하나의 보고서로 단일화하는 것에 관한 의견과 단일화된 포괄손익계산서에 두 가지의 이익개념을 병기하도록 한 것에 관한 의견 등 두 가지로 요약할 수 있다. 우선, 대부분의 의견서에서 포괄손익계산서를 하나의 보고서로 단일화하는 것이 투명성, 일관성 및 비교가능성의 측면에서 두 개의 보고서보다는 낫다는 의견이 지배적이었다(KPMG, 2009; PwC, 2009 등). 하나의 손익계산서에 기타포괄손익과 총포괄이익이 표시될 경우, 포괄손익계산서와 재무상태표 간의 관계가 더욱 명확해지기 때문에 재무제표 간의 밀접한 관계의 표시라는 재무제표의 목적과도 일관된 방법이라는 것이다(Deloitte, 2009). 소수의 의견이기는 하지만, 보고 실체와 투자자의 가장 큰 관심은 경영자의 업적평가이고, 따라서 가장 중요한 정보는 여전히 영업이익이나 당기순이익이기 때문에 포괄손익항목을 영업이익 및 당기순이익과 함께 하나의 보고서에 표시한다면, 재무제표 이용자들에게 혼란을 야기하거나 나아가 기업의 경영성과에 대한 중대한 오해를 부를 수 있다며 하나의 손익계산서를 반대하는 의견들도 있었다(Ernst & Young, 2009 등). 한편, 대다수의 의견서들이 기타포괄손익항목의 의사결정 유용성에 동의하면서도, 포괄손익계산서 내의 기간손익 혹은 당기순이익의 보고가 여전히 매우 중요하다는 견해를 피력하고 있다(KPMG, 2009; AAA, 2009; ASB, 2009; the World Bank, 2009 등).

2) 공개초안(Staff Draft of Exposure Draft 2010)

IASB/FASB는 2010년 7월에 Staff Draft of Exposure Draft의 형식으로 초안을 발표하였다. 초안에서 양 위원회는 재무제표의 목적을 기존의 토의자료(2008)의 목적을 변경하여 다음과 같이 제시하였다. 이에 따르면, 재무제표는 첫째, 보고 실체의 순현금유입액 창출 능력의 평가와 둘째, 실체에 제공된 자원에 대한 경영자의 효율적이고 효과적인 사용의 책임, 즉 수탁책임의 이행을 평가하는데 유용한 정보를 제공하는 것을 목적으로 해야 한다. 변경의 이유에 대하여 양 위원회는 2010년에 개정된 재무보고를 위한 개념체계와의 일관성을 고려하여, 개념체계의 재무보고의 목적을 재무제표 또한 충족해야 하기 때문이라고 밝히고 있다(46). 기존의 토의자료(2008)에서 재무제표의 목적으로 제시되었던 유동성 및 재무유연성 평가와 관련된 항목은 삭제하되, 활동별 구분 및 중간합계의 제시와 같은 재무제표간의 밀접한 관계 및 구분 표시를 강조하는 재무제표의 원칙은 그대로 유지하고 있다(44-45).

재무제표간의 밀접한 관계를 강조하는 재무제표의 원칙에 따라 포괄손익계산서의 이익은 "소유주와의 거래로 인한 자본의 변동을 제외한 한 회계기간 동안 인식된 보고실체의 순자산의 변동(135)"으로 정의되어, 재무상태표의 경제적 자원의 변동과 직접적으로 연계되는 포괄이익이 손익의 기본이며, 따라서 자산부채접근법에 기초한 포괄이익이 이익 보고의 최종결과가 되어야함을 분명히 밝히고 있다. 한편 포괄손익계산서는 하나의 보고서로 작성하되, 또 다른 재무제표의 원칙인 구분표시의 원칙에 따라 기간 손익 혹은 당기순이익을 기타포괄손익항목과 구분하여 그 합계를 제시해야 한다(136). 특히 당기순이익의 제시 근거에 대한 부분은 주목할 만하다. 토의자료(2008)에서 위원회가 이는 실무의 관습적인 결과라고 한 것과 비교하여, 초안

(2010)에서는 기간 손익 혹은 당기순이익이 비록 경제적 자원의 변동과 직접적으로 연계되지는 않지만, 수탁책임의 평가 혹은 경영진의 과거 업적의 평가를 위한 가장 중요한 정보이기 때문에 반드시 포괄손익계산서 내에 중간합계의 형식으로 구분 표시해야 한다며 그 근거에 대한 입장을 변경한 것이다.

비록 해당 프로젝트가 현재 진행 중이긴 하지만, 이제까지 검토한 바에 따르면, IASB/FASB의 재무제표의 표시에 관한 공동프로젝트는 현행 IAS 제 1호(K-IFRS 제 1001호), "재무제표 표시"의 손익보고 방법과 다음과 같은 차이가 있다. 우선, 초안(2010)은 포괄손익계산서, 현금흐름표 및 재무상태표의 밀접한 관계를 나타내기 위하여 포괄손익계산서의 분류를 사업활동 및 금융활동의 활동별로 구분한다. 또한 사업활동은 다시 영업활동과 투자활동으로 나누어 각각의 중간합계를 표시하도록 요구하고 있다. 둘째, 현행 기준은 하나 혹은 두 개의 보고서 중 하나를 선택하여 작성하도록 한 것에 대하여 초안(2010)은 하나의 보고서만을 인정하되, 기간손익 혹은 당기순이익의 중간합계가 기타포괄손익항목과 반드시 구분 제시되어야 한다.

5. 재무보고의 목적과 이익 이원화 구조

1) 재무보고의 목적과 이익 개념

이상에서 우리는 IASB/FASB 공동프로젝트 중 재무보고의 목적 및 이익보고의 방법에 관하여 검토하였다. 그 결과, 재무보고의 목적과 이익 보고가 현재, 이원화의 구조로 진행되고 있음을 확인할 수 있었다.

그러나 이러한 두 가지의 이익개념과 그 기능에 관한 논의는 이번이 처음이 아니다. FASB는 1976년 12월에 토의자료 "재무회계 및 재무보고를 위한 개념체계에 관한 논점의 분석: 재무제표의 구성요소와 측정"을 통하여 순이익 및 포괄이익의 개념, 각각의 측정방법 및 기능에 대해서 정리하여 발표하였다(FASB, 1976; pars 47; 66). 토의자료에 따르면, 우선 순이익은 "한 회계기간의 수익과 비용의 차액"으로 정의한다. 여기에서 수익은 한 회계기간 동안의 기업의 수익가득활동으로부터의 산출을 의미하고, 비용은 이를 위한 투입을 의미한다. 순이익은 한 회계기간 동안에 "실현(realized)"된 수익에서 수익 산출을 위해 생산과정 등에 투입된 비용을 "대응(matching)"하여 이를 공제함으로써 측정한다. 이 때 수익은 성과를, 비용은 이를 위한 노력을 의미하기 때문에 차액인 순이익을 측정하는 것은 "기업 혹은 경영자의 업적을 측정하는 것(FASB, 1976; par 48)"이며, 이는 경영의 효율성을 나타낸다. 한편, 포괄이익은 "한 회계기간 동안의 순자산 증가의 측정치", 혹은 "기업 부의 증가의 척도(FASB, 1976; par. 46)"로 정의된다. 포괄이익은 자산을 미래의 경제적 효익을 제공하는 경제적 자원으로, 부채를 경제적 자원을 인도해야 하는 의무로 각각 정의한 다음, 한 회계기간의 자산의 변동액과 부채의 변동액의 차감액, 즉 순자산의 변동액으로 측정한다(FASB, 1976; par. 34; par. 67). 자산과 부채는 매기말 "평가"의 과정을 거쳐서 재무상태표에 보고되는데, 이 평가로 인한 순변동액이 손익계산서의 이익에 반영되기 때문에, 재무상태표와 손익계산서간의 연계는 분명해진다. 포괄이익은 미래의 경제적 효익인 자산의 평가를 기초로 측정하기 때문에 미래 현금흐름의 예측을 위한 정보의 제공에 도움을 줄 수 있을 것으로 기대된다. 다만, 평가로 인한 변동액이 그대로 이익에 포함되기 때문에, 미실현이익이 손익계산서에 보고될 가능성이 있고, 특히 자산의 평가액을 시장의 공정가치에 기초하여 측정할 경우, 이에 대한 경영자의 책임여부가 분명하지 않기 때문에, 수탁책임 평가를 위한 이익보고의 기능과는 정합하지 않을 가능성이 크다.

이러한 두 가지의 이익개념, 즉 순이익과 포괄이익의 기능과 목적은 IASB/FASB의 공동프로젝트의 재무보고의 목적 및 이익 보고 방법의 전개과정에서도 확인할 수 있다. 〈그림 10-2〉는 이에 관한 공동프로젝트의 전개과정을 종합하여, 도식화한 것이다. 우선, IASB/FASB는 「재무보고를 위한 개념체계: 재무보고의 목적」의 토의자료(2006)에서, 재무보고의 목적을 재무보고 이용자의 자원배분에 관한 의사결정에 유용한 정보를 제공하는 것이라는 단일 목적으로 제시하였다. 그러나 의견서 등을 통한 이해관계자들과의 의견수렴의 과정을 거치면서 경영자 수탁책임의 평가라는 목적이 결국 양립하게 되었고, 이는 재무보고의 이용자, 보고의 내용, 보고의 방법 등에도 영향을 끼쳤음을 확인할 수 있었다. 즉, 수탁책임의 평가는 소유자로서의 고유의 권리를 의미하기 때문에, 광범위한 이해관계자라는 당초의 이용자 중에서도 지분투자자에 대한 강조가 더해져, 결국 최종안(2010)에서는 현재 및 잠재적 자본제공자에게 그 우선권이 인정되게 되었다. 보고의 내용에 있어서도 수탁책임 평가의 목적은 재무보고의 내용에 "역사적 정보"를 포함하는 기초 개념으로 작용하였음을 알 수 있다. 이는 나아가, IASB/FASB가 이익보고의 방법에 관한 토의자료(2008)에서 회계 관습의 결과로 간주했던 순이익 보고의 논리적 기초 개념이 된다.

이상의 전개과정을 통하여 본 연구는 포괄손익계산서의 보고이익의 이원화 현상은 재무보고의 목적이 이원화됨으로써, 이를 달성하기 위한 정합적인 수단임을 확인할 수 있었다. 또한 재무보고의 이러한 이원화 구조가 재무보고에 과거와 미래의 내용을 연계시키는 측면이 있음을 확인할 수 있었다. 즉, 과거의 정보를 통하여 현재의 기업을 평가하고, 나아가 미래를 예측할 수 있는 정보를 포함하기 위한 이원화인 것이다. 이를 통하여 재무제표는 "과거"와 "미래"의 정보를 포괄할 수 있는 기초를 구축하게 된 것이다.

그림 10-2. IASB/FASB의 공동프로젝트의 재무보고 관련 개념과 기준의 의견수렴과정

	〈IASB/FASB 원안〉	〈의견서 제안〉
재무보고 목적	자원배분에 관한 재무보고의 의사결정 유용성	수탁책임평가를 위한 재무보고의 유용성
	⇩	⇩
재무보고 이용자	광범위한 이해관계자	현재 주주에게 우선권
	⇩	⇩
재무보고 정보	경제적 자원, 경제적 자원에 대한 청구권 및 이의 변동에 관한 정보	경영성과에 관한 역사적 정보
	⇩	⇩
이익의 표시	재무상태표와의 밀접한 관계에 근거한 포괄손익 보고	포괄손익계산서 내의 별도항목으로 당기순손익 표시
	⇩	⇩
이익의 인식	실현기준의 약화	실현 손익

	〈IASB/FASB 수렴안〉
재무보고 목적	미래현금흐름 예측과 수탁책임 평가를 위한 재무보고의 유용성
	⇩
재무보고 이용자	현재 및 잠재적 지분투자자, 채권자 및 기타 채권자를 포함한 자본제공자
	⇩
재무보고 정보	경제적 자원, 경제적 자원에 대한 청구권 및 이의 변동에 관한 정보
	⇩
이익의 표시	포괄손익계산서 내에 당기순손익과 기타포괄손익의 분리 표시
	⇩
이익의 인식	실현손익과 미실현손익의 분리 인식

2) 재무보고 정보이용자의 범위 확대

그렇다면, 재무보고의 내용이 과거와 미래를 포함하도록 한 논리적 배경은 무엇인가? IASB/FASB는 개념체계의 토의자료(2006)에서 재무보고의 이용자를 경영자를 제외한 이해관계자로 광범위하게 설정하였다. 그러나 의견수렴과정을 거치면서 광범위한 이해관계자들의 정보 욕구는 동일하지 않고, 따라서 모두를 충족시키는 것은 불가능하기 때문에 이들에게 우선순위를 주어 주정보이용자를 지정해야 한다는 의견이 많이 제시되었다. 이러한 주장에 따라 공개초안(2008)에서는 자본 제공자(capital providers)를 재무보고의 최우선 이용자 집단으로 지정하게 되었다. 다만, IASB/FASB의 새로운 개념체계에 의해 지정된 최우선 정보이용자는, 일반목적의 재무보고가 모든 자본 제공자의 정보 욕구에 초점을 맞추어야 한다는 점에서, 주주(shareholders)가 아닌 이해관계자(stakeholders)로 이전 개념체계의 최우선 이용자인 기존의 보통주주에 비해 그 범위가 여전히 넓다. IASB/FASB 개념체계의 공개초안(2008)에서 자본 제공자가 왜 기업 재무보고의 최우선 이용자가 되어야 하는지에 관한 다음의 설명은 특히 주목할 만하다. 초안(2008)은 "기업 실체는 자본 제공자로부터 경제적 자원을 그 청구권과의 교환으로 획득하였다. 따라서 자본 제공자는 그 청구권에 기초하여 기업의 경제적 자원에 관한 일반목적 재무보고의 가장 중요하고 직접적인 정보 욕구를 가진다(Exposure Draft, 2008; OB6)"고 하고 있다. 즉, 재무보고에 대한 자본 제공자의 우선권은 경제적 자원의 제공으로 인한 청구권에서 기인함을 밝히고 있다.

한편, 미국 회계원칙위원회(APB)는 보고서 No. 4(1970; 18)에서 기업의 회계사건에 있어서의 자원과 의무의 흐름을 (1)교환과 (2)일방적(一方的) 자원의 이전으로 분류한 바가 있다(Chen 1975). 여기에서 교환은 기업과 타실체간의 자원의 상호이전을 의미하고, 일방적 자원의 이전은 기업이 타인 혹은 타실체로부터 자원을 이전받았으나, 아직 그에 대한 대가를 지급하지 않은 상태를 말한다. 해당 보고서에 따르면, 기업은 후자의 경우에 즉, 일방적으로 이전된 자원에 대하여 상대방에게 무엇인가를 이전하지 않으면 안 되는 의무를 지게 되는데, 수탁관계 및 수탁책임은 이 경우에 성립되게 된다(APB No. 4, 1970; 18).

이상의 APB보고서를 참고하면, IASB/FASB의 개념체계 공개초안(2008; OB6)에서의 재무보고의 최우선 이용자의 조건 또한 경제적 자원의 일방적 이전으로 성립된 수탁관계이며, 이를 기초로 재무보고가 이루어져야 함을 명시하고 있다는 것을 알 수 있다. 이러한 수탁관계의 존재 여부는 자본 제공자 중 기타 채권자에 관한 설명에서 더욱 명확하게 드러나는 데, 즉 "종업원, 거래처 및 고객은 자본 제공자는 아니지만, 예를 들어 인적자원을 제공하였으나 그 급여의 지급이 이연된 종업원, 물품을 제공하였으나 아직 물품 대금을 지급받지 못한 거래처, 그리고 기업 실체가 제공하는 재화나 용역의 대가를 선급한 고객은 자본 제공자가 될 수 있다(공개초안 , 2008; OB6(c))." 이는 자원의 일방적인 이전으로 인한 위탁 및 수탁관계를 기초로 하는 전통적인 수탁책임 회계가 여전히 새롭게 개정된 개념체계의 근저에도 존재함을 나타낸다. 그러나 전통적인 수탁책임이 소유주, 즉 보통주주와의 수탁관계를 전제로 하였다면, 새로운 개념체계에서는 보고실체의 자원의 수탁관계가 기존의 지분투자자뿐만 아니라 잠재적 투자자, 나아가 부채를 제공한 채권자에게까지 확대되었다는 것을 확인할 수 있다. 이는 다음의 두 가지 측면으로 나누어 생각할 수가 있는데, 우선, 새로운 자본을 제공할 지도 모를 잠재적인 자본 제공자를 포함하여 그 대상 범위가 미래까지 확대되었다는 것과 제공 혹은 이전되는 "자본"의 정의 자체가 확대되었다는 것이다. 주주 혹은 소유자의 출자에 의해서 성립되던 전통적인 수탁관계가 새로운 개념체계에서는 종업원의 인적 자원, 거래처나 고객과의 외상 거래에서도 기업의 수탁책임이 성립한다고 설정하고 있는 것이다.

그림 10-3. 이원화 구조에서의 자본 정의의 역할

재무보고의 목적		자본		이익 측정
수탁책임의 평가	⇒	주주자본	⇒	당기순손익
미래현금흐름의 예측	⇒	순자산	⇒	포괄손익

이러한 새로운 자본의 수탁관계를 기초로 재무보고의 이원화 구조를 다시 도식화하면, 〈그림 10-3〉과 같다. 주주자본을 기초로 성립된 전통적인 수탁관계에서는 수탁책임을 평가하기 위해서는 순이익의 보고가 중심이 된다. 그러나 자본을 주주에게 귀속되는 자원으로 한정하지 않고, 기업의 귀속 자산인 순자산을 기초로 하는 경우, 미래의 경제적 효익인 순자산의 평가액의 계상과 순자산의 평가로 인한 변동액으로 이익을 측정하는 포괄이익 개념이 미래현금흐름의 예측에 유용한 정보가 될 것으로 기대할 수 있다. 자산부채접근법으로 측정되는 포괄이익이 재무보고의 목적으로부터 연역적으로 도출되게 된다.

이상의 검토를 정리하면 다음과 같다. 우선 현대 기업의 다양한 이해관계자의 존재와 이들의 정보 욕구가 회계제도의 변화에 작용을 하지만, 경제적 자원의 이전이라는 수탁관계가 그 변화의 근저에 여전히 존재하고 있음을 확인하였다. 그러나 가장 위험이 높은 지분 투자로 인한 경제적 자원의 제공에 기초하여 성립되었던 기존의 수탁관계는 기업의 복잡하고 다양한 이해관계의 영향을 받아 수탁 자본에 대한 해석이 확대되고 있으며, 이러한 영향은 회계가 산출하는 이익정보에까지 영향을 끼치고 있음을 확인할 수 있었다.

6. 맺음말

본 연구는 회계시스템 내의 기초개념과 개별 기준 간에는 논리적 관련성이 있다는 가정 하에 관련 개념 및 기준의 개정과정을 검토하여 국제회계기준의 재무보고의 목적과 이익의 이원화 구조의 논리적 경로를 이해하고자 하였다.

검토의 결과, 기존의 주주자본을 기초로 형성된 수탁책임회계가 여전히 이해관계자들에게 남아있는 한편, 기업의 복잡하고 다양한 이해관계의 영향으로 제공되는 자본의 정의가 주주자본이 아닌 기업 귀속자산 혹은 자원으로 확대되어 포괄이익의 보고 및 미래의 경제적 효익으로 정의된 자산의 평가를 중시하는 이익측정의 방법이 보고실체의 미래의 현금흐름 예측이라는 목적을 달성하고자 하는 수단으로 더해지며, 이원적 구조가 구축되었음을 확인할 수 있었다. 특히 본 연구는 기준의 결과뿐만 아니라 이의 개정과정의 검토를 통하여 그 맥락을 파악함으로써, 보고이익의 이원화, 즉 당기순이익과 포괄이익의 측정 및 보고에 관한 회계기준이 재무보고의 목적과의 논리적 정합성을 토대로 관련 이해관계자들과의 의사소통을 거친 조정의 결과임을 확인하였다. 이러한 과정은 회계기준이 사회의 한 제도로서 안정되고 체계적인 구조를 추구한 결과임을 의미한다.

수탁관계의 확대 등으로 인한 다양한 정보욕구를 충족시키기 위하여 재무보고의 목적을 양립시키고, 이를 기초로 보고이익의 내용과 방법에 관한 기준이 연역적으로 도출되고, 그 결과 이익의 이원화를 이끌었다. 자원의 위탁 및 수탁에 기초한 수탁관계를 기초로 전통적인 수탁책임 회계가 여전히 새롭게 개정된 개념체계의 근저에 존재하면서도, 새로운 개념체계는 현재의 지분투자자뿐만이 아니라 잠재적 투자자, 나아가 부채를 제공한 채권자에게까지 그 범위가 확대되고 있음을 확인할 수 있었다. 이는 현대 기업이 복잡한 수탁관계를 기초로 하는 다양한 "회계책임의 네트워크(Ijiri, 1975)"에 있다는 것을 다시 한 번 확인할 수 있었다.

그러나 이러한 확대된 정보이용자의 정보 욕구와 이원화된 재무보고의 목적을 달성하기 위한 회계정보를 과연 하나의 보고서에 모두 표현하는 것이 가능한가와 같은 의구심은 쉽게 해결될 것 같지는 않다. 이를 테면, 새로운 개념체계의 재무보고의 목적에 수탁책임 평가가 더해짐으로써 토의자료(2006)에서부터 기업실체 관점을 유지하고 있던 IASB/FASB의 개념체계 공동프로젝트에는 기업실체 관점과 소유주 관점을 어떻게 해결할 것인가와 같은 새로운 논란이 이미 시작되었다. 원칙주의를 표방하고 있는 국제회계기준에 대한 논리적이고 이론적인 검토가 필요한 이유이다.

책을 맺으며

본 연구는 회계시스템의 변화를 '제도'의 변화로 간주하여, 사회학이나 경제학 등 회계관련 인접학문에서 활발히 전개되어 온 제도이론을 기초로 회계제도 변화 과정과 그에 영향을 끼치는 동력에 관한 것이었다. 특히 1997년 경제위기를 계기로 우리나라 회계시스템에 일어난 제도변화를 사례로 연구되었다. 예를 들면, 우리나라 기업집단에 도입된 결합재무제표, 외화환산회계기준 등과 같은 것들이다. 이러한 회계기준 등이 어떻게 우리나라에 도입이 되게 되었는지, 혹은 변경되었는지를 제도이론을 기초로 그 과정을 체계적으로 검토하였다.

각 장에서의 연구결과는 다음과 같이 요약될 수 있다.

1장에서는 회계학 연구에 많이 사용되어 온 제도이론을 중심으로 이론의 특징과 접근방법에 대해서 확인하고, 실제 제도이론을 원용한 회계학 연구의 연구동향에 대해서도 검토하였다. 그 결과 최근에 들어서는 엄밀히 분류된 제도이론의 각계보가 서로 다른 가정을 교차로 상정해서 분석하게 되는 것으로 다원적인 연구의 입장을 형성하고 있는 것이 확인되었다.

2장은 회계기준을 사회 내 환경적 요인과의 합의에 의해서 성립된 제도로서 간주하고, 우리나라의 회계제도 변화를 중심으로 이를 둘러싼 환경적 요인에 대해서 검토하였다. 본 장에서는 금융위기를 계기로 촉발된 우리나라 회계제도의 변화를 정통성 회복을 위하여 국제회계기준에 일치시킨 동형화의 과정으로 밝히고 있다. 그리고 이는 환경적 요인에 순응하여 변화하는 진화의 과정임을 밝히고 있다.

3장에서는 1997년 경제위기 이후에 결합재무제표가 도입된 기업집단의 지배구조에 관하여 검토하였다. 이 장에서는 특히 우리나라의 기업집단의 계열회사들이 어떻게 지배·통제구조를 구축하였는지에 대해서 검토하였고, 통제구조가 주식지분소유를 통해서 뿐만이 아니라 상호채무지급보증을 통해서도 구축되어 있다는 사실을 밝혔다. 또한 이러한 실제의 존재로 인하여 어떻게 기존의 그룹회계기준, 즉 연결재무제표가 기업지배구조를 시장에 공시하는 데에 실패하였는지에 대해서도 설명하였다.

4장에서는 연결회계이론을 기초로 기업집단에 도입된 결합재무제표준칙의 특징에 대해서 확인하였다. 우리나라의 기업집단에 도입된 결합재무제표는 일반적인 연결회계실무에서 작성하는 연결재무제표와 비교하여 다음의 두 가지 특징이 있다고 확인되었는데, 첫 번째는 작성 범위이다. 연결재무제표의 범위를 결정하는 데에는 일반적으로 주식소유비율을 고려하는 것에 비해, 결합재무제표의 범위는 주식소유비율과는 관계없이 기업집단에 속하는 모든 계열회사를 포함한다. 두 번째의 특징은 주석 공시의 강화로, 결합재무제표에서는 기업집단 내의 계열회사 간 상호채무보증이나 담보제공 현황 등 계열회사 간 상호거래에 대한 공시가 강화되어 있다.

5장은 우리나라 그룹회계실무의 제도 변화에 초점을 맞추고 그 과정을 제도이론의 관점에서 분석하였다. 대부분의 관련 선행연구들은 변화로 기대되는 결합재무제표의 유용성 혹은 주가관련성 등을 지적하였는데 반하여, 본 연구에서는 결합재무제표의 도입에 의한 제도적 동형화를 지적하였다. 특히 IMF와 정부에 의해서 실시된 이러한 강제적 동형화는 우리나라 회계시스템이 외부 자본시장의 지배적인 회계실무로부터 정통성을 획득하는 데 도움을 주는 데, 제도 변화의 역할이 있다고 제안하였다.

6장에서는 제도적 연결구조 내에서 회계제도의 변화과정이 검토되었다. 그룹회계실무의 사례를 통해 제도적 연결구조 내에서 어떻게, 그리고 왜 기존의 회계제도가 새로운 제도로 변화하는 지에 대하여 연구되었다. 우리는 회계영역과 제도적 보완성을 가진 영역들로서 금융 및 기업지배구조의 영역을 확인하였다. 영역에 걸친 보완성은 경제적 지대를 발생시키고, 이는 연결구조 내의 제도들을 유지시키는 역할을 수행한다. 그러나 연결구조 내에서 제도적 위기를 경험하게 되면, 새로운 경제적 지대, 예를 들면 새로운 정통성 등을 추구하며, 변화과정을 겪게 되고, 마침내 관련 영역들 간에 걸쳐 제도적 재배합이 일어난다는 것을 확인하였다.

7장에서는 회계제도가 그것이 속한 사회의 관련영역들 간에 걸쳐 형성된 제도적 연결구조의 내에서 변화해 가기 때문에, 제도 변화의 결과가 독자적일 수도, 다원적일 수도 있음을 사례를 들어 설명하였다.

8장에서는 1996년부터 1998년까지의 우리나라 외화환산회계기준의 변경 사례를 이용하여 제도적 연결구조를 기초로 거시적 회계정책의 전개과정을 체계적으로 파악하고, 우리나라 사회에 있어서의 회계기준의 역할에 대해서 이해하고자 하였다. 연구 결과, 회계기준의 변화는 사회 내의 관련 영역 및 제도와의 관련성을 토대로 그 변화를 이해하는 것이 보다 논리적이라는 것을 알 수 있었다. 특히 외화환산회계기준의 경우, 외화자금조달과의 관련, 변동환율제도의 도입 등이 외화환산회계기준의 변경을 촉진한 계기가 되었으며, 이는 나아가 회계의 가시성으로 인하여 우리나라 주요 기업의 막대한 외화차입금의 문제를 노출시키며, 우리 경제시스템의 문제를 독자적으로 해결하려 한 결과였음을 알 수 있었다.

9장은 외부 환경의 요인, 즉 외부 이해관계자들의 요구가 회계목적에 반영되어, 이를 매개로 전개되는 회계제도의 변화과정을 보다 종합적으로 검토하기 위해서 회계책임개념에 의거하여 그 가능성을 시도하였다. 구체적으로는 IASB/FASB 개념체계 공동프로젝트 '재무보고의 목적과 질적 특성', 특히 '재무보고의 목적'을 둘러싼 개정작업을 검토하였다.

10장에서는 회계시스템 내의 기초개념과 개별 기준 간에는 논리적 관련성이 있다는 가정 하에 관련 개념 및 기준의 개정과정을 검토하여 국제회계기준의 재무보고의 목적과 이익의 이원화 구조의 논리적 경로를 이해하고자 하였다. 검토의 결과, 기존의 주주자본을 기초로 형성된 수탁책임회계가 여전히 이해관계자들에게 남아있는 한편, 기업의 복잡하고 다양한 이해관계의 영향으로 제공되는 자본의 정의가 주주자본이 아닌 기업 귀속 자산 혹은 자원으로 확대되어 포괄이익의 보고 및 미래의 경제적 효익으로 정의된 자산의 평가를 중시하는 이익측정의 방법이 보고실체의 미래의 현금흐름 예측이라는 목적을 달성하고자 하는 수단으로 더해지며, 이원적 구조가 구축되었음을 확인할 수 있었다. 특히 본 연구는 기준의 결과뿐만 아니라 이의 개정과정의 검토를 통하여 그 맥락을 파악함으로써, 보고이익의 이원화, 즉 당기순이익과 포괄이익의 측정 및 보고에 관한 회계기준이 재무보고의 목적과의 논리적 정합성을 토대로 관련 이해관계자들과의 의사소통을 거친 조정의 결과임을 확인하였다. 이러한 과정은 회계기준이 사회의 한 제도로서 안정되고 체계적인 구조를 추구한 결과임을 의미한다.

본 연구에서는 여러 사례를 들어서, 회계제도의 변화에 관해서 고찰하였다. 특히 회계제도를 변화시키는 동력에 대해서 다루었는데, 다음 세 가지의 동력을 확인할 수 있었다. 첫째는 정통성(legitimacy)으로서, 사회 내의 행위자 혹은 조직 행동에 가치를 부여하는 개념이다. 더 큰 사회시스템에서 정통성을 인정받은 회계제도로의 동형화는 우리나라의 경제 행위자들이 더 큰 자본시장과 회계실무에서 생존할 수 있도록 하는 동력이 된다는 것을 확인하였다. 두 번째는 금융 혹은 자본시장과 같은 회계영역과 관련 있는 영역들과의 제도적 연결구조로부터의 발생하는 경제적 지배이다. 마지막으로 제도 변화를 이끄는 또 다른 동력으로는 경제규모가 있다. 상대적으로 작은 사회가 더 큰 사회에 노출되어 접촉을 시작하게 되거나, 폐쇄 경제가 개방 경제로 전환될 때, 더 작은 규모의 사회는 더 큰 사회의 제도에 따르는 것이 경제적으로 합리적이라는 결과를 얻을 수 있었다. 이러한 현상은 더 큰 사회로의 동형화를 통해서 더 큰 사회로부터 부여되는 정통성의 추구에 의해서 야기된다. 따라서 세 가지의 동력을 서로 구별하기는 쉽지 않다. 이미 관찰하였듯이, 이는 제도변화의 과정에서 동시에 혹은 연속적으로 작용하기 때문이다.

회계제도 변화의 이해를 위해서 이론적으로 체계적이고 포괄적으로 검토한 본 연구에는 다음의 한계들이 있다. 하나는 회계시스템의 변화에 적용된 제도이론의 사용에 대한 설명이 부족하다. 둘째는 본 연구에서는 변화이전에 받아들여진 기존 제도의 형성에 관해서는 어떠한 언급도 없다. 세 번째는 변화 이후에 일어난 일에 대해서도 여전히 검토가 없어서 제도적 맥락에서 변화의 결과에 대한 설명이 없다. 그럼에도 불구하고, 본 연구의 검토는 회계선택의 결정이나 기준의 변화에 대하여 효율적이고 정보적인 관점을 제공하고 있는 기존의 전통적인 회계연구과 함께 사회 내의 회계현상에 대하여 보다 폭넓은 이해를 제공할 수 있는 보완적인 연구가 될 것으로 기대된다.

참고문헌

국문참고문헌

강철규. 1998. "정부-재벌주도 성장과 한국적 시장경제의 특성," 비교경제연구, 6, 215-248.

고승희. 1988. "한국에 있어서 회계원칙의 생성에 관한 환경론적 고찰," 한일경상논집, 4, 55-83.

고승희. 2007. 한국회계기준 변천사 연구. 연구보고서. 한국회계학회.

국제통화기금(IMF). 1997. 한국과의 대기협정.

국제통화기금(IMF). 1998. 한국의향서.

권성수·권수영. 2006. 연결재무제표의 주재무제표화에 따른 기업회계기준의 개선방안. 회계저널(제15권 회계기준 특별호): 55-85.

권영도. 2012. 연결회계정보와 기업 신용등급이 관련성. 경영교육연구 27(1): 439-455.

김경호·정영기·김경태·이영한. 2007. 국제회계기준과 국내 회계 및 공시관련 제 법률간의 상충과 조정방안에 관한 연구. 한국회계학회 하계학술대회 발표논문.

김광윤·강승모. 1997. 회계환경이 회계기준설정과 정보유용성에 미치는 영향에 관한 구조분석. 회계저널(제6권 제2호): 139-170.

김문철·안영균·정혜영. 2006. 국제회계기준의 전면 수용과 대책에 관한 연구. 회계저널(제15권 제3호): 165-194.

김형순. 2006. 연결회계기준의 국제적 정합성에 관한연구-국제회계기준 제 27호에 대한 공개초안을 중심으로. 회계저널(제15권 회계기준 특별호): 33-53.

김형주. 1987. “회계기준의 제정과 경제적 영향,” 한일경상논집, 3, 1-24.

문창권. 1995. “변동환율제도와 국제통화의 역할,” 한일경상논집, 11, 27-56.

문현주. 2011. 회계이익의 질적 비교 - 한국 GAAP 대 IFRS. 경영교육연구 26(6): 143-162.

박경호, 임승연, 김칠봉, 이창우. 2009. K-IFRS에 근거한 기능통화 회계제도의 도입효과: 외항해운기업사례. 회계저널 18(1): 87-112.

박석재·임재희. 2011. 국제회계기준 도입 성과평가에 관한 연구. 경영교육연구 26(4): 487-510.

서란주·조성표. 2011. 국제회계기준 도입 기업에서 원칙중심기업의 적용 및 공시에 대한 사례연구. 회계저널 20(3): 393-426.

송인만, 양동훈, 김인숙. 2010. IFRS 조기도입의 주요특징 및 재무제표 영향. 회계저널 19(2): 345-370.

송인만, 윤순석, 최 관. 2012. K-IFRS 중급재무회계. 4판. 신영사. 서울.

오준환·김호중·김성남. 2006. 국제회계기준의 수용방안에 관한 연구: 수용수준, 대상 및 시기의 결정을 중심으로. 회계저널(제15권 제2호): 31-58.

윤순석·이원창·전성빈. 1999. 경영투명성 제고를 위한 회계제도의 개선방안. 회계저널(제8권 제2호): 175-202.

이선복. 2010. “일본식 회계모델의 구축과 패러다임 변화,” 한일경상논집, 49, 41-69.

이승태. 2010. 한국채택국제회계기준(K-IFRS) 조기도입 기업의 회계처리에 관한 사례 연구. 경영교육연구 제 60집: 231-256.

이영한·박정우·이정화. 2009. 국제회계기준 도입에 따른 연결 재무제표의 주재무제표화가 재무제표공시 및 회계감사 관련제도에 미치는 영향. 회계저널 18(3): 301-330.

임석식·김경태·이영한. 2009. K-IFRS 적용의 실무적 문제점 및 대책. 회계저널 18(4): 127-159.

장지상. 1996. "산업정책이 재벌의 과도한 다각화와 소유·경영구조에 미친 영향," 사회과학과 정책연구, 18(2), 55-81.

장지인·전영순. 1999. 금융위기 이후 한국회계기준의 과제와 발전방향. 회계저널(제8권 제2호): 211-248.

전규안·최종학·박종일·이병희. 2007. 기타포괄손익과 재무분석가의 이익예측 오차 사이의 관련성에 관한 연구. 회계학연구 32(1): 141-171.

정유석. 2010. IFRS의 상환우선주 부채 분류와 과소 자본세제 적용에 관한 연구. 경영교육연구 제 64집: 43-63.

조성표·박기찬. 2003. "외화환산손익에 대한 대체적 회계처리방법과 자본시장의 반응," 회계학연구, 28(4), 29-62.

조장연. 1999. 21세기 한국기업회계기준의 구조와 방향. 한국회계연구원 1999년도 국제심포지움 자료.

조장연·강병민. 2003. 한국회계기준과 국제회계기준의 정합성에 관한 연구. 회계저널(제12권 제1호): 153-177.

최경렬. 2008. 국내기업의 해외 상장에 관한 연구-DR상장과 주권상장의 비교를 중심으로. 증권예탁: 39-61.

최국현·손여진. 2011. K-IFRS의 자산재평가가 기업가치와 재무분석가의 이익예측 정확도에 미치는 영향. 회계저널 20(4): 57-90.

최성호·김인숙·최관. 2011. K-IFRS 조기도입기업의 이익특성과 회계정보의 가치관련성. 회계학연구 36(2): 1-30.

최종서. 2004. 아시아 금융위기를 전후한 한국과 일본의 회계제도개혁의 성과에 대한 비교연구. 회계저널(제13권 제1호): 73-111.

최종윤·이상화(2006), "아시아 금융위기 이후의 한국과 일본의 회계기준 국제화," 한일경상논집, 35, 3-27.

한국회계기준원. 2007. 기업회계기준전문.

한봉희. 2006. 국제회계기준에 따른 연구개발 지출의 회계처리 기준 변경에 대한 시장반응. 회계학연구 31(1): 97-125.
KASB. 2007. 재무제표의 작성과 표시를 위한 개념체계. K-IFRS.
KASB. 2007. 재무제표 표시. K-IFRS: 제 1001호.

영문참고문헌

AAA. 2008. Comments on Exposure Draft: An Improved Conceptual Framework for Financial Reporting: the Objective of Financial Reporting and Qualitative Characteristics of Decision-useful Financial Reporting Information. IASB Comment letters.
AAA. 2009. Comments on Discussion Paper: Preliminary Views on Financial Statement Presentation. IASB Comment letters.
AAA's Financial Accounting Standards Committee. 2006. Comments on Discussion Paper: Preliminary Views on an Improved Conceptual Framework for Financial Reporting: the Objective of Financial Reporting and Qualitative Characteristics of Decision-useful Financial Reporting Information. CL176. IASB Comment letters.
Accounting Research Bulletin (ARB) 51, 1959.
Accounting Standards for Combined Financial Statements of Business group, Korean Financial Accounting Standards Supplementary Accounting Standards , 2004.
Accounting Standards for Consolidated Financial Statements, Korean Financial Accounting Standards Supplementary Accounting Standards, 2004.

Ahn, Young-kyoon, "preparation Method of Combined Financial Statements and Its Problems," Management Research, Vol. 32, No. 1, 1998, pp.81-97

AICPA's Accounting Principles Board. 1970. Basic Concepts and Accounting Principles. Accounting Principles Board Statement No. 4.

Ansari, S. and Euske, K. J. 1987. Rational, Rationalizing, and Reifying Uses of Accounting Data in Organizations, Accounting, Organizations and Society 12(6): 549-570.

Aoki, M and Okuno M., Comparative Institutional Analysis : A new approach to economic systems, Tokyo University Press, 1996.

Aoki, M,. "Dynamism of Institutions", in Masahiko Aoki and Masahiro Okuno eds., Comparative Institutional Analysis: A new approach to economic systems, Tokyo University Press, 1996.

Aoki, M,. Okuno M. and Sekiguch, "Corporate Governance," in Masahiko Aoki and Masahiro Okuno eds., Comparative Institutional Analysis : A new approach to economic systems, Tokyo University Ptrdd, 1996.

Aoki, M. 2001. Toward a Comparative Institutional Analysis. The MIT Press.

Asaba, Z. 1983. Basics of Accounting Measurement Structure. Chuokeizaisya. [Printed in Japanese]

ASB. 2006. Comments on Discussion Paper: Preliminary Views on an Improved Conceptual Framework for Financial Reporting: the Objective of Financial Reporting and Qualitative Characteristics of Decision-useful Financial Reporting

Information. CL160. IASB Comment letters.

ASB. 2009. Comments on Discussion Paper: Preliminary Views on Financial Statement Presentation. IASB Comment letters.

ASBJ. 2006. Comments on Discussion Paper: Preliminary Views on an Improved Conceptual Framework for Financial Reporting: the Objective of Financial Reporting and Qualitative Characteristics of Decision-useful Financial Reporting Information. CL172. IASB Comment letters.

ASBJ. 2008 Comments on Exposure Draft: An Improved Conceptual Framework for Financial Reporting: the Objective of Financial Reporting and Qualitative Characteristics of Decision-useful Financial Reporting Information. IASB Comment letters.

ASCG. 2006. Comments on Discussion Paper: Preliminary Views on an Improved Conceptual Framework for Financial Reporting: the Objective of Financial Reporting and Qualitative Characteristics of Decision-useful Financial Reporting Information. CL139. IASB Comment letters.

ASCG. 2008. Comments on Exposure Draft: An Improved Conceptual Framework for Financial Reporting: the Objective of Financial Reporting and Qualitative Characteristics of Decision-useful Financial Reporting Information. IASB Comment letters.

Bank of Korea, Official Information press, 1992.

Baxter G. C and J. C. Spinney, "A Closer Look at Consolidated Financial Statement Theory (part Ⅰ)," CA Magazine, January, 1975

Beaver, W. H., Financial Reporting: An accounting Revolution, the

3th edition, Prentice Hall, 1998.

Bedford, N. M., K. W. Perry and A. R. Wyatt, Advanced Accounting: An Organizational Approach, 3th ed., John Wiley & Sons, Inc., 1961.

Burchell, S., Clubb, C, Hopwood, A., Hughes, J. and Nahapiet, J, "The Roles of Accounting in Organizations and Society," Accounting, Organizations and Society, Vol. 5, No. 1, 1980, pp. 5-27

Burns, J. 2001. Institutional Theory in Management Accounting Research: Towards more Pluralistic Dialogue in Conceptualising Management Accounting Change. Working Paper, University of Manchester.

Burns, J. and R. W. Scapens. 2000. Conceptualizing Management Accounting Change: an Institutional Framework. Management Accounting Research 11: 3-25.

Bushman, R. M. and Smith, A. J. 2001. "Financial Accounting and Corporate Governance," Journal of Accounting and Economics 32, pp.237-333.

Carpenter, V. L. and E. H. Feroz. 1992. GAAP as a Symbol of Legitimacy: New York State's Decision to Adopt Generally Accepted Accounting Principles for External Financial Reporting. Accounting, Organizations and Society 17(7): 613-643.

Carpenter, V. L. and E. H. Feroz. 2001. Institutional Theory and Accounting Rule Choice: an Analysis of Four US State Governments' Decisions to Adopt Generally Accepted Accounting Principles. Accounting, Organizations and Society 26: 565-596.

Carruthers, B. G. 1995. Accounting, Ambiguity and the New Institutionalism. Accounting, Organizations and Society, 20(4): 313-328.

Chang Chan-Sup, "Chaebol: The South Korean Conglomerates," Business Horizons, March-April, 1998.

Chang, Ji-sang. 1996. "The Effect of Industrial Policy on the Ownership and Control Structure of Chaebols," Social Science and Policy Research Vol. 18, No. 2.

Chen, R. S. 1975. Social and Financial Stewardship. The Accounting Review. 50(3): 533-543.

Childs, W. H. 1949. Consolidated Financial Statemensts: Principles and Procedures, Cornell University Press.

Choi, Jong-seo,"Evaluating the Accounting Reforms in Korea after the 1997 Economic Crisis," The Journal of Korean Economic Studies, Vol. 1, No. 1, 2001, pp.29-48.

Coase, R. 1937. The Nature of the Firm. Economica 4: 386-405.

Cooper, D. 1980. Discussion of Towards a Political Economy of Accounting. Accounting, Organizations and Society 5(1): 161-166.

Cooper, W. W. and Y. Ijiri (eds.). 1983. Kohler's dictionary for accountants. 6th ed. Prentice-Hall.

Covaleski, M. A. and M. W. Dirsmith. 1988. An Institutional Perspective on the Rise, Social Transformation and Fall of a University Budget Category. Administrative Science quarterly 33: 562-587.

Covaleski, M. A., Dirsmith M. W. and Michelman J. E., "An Institutional Theory Perspective on the DRG Framework, Case-Mix Accounting Systems and Health-Care Organizations,"

Accounting, Organizations and Society, Vol. 18, No. 1, 1993, pp.65-80

Covaleski, M., M. W. Dirsmith and S. Samuel. 2003. Changes in the Institutional Environment and the Institutions of Governance: Extending the Contributions of Transaction Cost Economics within the Management Control Literature. Accounting, Organizations and Society 28: 417-441.

Dacin, M. T, Goodstein, J. and Scott, W. R., "Institutional Theory and Institutional Change: Institutional Change: Introduction to the Special Research Forum," Academy of Management Journal, Vol. 45, No. 1, 2002, pp.45-57

Davis, G. F., Diekmann, K. A. and Tinsley, C. H., "The Decline and Fall of the Conglomerate Firm in the 1980s: The Deinstitutionalization of an Organizational Form," American Sociological Review, Vol. 59, No. 4, 1994, pp. 547-570.

Deloitte. 2006. Comments on Discussion Paper: Preliminary Views on an Improved Conceptual Framework for Financial Reporting: the Objective of Financial Reporting and Qualitative Characteristics of Decision-useful Financial Reporting Information. CL164. IASB Comment letters.

Deloitte. 2008. Comments on Exposure Draft: An Improved Conceptual Framework for Financial Reporting: the Objective of Financial Reporting and Qualitative Characteristics of Decision-useful Financial Reporting Information. IASB Comment letters.

Deloitte. 2009. Comments on Discussion Paper: Preliminary Views on Financial Statement Presentation. IASB Comment letters.

DiMaggio, P. 1983. Interest and Agency in Institutional Theory, in

Zucker, L. G. (eds.) Institutional Patterns and Organizations: Culture and Environment Cambridge. MA: Ballinger.

DiMaggio, P. 1988. Interest and Agency in Institutional theory. in Zucker, L. G. (eds). Institutional Patterns and Organizations: Culture and Environment Cambridge. MA: Ballinger.

DiMaggio, P. J. and W. W. Powell. 1983. The Iron Cage Revisited: Institutional Isomorphism and Collective Rationality in Organizational Fields. American Sociological Review 48(2): 147-160.

Dirsmith, M. W., J. B. Heian and M. A. Covaleski. 1997. Structure and Agency in an Institutionalized Setting: The Application and Social Transformation of Control in the Big Six. Accounting, Organizations and society 22(1): 1-27.

Dirsmith, M. W., "Discussion of "Social Environments and Organizational Accounting," Accounting, Organizations and Society, vol.11,no.4/5, 1986, pp.357-367.

Do Tae-young and Rye Gun-gwan, "Economic Analysis on Debt-Payment Guarantee in Chaebols," Analysis on Korean Economy, 2000.

Ernst & Young. 2006. Comments on Discussion Paper: Preliminary Views on an Improved Conceptual Framework for Financial Reporting: the Objective of Financial Reporting and Qualitative Characteristics of Decision-useful Financial Reporting Information. CL127. IASB Comment letters.

Ernst & Young. 2008. Comments on Exposure Draft: An Improved Conceptual Framework for financial reporting: the objective of Financial Reporting and Qualitative Characteristics of Decision-useful Financial Reporting Information. IASB

Comment letters.

Ernst & Young. 2009. Comments on Discussion Paper: Preliminary Views on Financial Statement Presentation. IASB Comment letters.

Ezzamel, M., K. Robson, P. Stapleton and C. Mclean. 2007. Discourse and Institutional Change: Giving Accounts and Accountability. Management Accounting Research 18: 150-171.

FASB. 1976. An Analysis of Issues Related to Conceptual Framework for Financial Accounting and Reporting: Elements of Financial Statements and Their Measurement. FASB Discussion Memorandum.

FASB. 1976. Scope and Implications of the Conceptual Framework Project.

FASB. 1978. Objectives of Financial Reporting by Business Enterprises. Statement of Financial Accounting Concept No. 1.

Financial Accounting Standards Board (FASB), Discussion Memorandum: Consolidation Policy and Procedures, 1991.

Financial Accounting Standards Board (FASB), Statement of Financial Accounting Concept No. 1, 1978.

Giddens, A. 1996. Sociology 2nd edition. Polity Press London.

Granlund, M. 2001. Towards Explaining Stability In and Around Management Accounting Systems. Management Accounting Research 12: 141-166.

Greenwood, R. and Hinings, C. R.,"Understanding Radical Organizational Change: Bringing Together the Old and the New institutionalism,"Academy of Management Review, Vol. 21, No. 4, 1996, pp. 1022-1054

Hamiltion, W. 1932. Institution in E. Seligman and A. Johnson (eds.). Encyclopedia of the Social Sciences 8: 84-89.

Hattori Tamio, "Ownership of Korean Chaebols," Social science Vol. 30, Dojisha University, 1982.

Hattori Tamio, Management Development of Korea, Bunsindo, 1988.

Hawley, A. 1968. Human Ecology. in David L. Sills (eds). International Encyclopedia of the Social Sciences. New York: Macmillan: 328-337.

Hopwood, A. G. 1984. Accounting and the Pursuit of Efficiency. in Hopwood, A. G and Tomkins, C. (eds). Issues in Public Sector Accounting. London: Philip Allen.

Hopwood, A. G. 2000. Understanding Financial Accounting Practice. Accounting, Organizations and Society 25: 763-766.

Hopwood, A. G. 1987. "The Archaeology of Accounting Systems," Accounting, Organizations and Society, 12(3), 207-234.

Horovitz, J., Top Management Control in Europe, Macmillan, 1980.

Hoskin, K. W and R. H. Macve. 1988. "The Genesis of Accountability: The West Point Connections," Accounting, Organizations and Society, 13(1), 37-73.

Hoskin, K. 1996. "The 'Awful Idea of Accountability': Inscribing People into the Measurement of Objects," In Munro, R. and J. Mouritsen (Eds.), Power, Ethos and the Technologies of Managing, London: International Thompson Business Press.

Howard S, Tu, Kim Seung-Yong, acd Sherry E. Sullivan, "Global Strategy Lessons from Japanese and Korean Business Groups," Business Horizons, March-April 2002.

Hujii, H. 2007. Accounting Theory for Institutional Change.

Chuokeizaisya. [Printed in Japanese]

Hujii, Hideki, "Decision-Making Usefulness Approach as a Faith of Accounting Control in U.S and England." JICPA Journal, Vol.4, No.8, 2002a, pp.21-27

Hujii, Hideki, "Institutional Configuration of Accounting and Possibility of Its Evolution," Kyoto University Working Paper J-7, 2006.

Hujii, Hideki, "International Trend on Harmonization of Accounting Standards and Harmonization Strategy fo Japan," Accounting, Vol.163, No.2, 2003, pp.17-35

Hujii, Hideki, "New Accounting Standards and Corporation Behavior," Accounting, Vol. 16, No. 5, 2002b, pp. 1-14.

IASB. 2007. Conceptual Framework Phase A: Objective of Financial Reporting and Qualitative Characteristics, Comment Letter Summary on the Discussion Paper.

IASB. 2008. Conceptual Framework Phase A: Objective of Financial Reporting and Qualitative Characteristics. Comment Letter Summary on the Exposure Draft.

IASB. 2010. The Conceptual Framework for Financial Reporting.

IASB/FASB. 2006. Preliminary Views on an improved Conceptual Framework for Financial Reporting: the Objective of Financial Reporting and Qualitative Characteristics of Decision-useful Financial Reporting Information. Discussion Paper.

IASB/FASB. 2008. An Improved Conceptual Framework for Financial Reporting Chapter 1: The Objective of Financial Reporting. Exposure Draft.

IASB/FASB. 2008. Preliminary View on Financial Statement

Presentation. Discussion Paper.

IASB/FASB. 2010. Financial Statement Presentation. Staff Draft of Exposure Draft.

IASC. 1989. Framework for the Preparation and Presentation of Financial Statements.

Ijiri, Y. 1975. Theory of Accounting Measurement. AAA Studies in Accounting Research No. 10. AAA.

IMF [1997a] Korea Letter of Intent (December 3)

IMF [1997b] Republic of Korea, IMF Stand-by Arrangement (December 5)

IMF [1998] Korea Letter of Intent (February 7)

IOSCO. 2006. Comments on Discussion Paper: Preliminary Views on an Improved Conceptual Framework for Financial Reporting: the Objective of Financial Reporting and Qualitative Characteristics of Decision-useful Financial Reporting Information. CL177. IASB Comment letters.

Itami Hiroyuki, Japanese Corporate Governance, Nihon Keizai Shimbum Press, 2000.

Iwatami Economics Dictionary, 2004.

Joo, In-ki, "An Adoption Plan of the Consolidated Financial Statements for Business Group," Yonsei Business Review Vol. 29, No. 2, 1992, pp.113-133.

Jun, Young-soon, "Enactment of the Standards for Combined Financial Statements," Management Research, 1998.

Kamamoto, Jun, The Standard for the Consolidated Financial Statements, Moriyamashoten, 2002.

Kang, Chul-kyu. 1998. "The Government-Chaebol Led Growth and the Features of the Korean Market Economy," Comparative

Economic Studies, Vol. 6, pp. 215-248.

Kim, Dong-woon. 2003. "Inter-locking Ownership in the Korean Chaebol," Corporate Governance, Vol. 11, No. 2.

Kim, Hyun-soo, "preparation and Problems of Combined Financial Statements Using Individual Financial Statements," Management Research, Vol. 32, No. 1, 1998, pp.65-67.

Kim, Jungmin, "A Theoretical Survey on the Standard for Combined Financial Statements in Korea," KUES Ph.D. Candidates' Monograph Series No. 200509077, Kyoto University, 2005.

Kim, Jungmin, "An Institutional Analysis of the Process of Korean Group Accounting Reforms, KUES Ph.D. Candidates' Monograph Series No. 200601090, Kyoto University, 2006.

Kim, Kwon-joong and Nam, Sang-o, "An Empirical Study for Establishing a Strategy of Consolidation Accounting," Accounting Research, 1994.

Kim, Shi-yoon and Kim, Jung-ryul. 2001. "The Change of Financial Institutions and the Effectiveness of Industrial Policies," Korean Politics, 9(1), 211-228.

Kim. Jungmin, "A Historical Survey Corporate Governance and Adoption of Combined Financial Statements in Korea," KUES Ph.D, Candidates' Monograph Series No. 20052060, Kyoto University, 2005.

Kimura, S. "Evolutionary Game Theory on Accounting System," Accounting. Vol. 159, No. 2, 2001, pp. 239-251.

Ko, Wan-seok, "Raising Transparency of Big Business Group: Roles and Limitations of Combined Financial Statements," Economic and Management Research, Vol. 17, No. 1, 1998, pp.310-317.

Korea Fair Trade Commission, Official Information Press, 1992-2001, 2004.

Korea National Statistical Office, Gross saving ration and gross domestic investment ration, 2004.

KPMG. 2006. Comments on Discussion Paper: Preliminary Views on an Improved Conceptual Framework for Financial Reporting: the Objective of Financial Reporting and Qualitative Characteristics of Decision-useful Financial Reporting Information. CL97. IASB Comment letters.

KPMG. 2008. Comments on Exposure Draft: An Improved Conceptual Framework for Financial Reporting: the Objective of Financial Reporting and Qualitative Characteristics of Decision-useful Financial Reporting Information. IASB Comment letters.

KPMG. 2009. Comments on Discussion Paper: Preliminary Views on Financial Statement Presentation. IASB Comment letters.

Kreps, D. M., Game theory and Economic Modelling, Oxford University Press, 1990.

Kurosawa, K., "Institutional Implications of Accounting Principles," in Hirai Yasutaro eds., Critique of Accounting Principles, Kunimotosyobo, 1950.

Kurosawa, K., Contemporary Accounting Theory, Hakutosyobo 1955.

Kwon, Soo-young, "The Adoption of Combined Financial Statements," Management Research, Vol. 32, No. 1, 1998, pp.59-64.

Lee Joong-hee, "The Adoption of Combined Financial Statements," Management Research, No. 1, 1998, pp.59-64.

Lee, Yong-joo [2006], "Articles: The Asian Crisis and the Korean Chaebol," Social Theory, Vol. 29, pp.160-178.

Littleton, A. C. 1933. Accounting Evolution to 1900. American Institute Publishing co. reprint ed. Russel & Russel. 1966.

Lounsbury, M. 2007. Institutional Rationality and Practice Variation: New Directions in the Institutional Analysis of Practice. Accounting, Organizations and Society, doi:10. 1016/j.aos. 2007.04.001.

LSE. 2006. Comments on Discussion Paper: Preliminary Views on an Improved Conceptual Framework for Financial Reporting: the Objective of Financial Reporting and Qualitative Characteristics of Decision-useful Financial Reporting Information. CL129. IASB Comment letters.

Maurer, J. G. 1977. Readings in Organization Theory: Open-system Approaches. New York: Random House.

McLaney, E and Peter A., Accounting: An Introduction, Prentice Hall Europe, 1999.

Meter, J. W. and Rowan, B., "Institutional Organizations: Formal Structures as Myth and Ceremony, American Journal of Sociology, 1997, pp.310-363.

Meyer, J. W. 1986. Social Environments and Organizational Accounting. Accounting, Organizations and Society 11(4/5): 345-356.

Meyer, J. W. and B. Rowan. 1983. The Structure of Educational Organizations. in J. W. Meyer and W. R. Scott (eds.) Organizational Environments: Ritual and Rationality Beverly Hills. CA: Sage: 71-97.

Meyer. J. W. and B. Rowan. 1977. Institutionalized Organizations:

Formal Structure as Myth and Ceremony. American Journal of Sociology: 310-363.

Milgrom, P., Y. Qian, and J. Roberts, "Complementarities, Momentum, and the Evolution of Modern Manufacturing," American Economic Review, 81, 1991, pp. 84-88

Miller, P. 1994. Accounting as Social and Institutional Practice: an Introduction. in Hopwood, A. and P. Miller (eds.) Accounting as social and institutional practice. Cambridge. University of Cambridge Press.

Miller, P., T. Hopper and R. Laughlin. 1991. The New Accounting History: An Introduction. Accounting, Organizations and Society 16(5/6): 395-403.

Moon, Seung-rae [1996], "The Opening of Korean Financial Market and Measurement of Capital Mobility," Studies of Economic Education, Vol. 2, pp.151-170.

Moonitz, M., "The Entity Approach to Consolidated statements," The Accounting Review, July 1942, pp.236-242.

Moonitz, M., The Entity Theory of Consolidated Statements, The Foundation Press Inc., 1951.

Mouck, T. 2004. Institutional Reality, Financial Reporting and the Rules of the Game. Accounting, Organizations and Society 29: 525-541.

Mouritsen, J. 1994. Rationality, Institutions and Decision Making: Reflections on March and Olsen's Rediscovering Institutions. Accounting, Organizations and Society 19(2): 193-211.

Nam Sang-o, "A Study the Validity of the Adoption of Business Group Statements," Accounting Journal, Vol. 1, No. 1, 1993

Nam Sang-woo and Kim Dong-won, "The Principal Transactions

Bank System in Korea," in Masahiko Aoki and Hugh Patrick eds., The Japanese Main Bank System, Oxford University Press, 1994, pp.450-493.

Nam, Sang-o, "A Study on the Group Accounting of Korea," Doctoral dissertation, Seoul National University, 1980.

Nelson, R. and S. Winter. 1982. An Evolutionary Theory of Economic Change. Cambridge MA : Harvard University Press.

North, D. C., Institutions, Institutional Change and Economic Performance, Cambridge University Press, 1990

O'Connell, V. 2007. Reflections on Stewardship Reporting. Accounting Horizons 21(2): 215-227.

Okuno, M and Matsui, "Contact and Evolution of Culture," Economic Research, Vol. 46, No. 2, Iwanamishoten, 1995.

Okuno, M. and Takizawa "Formation and Inter-contact of Economic System: An Evolutionary Game Apporach" in Masahiko Aoki and Masahiro Okuno eds., Comparative Institutional Analysis: A New Approach to Economic Systems, Tokyo university Press, 1996.

Oliver, C. 1988. The Collective Strategy Framework: an Application to Competing Preconditions of Isomorphism. Administrative Science Quarterly: 543-561.

Oliver, C. 1991. Strategic Responses to Institutional Processes. Academy of Management Review 16(1): 145-179.

Oliver, C. 1997. Sustainable Competitive Advantage: Combining Institutional and Resource-Based View. Strategic Management Journal 18(9): 697-713.

Oliver, C., "The Antecedents of Deinstitutionalization," Organization Studies, Vol. 13, No. 4, 1992, pp.563-588.

Oxford English Dictionary, 2001.

Park, You-young and Kim, Young-seok[2004], "A Study on the Effects of Financial Liberalization Policy on Chaebols' Diversification in Korea,"Industrial Economics Studies, Vol. 17, No. 4, pp.1137-1154.

Preffer, J. and Salancik, G.R., The External Control of Organizations; A Resource Dependence Perspective, New York:Harper & Row, 1978.

PwC. 2006. Comments on Discussion Paper: Preliminary Views on an Improved Conceptual Framework for Financial Reporting: the Objective of Financial Reporting and Qualitative Characteristics of Decision-useful Financial Reporting Information. CL124. IASB Comment letters.

PwC. 2008. Comments on Exposure Draft: An Improved Conceptual Framework for Financial Reporting: the Objective of Financial Reporting and Qualitative Characteristics of Decision-useful Financial Reporting Information. IASB Comment letters.

PwC. 2009. Comments on Discussion Paper: Preliminary Views on Financial Statement Presentation. IASB Comment letters.

Quattrone, P.(2004), "Accounting for God: Accounting and Accountability practices in the Society of Jesus(Italy, XVI-XVII)," Accounting, Organizations and Society, 29(7), 647-683.

Richardson, A. J. 1987. Accounting as a Legitimating Institution. Accounting, Organizations and Society 12(4): 341-355.

Roberts, J. and R. W. Scapens. 1983. Accounting and Control: a Case Study of Resistance to Accounting Change. Management Accounting Research 5(3/4): 1-32.

Roberts, J. and Scapens, R., "Accounting Systems and Systems of Accountability: Undertanding Accounting Practices in Their Organisational Contests," Accounting, Organizations and Society, Vol. 10. No. 4, 1985, pp 443-456.

Roberts, J.(1996), "From Discipline to Dialogue: Individualising and Socialising Forms of Accountability," In Munro, R. and J. Mouritsen (Eds.), Power, Ethos and the Technologies of Managing, London: International Thompson Business Press.

Samsung Electronics, Consolidated Financial Statements, 2004

Samsung, Combined Financial Statements, 2004.

Sawabe Norio, "the Study on the Accounting System Reform and Japanese Corporate Governance," Economics Research, Vol. 69, No.3-4, 2003, pp.313-330.

Sawabe, N. and H. Yamaji. 1999. Institutional Accounting Research: An Introduction. The Japanese Style of Business Accounting Quorum Books: 3-15.

Scott, R. W. 1987. The Adolescence of Institutional Theory. Administrative Science Quarterly (December): 493-511.

Scott, R. W. 1995. Institutions and organizations. Sage Publications.

Scott, R. W. 2001. Institutions and Organizations. Thousand Oaks. CA : Sage. 2nd edition.

Shinoda, "An Economic Analysis on Accounting System as Institution," Doctoral dissertation, Kyoto University, 2004.

Solomons, D. 1978. The Politicization of Accounting: The Impact of Politics on Accounting Standards. The Journal of Accountancy. 146(5): 65-72.

Song, In-man, "Effects from the Adoption of Combined Financial Statements," Management Research, Vol. 32, No. 1, 1998, pp.71-80.

Suzuki, T., "Accountics" Part I, International Standardization of Financial Data: A Japanese Case. Part Ⅱ, Accounting Reforms as Microfoundation of Economic Management. Under 2nd review of Accounting Organizations and Society, 2005.

Suzuki, T., "The Accounting Figuration of Business Statistics as a Foundation for the Spread of Economic Ideas," Accounting, Organizations and Society, Vol. 28, 2003, pp. 65-95.

Suzuki, T., "The Epistemology of Macroeconomic Reality: The Keynesian Revolution from an Accounting Point of View," Accounting, Organizations and Society, Vol. 28, 2003, pp. 471-517.

Takasu Norio, Consolidation Accounting in the U.S., Moriyamashoten, 1992.

Takatera, S. and Sawbe, N., "Time and Space in Income Accounting," Accounting, Organizations and Society, Vol. 25, 2000, pp.787-798.

The Enforcement Decree of the Act on Monopoly Regulation and Fair Trade, 2004.

The World Bank. 2009. Comments on Discussion Paper: Preliminary Views on Financial Statement Presentation. IASB Comment letters.

Tinker, A. M., "Towards a political Economy of Accounting: An Empirical Illustration of the Cambridge Controversies," Accounting, Organizations and Society, Vol. 5, No. 1, 1980, pp. 147-160.

Tinker, A. M., Merino, B. D. and Neimark, M. D, "The Normative Origins of Positive Theories: Idelolgy and Accounting

Thought," Accounting, Organizations and Society, Vol. 7, No. 2, 1982, pp. 167-200.

Tokuga Yoshihiro, "The International Harmonization of Accounting Standards the Case of South Korea," in the Study on the Globalization of the Korean Economy and the Transition of Industrial Structure, Korea Forum

Tokuga, Y. 2002. Is it possible to assess Japanese macro-accounting policies? in Yasuhiro H. and Yoshihiro T. eds., Structure Change in Finance and Economics. Kyusyu University Press. [Printed in Japanese]

Tokuga, Yoshihiro, "Accounting Reforms in Korea and Its Background," The Journal of Korean Economic Studies, Vol. 1, No. 1, 2001, pp.7-28.

Tsamenyi, M., J. Cullen and J. Gonzalez. 2006. Changes in Accounting and Financial Information System in a Spanish Electricity Company: A New Institutional Theory Analysis. Management Accounting Research (17): 409-432.

Veblen, T. 1899. The Theory of the Leisure Class. NewYork: Macmillan.

Veblen, T. 1919. The Place of Science in Modern Civilization and Other Essays. NewYork:Huebsch.

Walker, M. 1998. Management Accounting and the Economics of Internal Organization. Management Accounting Research 9: 21-30.

Watts, R. L., and J. L. Zimmerman. 1986. Positive Accounting Theory. Englewood Cliffs, NJ: Prentice-Hall.

Williamson, O. 1975. Markets and Hierarchies: Analysis and Anti-Trust Implications. A Study in the Economics of Internal

Organization. NewYork:FreePress.

Williamson, O. 1979. Transaction Cost Economics: The Governance of Contractual Relations. The journal of Law and Economics October: 233-261.

Williamson, O. 1985. The Economics Institutions of Capitalism: Firms, Markets, Relational Contracting. Macmillan.

Williamson, O. 1996. The Mechanisms of Governance. Oxford: OxfordUniversityPress.

Yoneyama, M. 2008. Conceptual Analysis on the Consistency in Accounting Standards. Chuokeizaisya. [Printed in Japanese]

일문참고문헌

青木昌彦・奥野正寛編. 1996. 経済システムの比較制度分析, 東京大学出版会.

伊藤光晴編[2004]『現代経済学事典』岩波書店。

井尻雄士[1976]『会計測定の理論』東洋経済新報社。

韓国銀行[1987～1999]『調査統計月報』。

金姃玟(2006), "韓国財閥のコ_ポレ_ト・ガバナンスと企業結合財務諸表," 経済論叢177(1), 20-13.

金姃玟(2009), "会計学研究における制度派理論の最近の動向," 会計プログレス(10), 43-53.

斎藤静樹(2010), 会計基準の研究(増補版), 中央経済社.

澤邊紀生(2005), 会計改革とリスク社会, 岩波書店.

篠田朝也[2004]『制度としての会計システムに関する経済学的分析』京都大学博士論文。

篠田朝也[2007]『会計の経済理論分析—会計とゲ_ム理論・ファイナンス

の学問的研究—』滋賀大学経済学部研究叢書第44号°

徳賀芳弘(2002), “日本の会計政策の評価－政策評価は可能か,” 構造変化と金融·経済, 堀江康弘·徳賀芳弘編, 九州大学出版会.

中村達也·八木紀一郎·新村聡·井上義朗 . 2001 .『経済学の歴史—市場経済を読み解く』有斐閣アルマ .

藤井秀樹 . 2007 .『制度変化の会計学－会計基準のコンバ＿ジェンスを見すえて』中央経済社 .

藤井秀樹[2002a]「新会計基準と企業行動－変化と継続」『会計』第16 1 巻第5号′ 1－14頁°

藤井秀樹[2002b]「英米系会計規制の信念としての意思決定有用性アプロ＿チ－わが国はそれとどう付き合うべきか」『JICPAジャ＿ナル』第565号′ 21－27頁°

藤井秀樹[2006]「会計の制度形成と進化の可能性」′ Kyoto University Working paper J-49′ 京都大学°

藤井秀樹[2007]『制度変化の会計学－会計基準のコンバ＿ジェンスを見すえて』中央経済社°

Aoki, Masahiko [2001], Toward a Comparative Institutional Analysis, The MIT Press, 瀧澤弘和 · 谷口和弘訳[2003]『比較制度分析に向けて』NTT出版°

Cho, Jung-chan [1998]「企業結合財務諸表の立法経緯および制度解説」『規制研究』Vol. 7

Cooper, W. W. and Y. Ijiri (eds.) [1983] Kohler's Dictionary for Accounts, 6thed.,Prentice-Hall,染谷恭次郎訳[1989]『コ＿ラ＿会計学辞典』丸善°

Kang, Hyung-chul, Park, Kyung-seo and Jang, Ha-sung [2005]「企業集団の系列間取引の決定要因」『韓国財務管理学会の夏季学術大会』°

North, D. C. 1990. Institutions, Institutional Change and Economic

Performance. Cambridge University Press (竹下公視訳. 1994.『制度·制度変化·制度成果』晃洋書房).

Yoon, Sung-min [2004]「財閥内部資本市場での資金取引の動機と支援方向」『証券学会誌』